新时期出版人改革亲历丛书

作者 | 黄国荣

1947 年生，江苏宜兴人，文职二级、专业技术四级。解放军文艺出版社原副社长，编审。筹建解放军文艺出版社发行部，探索一条自办发行之路，推动中国海峡两岸出版合作交流，创建全国出版社青年编校大赛。现任韬奋基金会副秘书长。已发表、出版文学作品 700 余万字。作品分别获总政第十一届"中国人民解放军文艺奖"、第六届茅盾文学奖入围、2015 年度茅台杯人民文学奖特别奖、飞天奖、金鹰奖和"五个一工程奖"。

新时期

出版人改革亲历丛书

XINSHIQI CHUBANREN GAIGE QINLI CONGSHU

顾问 柳斌杰

主编 聂震宁

『十三五』国家重点图书出版规划项目

一生相许

黄国荣 著

江西高校出版社
JIANGXI UNIVERSITIES AND COLLEGES PRESS

图书在版编目（CIP）数据

一生相许 / 黄国荣著. —南昌：江西高校出版社，2018.12
（新时期出版人改革亲历丛书 / 聂震宁主编）
ISBN 978-7-5493-7907-1

Ⅰ.①一… Ⅱ.①黄… Ⅲ.①出版工作—体制改革—
研究—中国 Ⅳ.①G239.2

中国版本图书馆 CIP 数据核字（2018）第 239884 号

出 版 发 行	江西高校出版社
社 址	江西省南昌市洪都北大道 96 号
总编室电话	（0791）88504319
销 售 电 话	（0791）88517295
网 址	www.juacp.com
印 刷	江西千叶彩印有限公司
经 销	全国新华书店
开 本	700 mm × 1000 mm 1/16
印 张	24
字 数	323 千字
版 次	2018 年 12 月第 1 版
印 次	2018 年 12 月第 1 次印刷
书 号	ISBN 978-7-5493-7907-1
定 价	58.00 元

赣版权登字-07-2018-1283

一生相许

新时期出版人改革亲历丛书

留住出版家的改革记忆

——为"新时期出版人改革亲历丛书"序

柳斌杰

在世界四大文明古国中,中国有文字记录的文化得以传承,使中华文明的血脉得以延续,以造纸术和印刷术为支撑的出版业功不可没。从早期口传的神话故事开始,到后来成书的《诗经》、诸子百家学说,历经数代沉淀确定的经典著作"十三经",加上从汉代司马迁编修的《史记》开始,历朝历代从未中断修纂累积的"二十四史",中华民族的文化基因和宏大架构得以基本确立。经最早的龟骨、简牍、缣帛记载,进而到后来的雕版、活字印刷,世界上一个最古老的、最优秀民族的文化就这样保存下来了,世世代代传承并发扬光大。这是中华民族出版业足以彪炳世界史册的伟大功绩。

改革开放以来,我国出版业的发展进入了新的历史机遇期,走上了发展的快车道。出版工作者顺应时代潮流和技术变革大势,不断实现自我革新发展,解放了出版生产力。1979年在长沙召开的全国出版工作座谈会上,确定了地方出版业"立足地方,面向全国"的重大发展决策,打破了原来的"地方化、群众化、通俗化"的条条框框,促进了地方出版业的转型。在1982年召开的全国图书发行体制改革座谈会上,提出了以"一主三多一少"为主要内容的改革,使我国的图书发行业开始摆脱计划经济的束缚,突破了长期以来产销分割、渠道单一、购销形式僵化的局面,促进了出版社由生产型向生产经营型的转变,推动了国有书店由传统的计划经济向社会主义商品经济的转变。1988年,中宣部和新闻出版署提出了"三放一联"的改革目标,从单纯调整产销关系转向改革发行企业内部的管理机制,通过放权承包,建立各种形式的责任制,扭转管理过分集中、统得过死、行政干预过多的现象,搞活国有书店的经营机制;通过放开批发渠道、放开购销形式和发行折扣,引进竞争机制,利用经济杠杆调整产、供、销之间的利益关系,搞活了图书购销;通过推行横向经济联合,促进各种形式的出版发行联合体发展,发挥了促进竞争、优势互补的积极作用,图书发行体制改革进入了一个新的历史阶段。1996 年,新闻出版署颁布了《关于培育和规范图书市场的若干意见》,明确提出了建立全国统一、开放、竞争、有序的图书市场的改革目标。2003 年,党中央、国务院决定启动文化体制改革试点,确定在 9 个地区和 35 个文化单位进行试点,其中新闻出版单位就有 21 家。2005 年 12 月,在认真总结试点经验的基础上,中共中央、国务院下发《关于深化文化体制改革的若干意见》,这是新中国成立以来党中央、国务院第一次就文化体制改革做出的重大决策。《意见》从总体上明确了深化文化体制改革的指导思想、原则要求和目标任务。至 2012 年 9 月,全国有改革任务的 580 家出版社、3000 多家新华书店、4000 多家非时政类报刊社、38 家党报党刊发行单位全部完成改制,组建了一批出版集团,其中 35 家出版传媒集团成功上市。新闻出版系统实现了"局社分开",新闻出版行政管理部门实现了由办文化向管文化转变,由主要管理直属单位向社会管理转变,由行政管理为主向行政、法规、经济等综合管理转变,宏观管理体制得到进一步完善。我国文化体制改革经过多年的不懈探索和实践,有力地促进了新闻出版生产力的解放和发展。深化改革中的中国出版业如凤凰涅槃,在新的市场机制中焕发出蓬勃生机,呈现出旺盛的生命力。在近年来传统纸媒受到网络、微信等自媒体猛烈冲击而纷纷萎缩的情况下,出版业逆势上扬,融合发展,充满活力。在近期颁布的第十届"全国文化企业 30 强"获奖名单中,出版企业占 60%,总产值超过 65%,继续保持了文化产业主力军的地位。

40 年改革开放,40 年风雨历程。我国出版业 40 年改革发展,有力地证明了:世界潮流浩浩荡荡,顺之者昌。五千年的文明历史,证明中华民族是一个热爱学习、善于总结经验教训、善于借鉴他人长处、善于不断创新的民族。这个品质既是中华民族优秀文化基因的表现,也给出版业提供了市场空间和发展机遇。我们相信,只要抓住机遇,不断深化改革,在创新中求发展,出版业一定会有更加光辉的明天。

由江西高校出版社出版的"新时期出版人改革亲历丛书",是一套多视角、多方位见证、记录出版改革历程,讴歌出版改革成果,总结出版改革经验,推动和深化出版改革的大型丛书。丛书作者都是韬奋出版奖、中国出版政府奖等重要奖项的获得者,都是有影响、有作为的出版发行一线的领军人物,他们既是中国出版改革开放的见证者、记录者,也是中国出版改革开放的亲历者、推动者。他们生逢其时,在职业生涯的黄金时期,赶上了改革开放这趟时代快车,经历了改革的风风雨雨,经受了改革的磨炼洗礼,分享了改革的丰硕成果,实践了自己的职业追求,实现了自己的人生价值。他们有过攻坚克难的艰辛,有过艰苦创业的拼搏,也有过辛勤耕耘的甘甜;他们有过推出精品力作的惊喜,也有过培育出版新人的欣慰。在丛书写作中,他们紧扣新时期出版改革的主题,现身说法,讲述自己亲身经历的出版故事,写出了自己的真情实感,展现了新时期出版人的责任担当、文化情怀和创业精神。这套丛书也成为出版改革的真实记录,成为有保存价值的出版历史史料,成为培养、教育青年出版从业人员的生动教材。他们为纪念出版改革 40 周年献上一份厚礼,做了一件很有意义的事情。他们是中国出版史上又一批值得尊敬的人。

这套丛书表明,在波澜壮阔的中国改革开放 40 年中,中国出版人勇于实践、敢于创新,以改革促进发展,以发展推动繁荣,始终走在时代的潮头,为民族文化的传承发展,为中国文化软实力的提升,为中华文明走向世界,做出了应有的贡献。历史将证明：中国的改革开放，出版业一马当先，不仅自觉推进自身深化改革，而且为改革开放营造了良好的社会舆论氛围，提供了强大的精神动力。

党的十九大清晰地描述出中华民族伟大复兴的蓝图和时间表，中华民族进入了一个伟大的新时代，对满足人民群众日益增长的精神文化需求提出了更高要求。习近平总书记在党的十九大报告中指出：文化是一个国家、一个民族的灵魂。文化兴国运兴，文化强民族强。没有高度的文化自信，没有文化的繁荣兴盛，就没有中华民族的伟大复兴。要坚持走中国特色社会主义文化发展道路，激发全民族文化创新创造活力，建设社会主义文化强国。这不仅是强调文化的重要性，也是对新时代文化建设提出的战略目标。

实现中华民族伟大复兴的号角已经吹响，中国出版业作为文化领域重要的组成部分，肩负着做强文化软实力、实现中华民族文化大繁荣、建设社会主义文化强国的重任。回顾40年改革历程，我们为取得的辉煌成绩而自豪；展望新时代的伟大征程，我们为义不容辞的重任而自信。重任在肩，唯有奋斗。我们深知日益富裕的人民群众对高品质文化的渴望，中国人均阅读量和世界发达国家的差距，中国出版业转型升级尚在路上……这正是中国出版业努力作为的方向。我们有幸身处这样一个伟大的时代，当然要投身这样一项伟大的事业，才无愧于出版业的历史使命，做新时代敢担当、负责任、有作为的出版人。

是为序。

2018 年 6 月于北京

（柳斌杰，第十二届全国人大教科文卫委员会主任委员、原新闻出版总署署长、中国出版协会理事长）

目　　录

引子
把握当下

　　人哪，都有欲望。欲是人的本性本能，叫天欲。用荀子的话说："今人之性，饥而欲饱，寒而欲暖，劳而欲休。"婴儿呱呱坠地，用不着人教，他（她）还没能睁开眼睛就会用嘴寻找母亲的乳头，找到了就会自然地吮吸，饿了就哭；会吃东西后，便得一日三餐，而且总想吃可口的。这是食欲驱使。长大成人后，男大当婚，女大当嫁；男孩爱瞅漂亮姑娘，女孩爱慕英俊小伙，日里羞于言说，夜里也会不受约束地做美梦。这是性欲使然。兄姐总要弟弟妹妹随着他（她）的喜好愿望吃喝玩乐，父母总要儿女按照他（她）设定的目标生活、学习、娱乐、工作；人一旦有了文化、知识、技艺总想示人、教人、授人，有了业绩与能力总想升官晋级。这是权欲的表现。出门没汽车，也想有辆摩托车，没有摩托车，也想有辆自行车；有了茅舍，渴望有间瓦房；有了瓦房，盼望有个楼房；有了楼房，企望有座别墅；女人都想穿时髦的服装、背名牌手包、佩金玉饰物、用高档化妆品；男人都爱名表、名车，连打火机和钱包也讲档次；银行里存了一万元钱，就做十万元的梦，有了十万想百万，有了百万就想千万。这是难以填平的财欲贪欲作祟。人从小就爱比，总想比别人能干，乒乓球、羽毛球、篮球和田径运动，所有体育项目，原动力都是攻击欲、征服欲，拳击运动、足球运动是最典型、最露骨的表现。人的一生，可谓无所不欲。有欲望不是件坏事，欲让人奋进、催人图强。

　　文化一点的说法，理想是欲望的另一种表现。健康正常的人，都有理想,或伟大,或平凡,或崇高,或平庸,或谋出人头地,或愿甘居人后,或想轰轰烈烈干一番事业,或爱平平淡淡过一辈子日子,各人有各自的追求与憧憬。

欲望也好,理想也罢,都是人心灵意念中的人生愿望。虽同是人的人生愿望,但又有所不同。欲望带有普遍性与共性,理想则更体现独特性与个性;欲望人人皆有,是人的天性与本能,往往容易泛滥,所以需要约束和节制;理想因为各不相同,更为私密,常常需要鼓励、调整与坚持。欲望虽有共性,满足的却是个人的企图心愿;理想虽为个人特性,实现的却是与社会密不可分的公众事业相关的目标。欲望充满自利性,理想富有公利性。

由此看来,人的欲望与理想大致可分为为己与为人两个方向,也可以说是为私还是为公(即为国家、为民族、为社会、为行业、为单位)两个出发点的选择。用现在时髦的说法,就是为谁而活。两种不同方向和出发点的选择,其结果自然也不可能相同。假如选择的是后者,为人、为社会、为大家、为理想而活,他可能要辛苦一辈子,而且需要具备大胸怀,需要精神与毅力。他奉献的智慧越多,付出的辛劳越大,贡献也就越大,人生价值也就越高。假如选择的是前者,为己、为私、为自己而活,他或许活得非常潇洒、非常自在、非常自由;但假如个人的欲望不节制、不约束,或许聪明使得越巧,心计用得越足,身心也就越累,最后的结局也可能越惨。

有人说,上帝让人降生于世,人就是为自己而活,人天生就是自私的,要不然胳膊肘为何只能往里拐,而不能朝外拐。而且荀子有名言,他说:"今人之性生而有好利焉,顺是,故争夺生而辞让亡焉;生而有疾恶焉,顺是,故残贼生而忠信亡焉;生而有耳目之欲,有好声色焉,顺是,故淫乱生而礼义文理亡焉。"他的意思是,因为人生来就好利、好争、好色,所以天下才争夺多而辞让少,盗贼多而忠信少,淫乱多而礼仪文雅少。

还有人说,人长了两条胳膊两只手,就是用来伸出去索要、举起来拿取物质的。是的,索要、拿取是胳膊与手的功能,人的胳膊与双手是直接为满足实现人的欲望与理想服务的。人们可以伸手去拿取自己想要的东西,举起双手够自己想够的东西。但是,索要、拿取仅是手的功能之一,它们更主要的功能是做事,是制造与创造,这是人类区别于动物的最重要、最根本的标志。

欲望与理想主导着人的行为,但若要心想事成,事遂人愿,则离不开一样东西——智慧。

智慧这个东西,显示着人类的可爱与聪明,也暴露着人类的滑稽与虚伪。智慧是受人心中的人生观、世界观支配的。假若人的欲望与理想选择错了方向,往往那会折腾得一生不得安宁,有的甚至挖空心思、费尽心机,结果一辈子欲壑难填,不得善终。

智慧在老子那里是令他讨厌的东西,他称智慧为"知"与"智",老子推崇"明",极其反对人为地表现自己的"知"与"智",这是他与儒家的不同所在。他曾对前来问礼的孔子直言,要他"去子之骄气与多欲,态色与淫志,是皆无益于子之身"。他面对孔子毫不隐瞒自己的观点,直截了当要他丢掉骄傲之气和过多的欲望,丢掉做作的情态神色和不切实际的志向,认为这些对于自身都是没益处的。也许这就是老子对孔子周游列国去推行他的治国方略却终不得志这件事的看法,他对卖弄智慧不屑。他在《道德经》里多次表明这一观点,如第三章里说:"常使民无知无欲。使夫智者不敢为也。"第十八章里说:"智慧出,有大伪。"第十九章里说:"绝圣弃智。"第二十七章里说:"虽智大迷。"第六十五章里说:"民之难治,以其智多。故以智治国,国之贼;不以智治国,国之福。"

老子为何如此重视"明"而反对"知"与"智"呢?因为"知"与"智"是外露示人的,是以他人为行为对象。"明"是内观自省的,是以自己为行为监视对象。凡表现出有智慧的人,一般都好为人师,拿着自己的智慧教诲别人,或者用自己的所谓智慧调教、愚弄、算计，甚至欺诈别人，为个人的欲望与目的服务。老子视此为祸患。而明知的人，都自知、内敛，都是谦和待人、礼让待人，即使给人以教，也是不言之教，即使成就大业，也是无为而成。所以真正的智者，都是明知的人，他们待人绝不会依据人的智慧、学识多少来分尊卑贵贱，也不会凭借自己某方面的智慧来鄙视别人，更不会以个人的智慧为自己的私欲服务；相反，他们视生活与世界是无法完全认知、无法穷尽之谜，自己的智慧总是有限的。故真正的智者把所有的人都当作自己的老师来敬重，向他们学习、请教自己在其他方面欠缺的东西。

老子在《道德经》第四十五章中更充分地表达了这种观点。老子说："大成若缺，其用不弊。大盈若冲，其用不穷。大直若屈，大巧若拙，大辩若讷。静胜躁，寒胜热。清静为天下正。"他坦直地说：最完善圆满的东西，看起来似有缺陷，但它的作用一点不会因此被诋毁。最充实的东西，看起来似乎很空虚，但它的功能不会因此而穷竭。最直的东西，看起来似乎弯曲；最灵巧的东西，看起来似乎笨拙；最杰出的辩才，看起来似乎口拙木讷。宁静能克制躁动，寒冷能抑制炎热。能够恪守清静而无为之道的人，可以成为天下的典范榜样。

他认为智慧是虚伪诡诈产生的祸根，弃绝了这种东西，民众反而能得到百倍的利益。仁德和义礼会制约人的天性，弃绝了仁德和义礼，民众反而会复归孝道和慈爱。他要民众所遵循的精神归属是："见素抱朴，少私寡欲。"即外表单纯，内在质朴，减少私心，降低欲望。（摘自本人《道无道　花非花》，重庆出版社 2015 年 9 月）

生命一旦形成，欲望便产生，智慧也就伴随而生。一个人来到世间，他（她）的父母、老师以及社会，都在助长他（她）的欲望膨胀，用正能量的话说，都在帮助他（她）从小树立理想，希望他（她）长大后成为有用之才，都在不厌其烦地向孩子灌输大人们自己的观念。

最常见的是,当孩子刚刚学会运用语言表达本能的低幼意识,父母就迫不及待地问孩子:长大了做什么?

问题提得突兀且不着边际,这种连当代预言家都难以正确回答的问题,幼童当然意识不到也不会去思考这个关乎他人生一辈子的问题,他只能以看图识字和游戏中获得的有限知识逗父母开心,不是开汽车、开火车、开轮船、开飞机、开宇宙飞船,就是当老师、当医生、当工程师、当设计师、当科学家。尽管父母都知道不过是玩笑,却都当真地乐,虚荣心得到满足时还会给孩子以物质奖励和感情投资。而孩子的回答一旦令他们失望时,还会生气,甚至对孩子加以惩罚。

现实中很难看到有父母像老子那样劝孩子:不要刚强,要柔弱;不要智慧聪明,要木讷愚笨;不要居高,要甘愿处下;不要高贵,要甘愿卑贱。假如真有人这么做,周围的人肯定会认为这人的神经出了毛病。

我也非常愚蠢地问过儿子同样的问题。儿子的回答竟让我惊恐,儿子说,他长大了要当"毛主席"!尽管那时敬爱的老人家已经"百年",但他是中国人民的大救星,他的像还挂在天安门的城墙上,人还躺在天安门广场南端的纪念堂里,这种玩笑可是开不得的,我自然要制止纠正。没想到别人问他这个问题时,他依然是这么回答。这事弄得我们要塞区司政大院里的同事常常跟我开玩笑,总问,你们家的"毛主席"最近怎么样?搞得我就像儿子说了反动的话一般紧张。

望子成龙没有什么不好,让孩子自小好好读书,树立远大目标,走正道,早立志,也没有什么不对,但这种诱导与教育的方式有点低级,也不切实际。无论父母还是老师,往往只一味地鼓励孩子刻苦用功读书,鼓励孩子不懈努力,却很少给孩子讲人为什么要好好读书,为什么要发奋努力。实际上,还是在继续"书中自有黄金屋,书中自有颜如玉"那种"仕途经"。孩子们在这种"启发、教育、诱导"中获得了什么呢?孩子们慢慢在意识中扎下的意念是:只要读好书,将来就能做官,就能挣大钱,就有名有利。似乎人的命运就在个人手里捏着。

不能说父母、老师的教导与好心不对,但他们在诱导孩子时忽略了一个非常重要的课题,即大自然的规律与社会的现实。

他们很少或没有在意给孩子们讲,大自然是一切生灵共有的家园,地球是全人类共同居住的一个家园,这个家园自古到今,靠天然的交互滋养让万物生息、繁衍、发展至今天。这种交互滋养用荀子的话说就是:"财非其类,以类其类。夫是之谓天养。"天下所有的资源,不是同一类别,但不同类别的资源相互交替滋养着,这就是天养。比如一切生灵的生命之源——水,人、动物和一切植物,离开了水都不能生存。人和动物可以凭自己的能力找水、取水、饮用水;庄稼和树木,人可以用浇灌帮助它们获取所需要的水;而森林、原野和路边的小草,它们所需要的水怎么办?开天辟地就有了太阳,水在阳光的作用下,变成气体升向天空,气体在天空积聚形成云层,云层在阳光、气流和温度的作用下,再变成雨、露、霜、雪降落大地,以供养人类无法顾及的森林、小草和一切需要水的生灵。反过来,森林和小草们又保护了水资源,避免水资源的流失。天养的自然环境就是如此形成。

他们或许没有更多地告诉孩子,人类社会是个群居的社会,群居社会就是"地球村"里一个一个大家庭,一个一个大工厂,一部一部大机器。每个人都是大家庭中的一员,是大工厂里的一个员工,是大机器上的一颗螺丝钉。每个人可以独立存在,但无法完全独立生存;每个人也可以为自己而活,但不能只为自己而活。人不能只顾个人爱好和理想追求,不管社会现实的实际需要,只挑选个人喜爱的工作与专业,而要认识到社会分工没有高低贵贱的区分,要理解"行行出状元"的含义与意义;人不能只想自己想干什么,更要考虑社会需要我做什么。干一行就要爱一行,干一行就应该专一行,这不是空洞口号,而是社会对大家的客观要求。要让孩子们从小就明白,造原子弹的科学家,卖茶叶蛋的老爷爷老奶奶,都是在为社会服务,都是在为社会做贡献,只是贡献大小不同而已。这样才能帮助孩子树立对命运、对社会、对工作、对岗位的完整的正确的认识,确立朴素而又切合实际的人生观与价值观,脚踏实地、顺其自然地开始自己的人生之路。

人生道路是个不断选择的过程,但如何选择,不只是凭个人的理想、智慧、意志与愿望,很大程度还取决于机遇,也可以说是命运。命运与机遇是分不开的,机遇可以理解成天意,用孟子的话说就是:"莫之为而为者,天也;莫之致而至者,命也。"即没有人让你这么做而你这么做了,这就是天意;没有人让你来而你来了,这就是命运。

现实的外在客观也表明,命运不是完全按个人意志就可以把握的。鸡蛋可以孵出小鸡,但离开了特定的温度,鸡蛋只能是鸡蛋;水的原生态是液体,但水在高温下同样可以变成气体,水在低温下也可以变成固体。这都是外在客观的作用。

人所面对的时间是不断消逝的,昨天已经是历史,过去发生的事情再无法改变;明天还未到来,充满着变数与未知,无法先知先觉,也不知会发生什么变化;作为个人,你能把握的只有眼前的当下,你可以决定自己做什么和不做什么,你可以决定自己怎么去做、以什么姿态和精神去做。

个人假如只强调专业与特长,只讲理想与愿望,势必对工作挑挑拣拣,这山望着那山高,见异思迁,朝三暮四,甚至会不切实际,好高骛远,不断地跳槽换岗。这样,你可能一辈子都在观望,一辈子都在选择,没少费心思,没少流汗水,但你可能一辈子仅仅只是辛苦忙碌,不一定能做成什么事情,甚至一事无成。个人假若遇上什么就做什么,做了这一行就爱这一行,把它当作终生事业来做,全身心投入,你一定会有所发现、有所发明、有所创造、有所建树。

回首往事,从我到解放军文艺出版社帮助工作开始,转眼30年了,这不算短的人生历程我如何走来? 其实,我就是在一天一天之中,把握着一个又一个当下度过的。

人生在这年拐了弯

新时期出版人改革亲历丛书

北京之行，
竟是我人生道路拐弯之旅

1986年，是个多事动荡之年。

那一年，我已在济南军区内长山要塞区守备第六师政治部副主任（正团职）岗位上任职两年。这一年对我个人来说，是人生重大转折之年。

1985年5月23日至6月6日，中央军委扩大会议在北京召开。

1985年6月3日，中央军委扩大会议正式公布大军区整编方案：决定撤销乌鲁木齐军区，机关和部队并入兰州军区；撤销武汉军区，机关和部队分别并入济南军区和广州军区；撤销福州军区，机关和部队并入南京军区；撤销昆明军区，机关和部队并入成都军区。（袁厚春《百万大裁军》，作家出版社2009年）

6月4日，中央军委主席邓小平在会上郑重宣布：中国政府决定，人民解放军减少员额100万。这次裁减军队编制，世称"百万大裁军"。

大军区整编方案公布后，中央军委于6月5日公布了调整各大军区领导班子的命令。这次各大军区领导班子全面调整，是继1973年广受海内外瞩目的中国人民解放军"八大军区司令员对调"之后，军区领导班子

作者在原济南军区守备第六师任政治部副主任

统一调整的重大事件。

1973 年的大军区司令员对调，是由毛泽东主席提议并一手促成的。毛泽东在政治局会议上提出："我主张全国各个大军区司令员互相调动。……一个人在一个地方搞久了，不行呢。搞久了，油了呢。有几个大军区，政治委员不起作用，司令员拍板就算。我想了好几年了。主要问题是军区司令员互相调动，政治委员不走。"（逄先知、金冲及《毛泽东传（1949—1976）》下册，中央文献出版社，2003 年）

这次大军区领导班子调整比"八大军区司令员对调"的动作要大得多，那次仅是调动，只 8 个军区的司令员对调，"北京军区司令员李德生同沈阳军区司令员陈锡联对调，济南军区司令员杨得志同武汉军区司令员曾思玉对调，南京军区司令员许世友同广州军区司令员丁盛对调，福州军区司令员韩先楚同兰州军区司令员皮定均对调。其余新疆、成都、昆明三个军区的司令员刚调去不久，没有调动。"其他军区领导班子成员也都没有动。而这次调整的不只是司令员，其军区领导班子主要成员，包括司令员、政治委员、副司令员、副政治委员、参谋长、政治部主任全换。

接着，裁军减员工作于 1986 年初在全军上下全面展开。全军各部队都经受着撤、降、并、缩的精简整编，不撤销的单位也要精简缩编。全军干部战士人心浮动，都面临着去留的选择与考验。

1986 年的中国社会也不平静，国内资产阶级自由化思潮抬头泛滥，发生了"争民主"学潮。湖北、上海、江苏、浙江、黑龙江、北京等省市高校的数万名学生出于各种情绪和缘由上街游行，极少数别有用心的人从中进行反对中国共产党的领导、反对社会主义道路的煽动，有的地方出现了扰乱交通秩序和违反社会治安规定的情况，社会极不安定。

这一不安定现象，表明意识形态领域里斗争形势严峻。严峻的现实促使掌管意识形态领域工作的国家新闻出版管理机构发生大变动。先是国家文化部出版局改为国家出版局，继而将国家出版局由部属局升为国务院直属局。针对意识形态领域斗争形势与学潮问题，中央决定把国家出版局扩建为国家新闻出版局，后又同意扩建为国家新闻出版署。

裁军一百万，落实到我们内长山要塞区和我所在的守备第六师，体现为要塞区由原军级编制降格为师级，我所在的守备第六师降为守备团。

宇宙、世界是有与无组成的。老子说："无，名天地之始；有，名万物之母。"他还说："有无相生，难易相成，长短相形，高下相倾，音声相和，前后相随。"汉字中的"有无""难易""长短""高下""音声""前后"和全书中的"强弱""宠辱""虚实""昭昏""吉凶""黑白""贵贱""亲疏""祸福""刚柔""厚薄""多少""开阖""奇正"等相对词，并非单纯地指两个相对而生的概念，而包含着哲学相对立而生的深意，是哲学"矛盾""对立统一"观点的客观存在与体现。

世上任何事物都有它的两面。精简整编对广大官兵来说，相当多的人遇到的是人生挫折或转折。有无数的官兵终生热爱军人职业，酷爱军事，珍爱军装，无过无错，突然要脱下军装，解甲归田，投枪还民，壮志未酬，心有不甘。但对另一部分人来说，却是一个提拔升迁的极好机遇。

我们要塞区是降格缩编单位，有超过三分之二的军官与士兵要脱军装、转业复员回家乡；但新编师机关和合并之后的3个团机关都需要任用一批干部，优秀年轻的军官还可以向军区、省军区和军分区推荐。因此，军官们都有去和留的两种选择。去有去的准备，留有留的打算，一时间，大家工作重心转移，纷纷为个人的事忙碌起来。想去的，忙着找家乡关系，找安置的门路；想留的，忙着找领导关系，寻找安排提升的位置。似乎全要塞区从机关到部队，军官们没有一个闲着。

我于1985年1月，由内长山要塞区宣传处分管文化的副处长升任济南军区守备第六师政治部副主任。上任一年做了几件大事：头一件是选送108名骨干补充到友邻部队，足装满员奔赴南疆对越轮战，这是战时的政治工作，来不得半点疏忽和敷衍。我们做得十分成功，108名优秀战士雄赳赳气昂昂地开赴战场，我的长篇小说《碑》就是那一段生活的积累；举办了两期机关干部日语培训班，借余秋里主任抓两用人才培养的"东风"，领导重视，参与者学习自觉，效果良好；进行人生观教育，请作家李延国讲《在这片国土上》的引滦精神。干得正得劲，1986年春天，全军精简整编全面铺开，我也不得不为个人的去留做打算。

面对我们要塞区由军级单位降为师级编制、我们师降为团的现实，我想，我38岁正团职属年轻干部，转业应该不用考虑。提升军官16年来，我一直在军师机关工作，到新编团任职不合适也不可能，提拔到新编要塞区任职也不可能，至多只有平调继续任政治部副主任一个选择，而全区有多少人盯着这个位置。入伍以来我一直做文化工作，同时搞业余写作，对此我问了自己一个问题：究竟什么对我最重要？

当兵来到了蓬莱仙境里的那个坦克自行火炮团，转眼就18年了。穿上军装，头一个让我崇拜的是我们的新兵营营长。第一次见面时，我以为他起码是个团长，大块头，高嗓门，新兵集合，他喊出的口令跟汽笛一样响亮，吓得我们这帮新兵做错了动作都不敢动一下。我敬他，当兵嘛，就该有他这种气派和威势。一打听，其实他不过是我们团修理连连长。但他是1948年的兵，打过仗，这让我更崇拜得不得了。当时我就冒出一个念头，当兵要是不操枪弄炮，要是不赴汤蹈火，要是不喝令千军万马，这兵当得就没有意思。那时我还说不上什么军人意识，可心里有了个主意，要当兵就当他一辈子兵，要干就干真正的军事技术。一番自量，觉得当个给首长出谋划策、指挥作战的参谋，是个令人心醉的职业，我在心里暗暗埋下了这个高参梦。

天遂人愿，领导真没有让我当驾驶员，直接任命我当了炮长（即副班长），而且是排长车的炮长（排长车没有车长，炮长顶车长用）。下车第三天，连长就发给我一支54式手枪（坦克乘员车长、炮长、驾驶员的轻武器都是手枪，只有炮手背冲锋枪），让我扛上25米高的胸环靶，把我和两名新驾驶员带到靶场,给我们每人三发子弹,说让我们体会一下打手枪的滋味。两个驾驶员一人只中了一发,一个是5环,一个是6环,我"乓乓乓"三发全中,一个9环,两个8环,打了25环。连长回到连里说,咱连来了个神枪手。

我的参谋梦便充实起来,变成一个实实在在的目标。我把这个甜美的梦融注到青春的每时每刻:那支手枪几乎天天都要擦拭;个子小,操炮训练时为精确瞄准,自始至终都要踮起左脚后跟,手摇高低机、方向机,一气50次精确瞄准击发,常常搞得裤头能拧出水;判定距离、观察弹着点,几乎把业余时间都搭了进去。我的汗水和心血在对陆隐显目标的火炮射击中得到了回报。

在我们前面,二连的炮长全推了"光头",参谋长气得骂娘。我是三连第一个打,他问我怕不怕死,怕死就不要打,一发炮弹几百块钱呢,老百姓能买一年的口粮。我却打了五发四中,没中的那一发还是因驾驶员记错射击次数提前转向造成误差,两个目标各中两发,成绩优秀,全团第一!观察到自己打出的炮弹击中目标弹着点掀起"V"型烟尘时所产生的那种激动人心的快感,任何语言都无法准确表达;炮弹出膛喷射的硝烟火药味,没有任何芳香能像它那样令人激奋。给参谋长汇报射击过程没打一点磕,参谋长的褒奖更让我热血涌动,老炮长们嫉妒得咬牙。我对坦克火炮的酷爱,在中篇小说《履带》中得以淋漓尽致地表露。

就在我倾心军事技术的研练时,命运把我拉到了三岔路口。文化干事要我参加守备区文艺骨干学习班,电影组长想让我参加守备区的美术训练班然后当放映员,而我自己却想在连队参加对海运动目标射击野营训练继续我的高参梦。假如我什么班也不参加,蹲在连队踏踏实实当我的炮长,我很可能真的成为一名出色的射击参谋,走上军事干部的岗位;假如我参加美术训练班,我或许能成为一名画家,因为我自幼喜爱美术,在中学就画过马恩列斯的素描,至今见人作画手都痒;可是领导却让我参加了文艺骨干学习班。我并非讨厌文艺,入伍前在家乡我就演过锡剧《红灯记》里的李玉和,巡回演了半个宜兴县;我识谱,会拉二胡,在连队是教歌员。但没想到,

新兵下连两个月就参加了师文艺培训班，从此跟文艺结缘一辈子（后排左为作者）

这一期文艺学习班竟让我与文艺、文化结下了不解之缘，一干就是17年。

思来想去，部队文化工作已经干了17年，是我最熟悉的专业；文学写作已经坚持8年，我把别人晚上看电视、娱乐和节假日陪妻子儿女游玩的时间都给了它；我把一生中最灿烂的青春都献给了部队文化工作和文学事业，这两者是我已经倾心的事业。于是，我决定放弃部队行政领导职务，要么干老本行文化工作兼业余写作，要么搞专业写作。部队留我，就请组织调我上军区文化部或创作室，要是没法安排，我就转业到地方搞文化或写作。我跟妻子做了沟通，她完全赞成我的选择。

一天晚上，我们师的李学通政委打电话让我上他家去一趟。李政委见面就说好事：要塞区刘绍先政委要调军区后勤部当政委，军区根据刘政委的建议，安排他（李政委）到军区后勤部当政治部主任。刘政委给李政委打电话交代，让他告诉我，他要带我去军区后勤部当宣传处长。听李政委的口气，不是征求我的意见，而是把喜讯告诉我。

　　两个政委都是我的老领导、老首长。李政委和我都是坦克团的,我入伍时,他当通信参谋,后来改行做政治工作。到师里工作这一年多,他对我十分信任,工作全力放手支持。刘政委不只是我的首长,而且是赏识我的知音。他一到要塞区当政委,就读了我的小说和写我区典型人物的报告文学,曾几次当众称赞我文章写得好。无论是组织、设计、布置我区参加军区的两用人才成果展览,还是在职自修大学参加全国高等自学考试,抑或是下部队工作组,他几次在机关干部大会上表扬我,他完全知我。后来听要塞区政治部张新光副主任告诉我,刘政委和王司令十分器重我,为了让我当宣传处处长、解决我的正团职务(因 1983 年上报我当文化处处长时宣传文化将合并未果),他们先后用了 4 套方案,最后上级暗示要塞区可能降格,不再配宣传处长,这才把我放到师里当了政治部副主任。

　　他们两位首长要带我去军区后勤部,是对我的信任和器重,有两个政工一把手如此信任,今后个人的发展不必说。在精简整编这种背景下有这样的安排,而且是自己的直接首长亲点,谁都会喜出望外,感激不尽。但这对我来说,却让我处在了两难之间。一边是老领导知遇器重,士为知己者死,老领导长期如此关爱,按说应该无条件跟随;一边是个人的追求志向,我实在不想放弃文化工作与文学。尽管我觉得很对不起刘政委和李政委,我还

不想当部队行政领导,想干文化老本行业余写小说

是没有违心地屈就领导的心意。我把自己的真实想法如实告诉了李政委，让李政委转达我对刘政委的感激，并表示歉意。李政委十分不解，他不明白我为什么要做这样的选择，他非常直白地问我：写小说能写出什么名堂？你30多岁已经是正团，我们两个带你到军区后勤部能亏了你？

我真无法向李政委解释，何况那时我的小说别说在全国，在军内也没有什么名气。那时候我真没有想那么远，也没想那么多，更没有做将军梦，我只是觉得我能写小说，能写出好小说。我无以回答，只希望李政委能理解我。李政委后来很快当了陆军第六十七军政委。

还是刘政委理解我，我的婉拒，他一点都没有不满，非常尊重我的选择，他对李政委说：我知道他是个有抱负、有追求的人。刘政委不但不计较，听说他还郑重其事地向军区政治部推荐了我，说我是优秀的文化干部，还会写一手好文章。

新编要塞区政委赵承凤也是和我一个团的，他到任后也打电话征求我工作安排的意见，我也如实地汇报了自己的想法。赵政委也了解我，他说刘政委已经向军区政治部推荐了我，他也在向军区汇报我的情况和打算，在军区没做出安排之前，让我先在师留守办公室当主任，负责安置286名转业干部。

没几天，要塞区干部处处长来电话，让我把这些年创作发表的小说和文艺作品整理好交干部处，他们负责送军区干部部。接着，军区文化部田爱习部长专程从烟台赶到蓬莱看我。他当兵早我六七年，但我们可以说是老朋友了，我在要塞区当文化处副处长时，他在第六十七军当文化处长，彼此非常了解。田部长来看我，是要跟我明确，不要考虑转业，继续在部队工作，说济南军区从战士开始做文化工作至今的专业老文化干部就我们两个了，他会想办法调我去军区文化部系统工作，文化部现在超编，可先到直属文化单位工作。

时隔不久，新要塞区副政委，也是我的老处长盛反修给我打电话，说军区政治部副主任袁守芳秘书打来电话，军区政治部打算安排我到前卫歌舞团当政委，特别关照不要征求我本人意见。盛副政委说，军区文化部和创作室都超编,暂时进不去,先到歌舞团干也不错,让我不要外传,心里有个数。我没有这个思想准备,但歌舞团团长和几位副团长都是我熟悉的老朋友,我就默认了。

结果没去成,据说是军区常委研究时嫌我太年轻,这么年轻到男男女女的歌舞团当政委,担心我过不了美人关,反害了我。领导这么体谅部下,确是爱护。于是我安下心当好我的留守办主任。盛副政委再次给我电话,说在军区没有安排之前,准备先给我报任要塞区政治部副主任,落实到编制之内,不要列在编外。领导考虑得很细,也是真诚地关心关照我。

我在原守备第六师留守办公室当主任,把师司政后机关 286 位干部的工作安置一一落到实处,同时以精简整编为背景,写出了中篇小说《赤潮》的初稿。国庆节前夕,我召集等待转业到地方报到的战友们开了个会,小结了转业干部安置工作,并对下一步报到搬家做了安排:山东省范围内的干部,一律派车直接送至家乡,原则上每户一辆解放军牌卡车,同地的战友可以相互协调结伴同行;外省的干部乘坐火车返乡,提前派车运送全部家具到烟台货运站托运,家具包装材料已全部发至个人,还有其他需要部队解决的问题及时向办公室提出申请。留守办的主要工作已经完成,只剩接报到通知送转业干部还乡一项。会上我向大家请了个假,打算国庆节前上趟北京,时间半个月,一是要到解放军文艺出版社修改我的中篇小说,二是看望大哥大嫂。大哥在总参炮兵研究所当副所长,大嫂在 301 总医院服务社当会计,我还没见过大嫂,这也是我头一次上北京。外出期间,留守办的工作由副主任王作文全面负责(我们也是坦克团的老战友,整编前他是坦克团团长,他是 20 世纪 50 年代末的老兵,资格比我老得多)。

就这样,我告别战友们,告别妻子儿女,只身揣着中篇小说《赤潮》的初稿,到烟台登上了开往北京的列车。我一点没有想到,这趟北京之行,竟是我人生道路的拐弯之旅,我将要离开为之付出 18 年宝贵青春与心血的老部队,一个完全陌生的领域正在向我打开大门,我却全然不知。

到解放军文艺出版社改稿，
却被留下筹建发行部

　　战友陶泰忠开着解放军文艺出版社最好的三菱面包车到北京站接我。他是《解放军文艺》杂志编辑部主任，对外称主编。我们是内长山要塞区文化处一个处的战友。20世纪70年代初，他以写叶剑英视察内长山要塞区的纪实散文《神山佳话》一鸣惊人，反响巨大。接着，以报告文学《人民的胜利——淮海战场巡礼》《沂蒙山，英雄的山》《从零点到十二点》等佳作享誉文坛。解放军文艺出版社领导相中他的才干，先借调他帮助工作，后于20世纪80年代初调他到《解放军文艺》杂志编辑部工作。至我来北京时，他在全国报告文学领域里已有呼风唤雨、指点江山的气势。他策划组织的李延国的《在这片国土上》《中国农民大趋势》、钱钢的《唐山大地震》《海葬》，开创了全景式报告文学的范式，他让《解放军文艺》杂志走向社会、誉满全国。他发起的"中国潮报告文学"征文，得到全国百余家期刊踊跃响应，可以说，他把《解放军文艺》主编这个岗位做到了极致。

　　泰忠已为我安排好一切，晚上在北太平庄家里为我接风，住北太平庄院里出版社的书库。解放军文艺出版社的书库，可不是一般含义的存书库房，而是可以载入史册、名满全军文化界作家文人聚集的风水宝地。

　　我来时，书库一层几间屋是做存放图书的仓库，但二层以上全是客房，专门用来接待全军作家来社里写稿改稿，实为内部招待所。军内李存葆、胡石言、周涛、朱苏进、刘兆林、周政保、江奇涛、雷铎、庞天舒、李本深、李占恒等一大批知名作家、评论家,都在这里写出了他们的力作。那年《解放军文艺》编辑部在这里举行的"军事文学研讨会"开得会议室外的走廊里都坐满了人,徐怀中、李存葆、莫言、刘晓波等一大批作家、评论家参加了这次会议,会议所探讨的文学主题、发言人的畅所欲言、不同观点的直接碰撞,其热烈尖锐与民主会风前所未见,这次书库对话被以浓重的笔墨记入了史册。

大哥的炮兵研究所在北苑,大嫂工作在五棵松 301 总医院,与侄女儿住在永定路,一家人虽都在北京,其实与两地分居差不多。我在大哥那里住两天,再一起到永定路大嫂那里待一天。兄弟俩 12 年不见,自然有许多事、许多话要说,说完父母说兄弟姐妹,说完兄弟姐妹说各自的经历和现状,三天之中真累着了嗓子。与兄嫂聚完,关心完侄女儿的一切,我就回到了解放军文艺出版社书库。

晚上泰忠来看我,提到了一件意想不到的事。他问我,有没有想到解放军文艺出版社来工作的想法。我很意外,坦白地说,从来没有想过。泰忠也是我来到北京后才想到这事,社里正在物色一个搞经营的人。泰忠完全了解我的情况,他知道社里现在需要我这样的人,问我想不想来。我们之间情同手足,无须顾忌与客套,我如实说,没想过,也没想要到北京来。他让我见了凌社长再说。

第二天,泰忠领我到社里见了凌行正社长。这自然是必需的:一是《解放军文艺》和《昆仑》都已经发表过我的小说,凌社长当小说组长时就到济南军区创作学习班看过我的两篇小说稿;二是 1982 年我还在蓬莱为社里承办过一期创作学习班,李大我老编辑带着崔洪昌、陈定兴、雷铎、李占恒、宿聚生、孙泱、王海鸽等在那里住了一个多月,一人一间房用了招待所半层楼,结束前凌社长亲自去看稿,我要了专船领他们游览了一些无居民小岛,文友们还两次到我家做客吃海鲜。凌社长与我已是有深交的领导。

凌社长问我现在在部队做什么,我如实地向他汇报了我的情况:不想再干行政领导工作,打算到军区继续做部队文化工作或搞专业创作。留导办工作已基本完成,转业干部工作安置已全部落到了实处,离报到还有一段时间,借这空我请假来北京改稿。

凌社长听我介绍完情况,当即就说,上军区文化部干什么呢!到社里来,社里正需要你这样的人,先帮助工作,同时联系调动。我问他,我来社里做什么。他说,你来筹建发行部。我不知道发行部是干什么的。社长说,发行部就是发行书刊、卖书卖刊。我当即摇头,我哪会做买卖,连码洋、实洋都不懂,再说,一个师政治部副主任,放着跟刘政委、李政委去当宣传处处长不干,却来做书刊生意,没有意思。说实话,我是江南水乡出生,在山东这么多年,生活习惯都没完全改过来,受了许多苦,我的确没一点再往北走的思想准备,至多到济南,要不就叶落归根回无锡宜兴。凌社长看我犹豫,说先帮助工作一段时间试试,同爱人也商量一下。

给爱人打电话一说,她坚决反对,说到济南还有老领导和许多战友,她愿意,到北京尽管有大哥大嫂,但单位里只有泰忠一个,其他都是生人,她更是没一个熟人。女儿上初一,儿子上四年级,北京人生地不熟,连个认识的同学都没有,要是适应不了,影响孩子学业。

我侧面了解了一些情况,京外干部调京不是那么容易,具体规定是必须营级以下、35 岁以下,我的职务与年龄都已超过规定,就算社里想调,总政机关和领导也未必批准。再则,即使我来了,爱人和孩子 3 个人不是那么好进北京,社里有先例,爱人孩子几年调不进来,最后没办法,干部只好自己转业。这是很重要的一个方面,爱人带着两个孩子在家乡受了不少苦,好不容易调到山东一家团聚,若再两地分居,孩子一年年大,事儿一年年多,爱人难以承受。我把这些想法都告诉了泰忠。泰忠也知道这些,他说先别急着下结论,看看社里的决心再定。

我把爱人的想法向凌社长做了汇报。凌社长的一席话却说动了我。他说："出版社出版的图书,过去都由新华书店包销,社里用不着搞发行,所以没有发行部。现在发行体制改革了,新华书店不再包销图书,要由出版社自己办发行。咱们社连发行部都没有,出了书没人发行,经营账户上只剩10万元钱了,银行已经黄牌警告,不让再取钱。书卖不出去,出版社没法生存,军队的170多位专业作家也没法生存。别小看图书发行,没有发行,就没有作家,过去邹韬奋、叶圣陶都开书店,他们都是为了帮助作家,发行同样是为繁荣文学事业做贡献。社里一直在考虑筹建发行部,只是没找到合适人选,去年从编辑部抽几个编辑搞过,搞不起来。正巧你来了,我觉得你行,你懂文学,也熟悉部队作家,又有部队文化工作经验,有活动能力,相信你一定能胜任。调动的事,社里会想一切办法,相信总政领导和机关会支持的。你若是真热爱文学,得先帮助作家,把自己的小说先放一放,牺牲3年时间,3年把发行部建好,正常运营后,再安排你到编辑部搞文学。"

泰忠也积极撮合,老战友在一个社共事自然更是件难得的事,但我还是有些犹豫。我做事的脾气是,做不了的事或做不好的事,宁肯不做;想做和要做的事,一定要做好,一定要尽力做到最好。我犹豫不只是考虑来不来北京,更多的是考虑这么一个陌生的领域、陌生的工作、陌生的岗位,我能不能胜任。于是,我只答应先帮助工作试试。

大哥听到消息喜出望外,我来北京工作,兄弟俩有了伴,自然高兴。他反复给我妻子打电话做工作,说人家托关系找门路想来总部都来不了,出版社主动调,这种机会哪去找,我们却还犹豫。不要只考虑自己,要为孩子们着想,首都这么多大学,考学机会多,选择范围大,教学质量高,将来给孩子更多人生选择的机会,山东是没法比的。大哥的话很实在,我妻子被他说服了。

我把小说初稿放进抽屉,决定开始帮助出版社工作。社成立了发行部筹建组,由我负责,把另外两位来社里帮助工作的军人也归到筹建组,加宣发组原有的两老一少,算是有 6 个人,仍以宣发组的名义隶属于原有的出版发行部,业务工作直接向社长请示汇报。我就这样试着开始工作了。

解放军文艺出版社发行部就在这间小屋里诞生

赶鸭子上架，
投入发行部筹建

来到社里第三天，凌社长就让我去丰台总后的京丰宾馆，做全军书刊发行工作会议的会务准备。这个会是解放军出版社的《解放军生活》编辑部组织召开的，参会的是全军宣传处处长。解放军出版社归总政宣传部管，我们归总政文化部管，虽都隶属总政，但主管部门不是一家，人家是通过宣传部下发文件正式召集会议，我们是蹭会。

我想，军队出版社姓军，首先必须为军队建设服务，军队出版社书刊发行工作应该先从军队做起。把全军宣传处处长请到北京来开会，机会难得，蹭会就蹭会，只要能把事情做好，达到预期目的，爱怎么看就怎么看，爱怎么说就怎么说。

蹭人家的会，会务没有更多琐碎事，布置好会场、安排好伙食、落实好送站车辆就可以。有点难度的是要为徐怀中部长提供会上讲话的参考材料。幸好我已在下面部队待了18年，干了17年部队文化工作，而且主要在师军机关工作，又写了七八年小说，对文学书刊的作用及部队订阅刊物、购买图书、部队图书馆现状并不陌生。我用心努力写好材料，凌社长对材料很满意，徐部长也满意。我就这样赶鸭子上架，连码洋与实洋还没搞懂，就正式投入了发行部的筹建工作。

就在这时，我个人的事与工作产生了矛盾。我参加高等自学考试已第3年，每年4门课，共11门课，10门课均已一次通过，只剩最后一门"逻辑学",11月份要回山东烟台考区考试。发行部筹建工作的锣鼓刚敲响,却要中止息场,事情让我为难。我向凌社长做了汇报。事有凑巧,也在这时,济南军区要在烟台召开基层文化工作会,总政文化部将派人去参加会议。济南军区是我的老部队,社长要我借机去做刊物订阅的宣传推广,开完会正好参加考试,顺便回家安排一下家里的事、拿越冬的衣服,一举三得。

在烟台会上,我见到了时任济南军区政治部副主任的袁守芳首长。正团职干部直接归军区政治部管,我把情况当面向袁副主任做了汇报。袁副主任知道我的情况后,对我说,这样很好,军区文化部和创作室,包括文化部直属单位暂时都没有位置,让解放军文艺出版社给军区干部部发个借调函,他给干部部打个招呼,让我安心在解放军文艺出版社帮助工作,一年两年都没有关系,要是能调去最好,调不去再回军区重新安排。事情就这样进入了正规渠道,我再无法按照个人的意愿行事,只能认定这条路一心一意走下去。

济南军区对这次部队文化工作会议十分重视,规格很高,各集团军的政委、政治部主任都出席了会议。我想,大会不会也不适合安排我在会上宣传军内刊物订阅工作,这么宣传也起不到好的效果,应该争取让袁副主任在会上强调这件事,袁副主任不讲,也要争取请田爱习部长讲。我找了田部长,把总政关于部队订阅军队报刊的文件复印件给了他,希望军区领导或他在会上强调。田部长一口答应,一定让袁副主任讲,他们会把这个内容写进讲话里。

果然,袁副主任在会上讲了,他不但强调了基层部队一定要按总政文件订够、订足规定的军内报刊,还对部队的书刊阅读活动提出了具体的要求,要求广大指战员阅读以军队报刊和军队出版社出版的图书为主,并有效地组织专题读书活动。田部长也讲了,他讲得更具体,要求把按规定订阅军队报刊、开展以军队出版的图书为主的阅读活动作为基层文化工作达标的标准之一来检查。

会下,我积极串房间,与各军的宣传处处长和文化干事建立联系。在与他们的联系交谈中,我萌生了一个主意,军队出版社的书刊发行工作应该先从军内做起,可以聘请各军级单位宣传处分管文化工作的副处长或文化干事当我们的特约通讯员,发挥他们的作用,协助我们搞好军队刊物和图书在军内的发行。我想,这事回京向社领导汇报批准后,应该立即展开。

在烟台开完会,我回到蓬莱家里,什么都顾不得,先抛开一切,静下心来复习"逻辑学"课程。前面 10 门考试,过关斩将,每次都顺利通过了,千万不能在这最后一门的考试上出问题。若考不好,要等到 3 年后的下一轮再考"逻辑学"时才能重考,这可真耽误不起。

说起来,我们这一代"老三届"命运真够惨的,说"文化大革命"耽误了一代人,实际耽误的就是我们这代"老三届","老三届"几乎没机会进大学校门。正要考大学时,大学都停了课,招生自然也停止;等恢复高考时,年龄都过了"杠"。其中只有极少数人得到推荐当了工农兵大学生。到部队后,那时军队干部制度还没改革,上军校不普遍,我在部队既是训练骨干,又是文艺骨干,工作也离不开。当兵两年我就提了干,本人和领导都没有想到要送我进军校培养,反正不进军校也不耽误进步。

20 世纪 80 年代,党章强调要实现干部队伍的年轻化、知识化、专业化。我自己心里明白,学业只能靠我自己努力了。从写作的角度,我也感到必须把中文系的课程学完。所以全国高等自学考试还没开设前,我就参加了山东师范大学文学院的汉语言文学专业自修,不只是为了要拿个文凭,而是想系统学完汉语言文学这个专业的课程。有了这一愿望,学习就非常自觉,没有教师上课,也没有辅导,全靠自己苦读。说实在的,学得很苦,尤其是"古代汉语"与"古典文学"课,有时看得头痛,把书都扔过好几次,但学得非常扎实,所用的功夫不是现在这些在校大学生可比、可想象的。"古代汉语"

"古典文学""现代汉语"这些核心必修课的考试，都像攻碉堡一样一次攻克，这真不是轻而易举的事，我们政治部许多年轻人三四次都没能通过，我都劝他们放弃"汉语言文学专业"，改考"党政干部基础专业"。

复习了3天，我上烟台考区参加了考试，自我感觉还算顺利。果然，分数还不算低。我终于成为首届高等自学考试毕业生。全要塞区"汉语言文学专业"首届毕业的只有我和我们处里1969年入伍的杨法友干事两个人，他也是"老三届"。

考完试回到家，我才顾得上同爱人商量安排家事。儿子正处于个性张扬又不大懂事的年龄，跟大院里的小伙伴在一起玩，免不了吵闹打架，常常有小朋友上门来找他妈妈告状。宿舍是独门独院的师职干部房，院里有一块不小的菜地。爱人的工厂有长夜班，上前夜班，照顾不了两个孩子吃晚饭和睡觉；上后夜班，无法为两个孩子做早餐。幸亏女儿懂事且能干，晚饭都是她领着弟弟到食堂打饭打菜打开水，晚上睡觉也是她督促弟弟刷牙洗脸洗脚；早晨都是她早起床下鸡蛋面，跟弟弟吃了一起上学。这样爱人确实太累，还常常顾此失彼。与爱人商量，没有别的办法，只能请岳父来部队。反正他一个人在家独自生活，到部队来好帮着爱人照顾孩子和家事。

安排好一切，我回到社里。一个弯由山东胶东半岛拐到了首都北京，我名正言顺地进了解放军文艺出版社，全身心投入到解放军文艺出版社发行部的筹建工作中。

创建发行部，
不是凌社长心血来潮

解放军文艺出版社当时的家底薄得实在可怜，不只是经营账上仅有 10 万元钱，仓库里存书也极少。这不是社里的经营问题，而是我国图书发行体制造成的全国性通病。

新中国成立至 1985 年之前，全国出版社的图书总发行工作一直由新华书店代理。各省、市、自治区出版社的图书由各省、市、自治区新华书店包销全国，中央出版社的图书全部由新华书店总店包销全国。大部分出版社没有发行部，像商务印书馆、中华书局、人民出版社、人民文学出版社、中国青年出版社等老牌出版社，虽然有发行机构，也不是自己直接搞发行，而是仅仅做一些图书宣传、信息传递、供货结算的协调工作。当时解放军出版社倒是有发行处，但也并不参与市场经营，只做军内的军事教材供应和文件发放工作。

这种发行体制下，图书出版生产与经营是分离的，出版社只负责生产，利润也只从生产环节中获取，图书经营全依赖新华书店。所以新中国成立以来，出版社经营管理模式一直是单纯生产型。出版社确定选题后，编写 200 来字的选题简介报给新华书店总店北京发行所对口业务科，新华书店总店北京发行所编印《社科书目报》和《科技书目报》两份报纸在全国新华书店系统征订。3 个月后，总店发行所汇集订数后给出版社发印数通知，征订 10 万册出版社就印 100 200 册，征订 3 万册出版社就印 300 200 册。多印的 200 册是版本和样书,其余一册都不多加,也不准多印,包销只许委托一家,别无分店,出版社也不可以自己另搞销售。书印出来后,由印刷厂按批准的日期,如期直接将书送交到新华书店总店储运公司,新华书店总店收书后一个月就将书款全额一次性划入出版社的银行账户,一点风险都没有,出版社省心又省事。

天上掉馅饼的好事必定长久不了,这不是人的意志所能决定的事。这种生产经营体制本质上违背了商品生产经营的内在规律,本身也存在两大弊端:其一,生产者不参与经营,不知道自己的产品在市场的表现,也不研究市场需求与趋势,更不知自己的图书在代理方那里的进销存等实际状况,只顾闷头生产;销售经营者不了解产品,不掌握生产,也无权制约调节生产。这种生产与经营相脱离的包销模式,使生产者与经营者都带有盲目性。其二,征订方式是"隔山买牛",确定订数的"小辫子"们就凭书目报上每书 200 字的介绍,拍脑袋估计下笔确定订数,如同买牛者隔着山买牛,说是牛,却见不着牛,或许是牛,也可能是羊,或者是狗;即便是牛,也不知是母牛还是公牛,是两岁口、四岁口,还是十岁口。这种订货方式完全是盲人摸象,只能凭想象,十分盲目。

这种盲目的经营方式完全违背了商品经营的客观规律,必然要遭到市场的惩罚。果不然,到 20 世纪 80 年代初,全国新华书店的流动资金全部变成了库存积压图书,周转失灵,图书发行这部大机器发动机出大故障了,运转越来越不正常,几乎接近于"死机"。图书订数直线下降,一种书全国征订数先由原来的三五十万册降到三五万册,继而再降到三五千册,到 20 世纪80 年代中期,已经降到三五百册,出版社无法开机印刷。

"问渠哪得清如许,为有源头活水来"。渠道畅通,靠源头活水。图书发行渠道因出口全部堵塞,导致订数严重萎缩,出版社本身没有发行机构,图书无法开机印刷,出不了书,源头枯竭,渠道必然干涸。整个图书流通环节处于萎缩停滞状态，新华书店与出版社一起陷入困境，全国出版业如一潭死水。

国务院文化部出版局召开了全国图书发行工作会议，政府出面把产（出版社）、供（新华书店发行所、省级店）、销（城市销货店）三方召集到一起，面对困境，果断决策，对我国图书发行体制做出重大改革。新华书店将总发行权移交给出版社，出版社出让 3 个折扣（由原来 70 折供货包销，改为 67 折供货经销）；图书经营模式由新华书店包销全国，改由新华书店经销；订货由省级店业务科向全省、市、自治区统订，改由各基层店自主订货。

文化部出版局 1982 年提出的"一主三多一少"（即以新华书店为主体，组成多种经济成分、多条流通渠道、多种购销形式并存，减少流转环节的图书发行网络）方针，自此才落到实处。

这是十一届三中全会以来，乃至新中国成立以来，政府对出版界施行的力度最大、最具实质性的体制改革。这一改革，迫使出版社由原来的单纯生产型向生产经营型转变。于是全国各出版社纷纷招兵买马建立发行部，原有发行机构的出版社也将其充实扩大。出版社长时期在计划经济和包销体制下运营，经营人才奇缺，为了救急，出版社采取的最直接手段就是到新华书店挖人。像中国青年出版社发行处副处长杜跃珊，工人出版社发行部主任白渝生、发行科长张金元，作家出版社发行科长王宝生、扈文健等一大批发行骨干，都是直接从北京市新华书店挖来的。

我这才真正明白，解放军文艺出版社调我来创建发行部，绝不是凌社长一时心血来潮，完全是出版业的现实形势所迫。

从一种体制转换成另一种体制，开会发文件容易，实行起来却不是那么简单。建立调整机构是一个方面，这是有形的，相对比较好办，更重要、更难解决的是观念的转变，一种理念一旦成为传统习惯，想改变很难。

解放军文艺出版社当时虽然把解放军文艺社更名为解放军文艺出版

社,但编制与体制仍然是期刊社的模式,大部分人的观念也还固守在"文艺社"的观念之中,仍是解放军文艺杂志社的思路,工作仍以刊为主。全社4个编辑部,《解放军文艺》《解放军歌曲》《昆仑》3个杂志占去3个编辑部,图书只有一个编辑部,期刊编辑占了全社编辑编制接近四分之三的人员。这3种杂志,《解放军文艺》和《解放军歌曲》主要是为部队服务,订户基本上在军内,地方订户微乎其微,且军队的政工经费也是一再压缩,文件上要求部队将我社的这两种刊物订到排,但实际经费在基层团政治处掌握,能保证订到连就很不错了;而《昆仑》的订户更不确定,部队的文件上没有规定必订,地方订户更有选择性。所以3个刊物要增加发行量十分艰难,唯一有市场潜力可开发的是图书,但图书只有一个解放军文艺丛书编辑部,仅8个编辑,一年只能出数十种书。

再说经营,我国的期刊发行体制仍是邮发合一,一年订数几乎是一锤定音,年度订阅结束后,破月破季订阅刊物的人和单位极少,零售数有限,占总发行数不到5%。图书自办发行还没有渠道,仍只能依赖新华书店征订,几乎是出一本赔一本。

人员方面,宣发组只有两老一少3个人:两老一个是地方邮局退休职员,一个是总政电影发行站的退休干部,一少是本社干部的子女。他们主要应付读者邮购书刊。1986年全年,书刊经营回款仅36万多元,经济状况十分穷困。

接受任务后,我去书库查看库存图书(我住的书库一层是存书的库房,二层以上是客房),发现仓库里主要有两种书。一种是13万多册刘亚洲的《两代风流》。我来社之前,社里从编辑部抽出3个编辑搞发行,《两代风流》被团中央列入全国青年读书推荐书目,他们觉得这是个扩大发行的大好时机。他们用数学统计式思维推算,全国一共有多少团支部,假如多少团支部买一本书,就可以印多少书,计算半天,拍脑袋开机印了15万册。结果新华书店全国征订只订了 1 万多册,积压了 13 万多册。再就是 7 万多册钱钢的《唐山大地震》,是从不法书商那里收缴回来的盗版书。还有一些青年作家的第一本集子"昆仑文学丛书"和几种"外国文学译丛"。《两代风流》定价 1.20 元,《唐山大地震》定价 1.25 元,"昆仑丛书"几毛钱一本,满打满算库存图书不到 25 万码洋。

虽然也是出版社,也编辑出版发行图书,但解放军文艺出版社是列入军队编制序列的出版社,有其特殊性。解放军文艺出版社是正师级编制,部门是正团级单位,增设发行部就是增设一个团级单位编制。全军精简整编还没有完全结束,非战斗部队要增设一个团级编制根本不可能。再说,总政直属单位扩编增设机构,也不是总政说了算。扩编增设编制要总参编制办审定认可后,逐级申报审批,最后要经军委办公会审议批准才能入编。因此,出版社再着急、再怎么积极申请也无济于事。全军刚刚裁军 100 万,这个时候,谁能为你一个出版社成立发行部增设编制呼吁?没有编制只能编外顶着虚名干,不知要干到猴年马月才能列编。这么干对个人来说,前途渺茫不说,也可能瞎忙活两年还得回老部队。

世上的事情就是如此,再好的事,也会有人说不好;再不好的事,也有人称好。一群大雁从天上飞过,有人说大雁排的是"人"字,有人说大雁排的是"八"字,有人说大雁排的是一道弧,有人说大雁是参差乱飞什么也没排。不是他们胡乱瞎说,是他们站的位置不同、看的角度不同,看到的也就不一样。

我到出版社来筹建发行部,在凌社长这里看是社里建设生存的急迫需要,有的人却不这么看,出版社是军队在编单位,一个萝卜一个坑,就这么多位置这么多坑,你这么年轻的正团职来了,给了你位置,你就占了坑,别人就没了位置,没了坑,就没法待,可能要挪窝或者出窝。所以,我这边还没有完全下定决心做出最后抉择,那边却有人私下里传出议论,说一个堂堂师政治部副主任,放着官不做,来出版社卖书,是不是精简整编不想转业,到社里来找饭碗。我听到这些闲话,觉得太无聊了,不值得理会。

闲话我可以不理睬,但社里的现实我不能不认真面对。夜里我躺在书库的房间里,思前想后,确实有点睡不着觉。为了文学,为了帮助军队作家,我可以先搁下自己的文学梦;不懂业务,我可以学;经营没有基础,我可以创造;累可以受,苦可以吃,但编制不是我也不是社里能确定得了的事。平心而论,我不是个私心很重的人,但现实就是要编制没编制,要人没人,要钱没钱,要书没书,要设备没设备,要经验没经验。这么多问题,再加上妻子和两个孩子还在山东,我不能把他们扔在那里不管。不要说他们将来怎么办,就是我自己能不能调来北京还是个疑问。我不能不认真考虑和选择。

回过头来想,社里已经提出意愿,我也已经向军区袁副主任做了汇报,双脚已经迈出了这一步,退堂鼓不能打,只能往前闯。先帮助工作一段时间再说,我尽力而为。假如能调来社里,我就死心塌地在社里干;假如调不来,就不是我不愿意来,我则仍回济南军区重新选择工作。

既然要干,就得甩开膀子干,要考虑如何迈步,从何处下手,如何展开工作,怎么闯。我想到了三件急需解决的事:第一件事,我要有一个对外对内工作的身份,不是我要官、想当官,那样我完全可以跟随刘政委、李政委去军区后勤部,而是身份不明不便与全国书店建立业务关系,名不正,言就不可能顺。第二件事,要人,两位帮助工作的军人能不能调来还是个未知数,两位退休的老同志只能搞邮购,现只有一个年轻业务员,没法对外开张营业,至少要招4~5位年轻的业务员。第三件事,要安装一部可以打长途的电话,全社现有电话都是军队内部电话,没法与地方书店联系。

我向凌社长如实汇报了我的这些想法,他既体谅我的心情,又为我进入工作而高兴。凌社长首先安慰我,社里已经向济南军区干部部发了借调函,他说,不管将来发行部何时能列编,都会利用现有编制想一切办法尽快把我正式调来社里工作。民用电话他立即让办公室与地方邮局联系安装，这是必需的。身份问题，发行部现在没有编制，不好安排职位，对内只能叫筹备组，暂时仍叫宣发组，对外可以"发行经理"的身份展开业务工作。人员问题，应该解决，待和其他几位副社长商量之后再确定。他强调，市场不能等，当务之急是要抓好期刊订阅工作，利用机会与书店建立业务联系。为了出版社生存，为了文学，只好让我受一点委屈，做一些牺牲。

事情已经到了这一步，不管在编不在编，既然接受了组织安排，我的脾气是，与其应付着干，搭上了时间，搭上了青春，工作肯定干不好，大家还有意见，等于浪费了生命，不如踏踏实实干成一件事，这样才干有所值，才对得起知我、识我的凌社长，才对得起我老部队的老首长。于是，我暂时收起文学梦，把小说初稿放进抽屉，开始行动……

借别人的光，
我调进了解放军文艺出版社

为调我入社，凌社长没少费心。他找了机关部门，找了部领导，事情果然不是这么简单，部队精简整编工作还没完全结束，一次同时要从部队调3名干部进出版社有点异想天开。

凌社长和黄浪华副社长同时找我，对我明说了社里的打算：上级假如同意3个帮助工作的一起调，那最好不过，3个一起申请一起办；假如同意调两个，就调我和张耀宗；假如只同意调1个，那就调我，其余两个只好回原部队，总之，一定会想办法把我调进来。社领导统一意见，军人暂时调不进来，可以招职工，本社有职工编制名额，上级对职工限制也没那么硬性。无论如何，社里一定要把发行部创建起来。

正常渠道暂时不能从京外调人，他们问我，周克玉副主任原来是济南军区的，他正好分管宣传文化，问我与他熟不熟悉。我如实说，我不认识周副主任，周副主任也不认识我，但我的老主任王俗易跟他熟。

周克玉副主任在济南军区当组织部部长时，王俗易主任在军区当宣传部部长，后来周克玉到第六十七军任政委，王俗易到我们内长山要塞区当政治部主任。他们俩不只是老战友，两家还结了亲家，他们的儿女已结为夫妻。

王俗易主任是知识型领导，学究味很浓，批阅文件、写信都是用毛笔，一手毛笔字让人敬畏。他对我也很器重，是他当主任时提拔我当的文化处副处长，那时我34岁，是要塞区司政后机关5个年轻副处长之一。

　　凌社长和黄副社长听说了这层关系，要我去见周副主任，如实把社里的情况向他汇报。这让我十分为难，从当兵到任师政治部副主任，我从没为个人的事找过任何一位领导。我提干，从连调到团，从团调到师，从师调到要塞区，再从要塞区回到师当副主任，每次升迁调动事前我都不知道，也没有谁给我"下毛毛雨"。我的观念是，个人尽心尽力把工作做好是自己的本分，业绩是个人能力的显示，至于适合任什么职务、什么时间任职，那是领导和组织考虑的事，用不着我个人操心。

　　他们劝我，这不是为了我个人的提拔和使用，是为了社里的建设。无论他们怎么劝说，我始终没答应去找周副主任。我不知道该如何去见周副主任，怎么开口说这事，我实在不想去。但我答应给我们王主任写封信，本来就想给老领导报告一下我的工作变化和近况。

　　不出半个月，王主任给我回了信，自然是一手漂亮的小楷。他在信上为我能到解放军文艺出版社工作而高兴自豪。他还说，他已经给周克玉副主任打了电话，向他介绍了我的情况，周副主任让我到他家去一趟。我为老主任对我的关心而感动，但我想了半天，还是不想去见周副主任。让我直接去求周副主任帮忙，把我调到解放军文艺出版社来工作，我在首长面前开不了这口。最后我只和凌社长说，我们王主任给我回了信，他已经同周副主任说了这事，只是瞒下了让我去他家一趟的话。社长再一次劝我去见周副主任一面，我还是坚持表示个人不好意思去，要去还是社里领导或办公室的同志去比较合适。

　　后来，还是另一位帮助工作的女同志找了另一位副主任的秘书，首长秘书给社里来了电话。社长态度十分明确，假如只调她一个，社里的申请报告不好打；假如同意3个人一起调，社里立即把报告报上去。经过反复与机关协调，社里把一起请调我们3个的报告送了上去，特意把我排在第一位。就这样，我借了别人的光调入了解放军文艺出版社。

后来我还是见了周克玉首长，但已是 11 年之后。那时，我在总编室当主任，他已经从总后勤部政委的位置上退休。他在我们社出版了诗集，是我们总编室直接审稿编稿，周政委请社长、政委和我还有责任编辑吃饭庆贺感谢。

酒过三巡后，我端着酒杯来到周克玉政委跟前。我说："周政委，这杯酒按说应该 11 年之前敬你。"他感到奇怪，11 年之前，问我是什么意思呢？我说："政委你不认识我，我是王俗易主任的部下。"他记忆力惊人，立即就想起了 11 年前王主任给他的那个电话。他问："你是从内长山要塞区来的？"我说是。他说："你小子好！到今天才见我！"我说："自己个人的事，尽量不麻烦首长！"等我们把这段故事续上，惊动了旁边的文怀沙老人，他也参加了这次庆贺聚会。文老当即端起酒杯要敬我，他说："有人说无锡没有好人，这话不是我说的，是你们无锡老乡钱锺书说的（钱锺书是无锡人，'文革'中家乡红卫兵对他和他家有过冲击，可能对家乡人有点怨气，才说了那话）。今天我在这里见到了一个无锡的好人！幸会幸会，敬你一杯。"

文怀沙老人非常豪放，这一晚上谈笑风生，妙语连珠。事后我写了一篇随笔《品尝痛苦》，发表在上海《文学报》上，是对他"痛苦证明生命"这一观点的感想。

老社长凌行正（右）参加作者（左）长篇小说《碑》的新书发布会

第二辑

创业都是从零做起

新时期出版人改革亲历丛书

没有金刚钻，
我却揽了瓷器活

出书、卖书，不算是新鲜事，有文化的人一生都会与书打交道。

在我国，图书除了承载传播知识文化外，其教化功能历来很受重视。从孔子整理《诗》《书》《易》《礼》《乐》《春秋》开始，就确立了"垂世立教"的宗旨，他之后的历代从事编辑出版书籍的文人学者，无不遵从"助人伦，成教化""警世戒人"的编辑出版传统。用今天的话说，书籍除了承载知识外，还要承载意识形态育人的社会主流精神的导向内涵，所以，当今出版业的从业人员，也仍以此作为个人服务社会"立德、立言、立功"的事业追求。故出书、卖书不只是简单的一项商业活动，图书的特殊属性决定它是一种特殊商品。

说图书是特殊商品，是因为它有两个属性，一是精神产品，二是商品。按照经济学的观点来说，图书作为产品，它不是用于市场交换的，生产的目的只是为了满足个人或团体需要；图书作为商品，它又是必须参与市场交换的，按社会的不同分工，通过市场交换满足不同所有者的需求。因此，不同的属性有其不同的流通体制，产品的流通体制是计划分配，商品的流通体制是市场交换。这就是图书作为特殊商品的特殊所在，其本身是个存在着内在冲突的矛盾体。

在我国，属商品属性的图书还是占多数，以产品属性为主的图书只占少数，如一些国家法律文件、党内系统政治学习资料、专业技术培训资料、考试资料等。我国的图书发行体制基本还是以图书的商品属性来制定。

出书者,总想让自己的劳动实现最好的价值,有最好的市场表现;卖书者,都想卖广为读者喜爱的畅销书。如何出畅销书?如何让图书最大限度地扩大市场、满足读者的需求?如何以最快的速度让读者知道图书的信息?这就不是简单的出书、卖书的事,这是一门学问。

常言道,没有金刚钻,别揽瓷器活。我确实没有金刚钻,却揽了这瓷器活,这咋办?既然图书出版发行是一门学问,那就只能从零开始,就得认真来做。学与问组合起来叫学问,是名词,但内涵是学与问,两个词分开都是动词,所以学问是需要做的。于是,我决定从头做起,边学、边问、边做。

学,首先是学习党和国家的文件。党和国家的方针政策是行业工作的指针与法规,吃透政策法规,才能了解全局;不了解方针政策,不要说工作做不好,就是犯了错误、出了矛盾,都不知道是因何而错、因何而矛盾。

我找来国务院文化部出版事业管理局办公室编印的《出版工作文件选编》,进行认真学习,让自己的思维进入行业主流导向的轨道,与国家的政策方针相合拍。阅读了1980年至1983年的文件,我的巨大收获是,明白了党的十一届三中全会之后,我国出版业也进入了一个改革体制的新阶段,这个阶段的改革是以图书发行体制改革为主体先导的改革;给我深刻印象的是,"一主三多一少"改革方针的提出与实施。

我在一篇题为《当代中国的图书发行管理体制改革探析》的硕士毕业论文中发现,作者把我国出版发行体制改革的过程划分为四个阶段,我觉得有些道理。

第一阶段为"一主三多一少"阶段(1982—1987年)

1979年12月,全国出版工作座谈会在长沙召开,会议以党的十一届三中全会精神为指导,拨乱反正,全面清理"左"的思想对出版事业的破坏和干扰,果断调整了地方出版社的工作方针,对解放我国出版生产力具有历史性的意义。地方出版社的经营方针从"地方化、群众化、通俗化"改为"立足本地、面向全国",大大解放了出版生产力,从此拉开了出版发行体制改革的帷幕。

1980年8月,国家出版局发布了《关于出版社和新华书店业务关系的若干原则规定》,允许出版社为弥补新华书店发行不足,自办本社部分图书的发行,有条件的出版社还可以自办本社全部图书的发行。同年12月,国家出版局又下发了《建议有计划有步骤地发展集体所有制和个体所有制的书店、书亭、书摊和书贩》,允许集体和个体经营书店、书亭、书贩。

1982年3月,国家出版局向中央宣传部提出了《关于图书发行体制改革问题的报告》。报告指出:"图书发行工作的现行体制,不能充分调动出版社和书店两个积极性,不利于出版事业的发展,已不能适应社会主义建设的要求,必须加以改革。我们设想,图书发行体制改革的根本目标是:在全国组成一个以国营新华书店为主体的,多种经济成分,多条流通渠道,多种购销形式,少流转环节的图书发行网,使货畅其流,书尽其用,更好地贯彻出版工作为社会主义服务、为人民服务的方针,最大限度地满足读者对图书的要求。"这就是人们通常说的"一主三多一少"。

1982年6月,全国图书发行体制改革座谈会召开,会上正式提出了"一主三多一少"的图书发行体制改革方案,并在全国实施,标志着我国图书发行管理体制改革的开始。

1983年6月,中共中央、国务院做出《关于加强出版工作的决定》,其中明确要求改革图书发行体制,增强图书发行能力:要改革新华书店的经营管理体制,同时要发展集体的和个体的发行网点,逐步形成以新华书店为骨干的多种流通渠道、多种经济形式、多种购销形式、减少流通环节的图书网。同年7月,国家出版局以正式文件下发了《关于推行图书多种购销形式的试行方案》和《全国新华书店改革试行方案》,前一个方案明确了实行经销、寄销的图书由出版社负责总发行,后一个方案要求新华书店改革进发业务、发展横向联合、促进图书销售、推行经营责任制等。

经过几年的改革实践,逐渐实现图书市场主体的多元化和购销形式的多样化,标志着"一主三多一少"的图书发行新格局形成,推动了出版事业的发展,促进了图书市场的繁荣。

第二阶段为"三放一联"阶段(1988—1995 年)

1988 年 3 月,全国新闻出版局长会议在肯定"一主三多一少"图书发行管理体制改革举措的同时,认为其给基层新华书店的自主权太少,也造成图书的产、供、销之间关系不顺。同年 5 月,中共中央宣传部和新闻出版署联合印发了《关于当前出版社改革的若干意见》和《关于当前图书发行体制改革的若干意见》。在前一个意见中,提出出版社改革的指导思想是:"出版社改革的根本目的是建立和发展充满活力的社会主义出版体制,更好地坚持为人民服务、为社会主义服务的方针,提高图书质量,出版更多的好书,为物质文明和精神文明建设做出贡献。""在发展社会主义有计划的商品经济的条件下,出版社必须由生产型向生产经营型转变,使出版社既是图书的出版者,又是图书的经营者。为适应这种转变,就需要积极又稳妥地对出版社原来的体制,包括领导体制、经营体制、管理体制、人事体制、分配体制等进行改革,以提高出版社的应变能力、竞争能力和自我发展能力。"在后一个意见中,明确提出:"改革的基本目标是,推进'三放一联'。即放权承包、搞活国营书店;放开批发渠道,搞活图书市场;放开购销形式和发行折扣,搞活购销机制;推行横向联合,发展各种出版发行企业群体和企业集团。"这标志着我国图书发行管理体制改革进入到"三放一联"阶段。

"三放一联"是在我国改革开放的大背景下提出的,也是对"一主三多一少"的延伸和发展。放权承包后,基层新华书店扩大了经营自主权,增强了活力,但对因地制宜强调不够,对放权之后如何加强管理没有要求。放开批发渠道,主要是出版社可以自办批发和集体书店可以从事图书批发,但没有规定个体书店不准从事图书批发,导致一些不法书商变相取得了批发权,有的通过买书号还取得了出版权,大量出版发行一些不健康的图书牟取暴利,加上管理不到位,在一些地方的图书市场上,非法出版和盗版盗印活动相当猖獗。放开发行折扣,一方面规定出版社和省级新华书店对销售店的批发折扣一致,一方面又允许实行折扣浮动,导致实际操作中出版社和省级新华书店因批发折扣互相争执和指责,影响二者之间的相互合作、共同开拓市场。发展横向联合,主要是指社店联合、书店联合、社社联合。出版是基础,发行是关键,出版社和新华书店之间谁先谁后上存在争议,实际上这种联合没有达到预期的目的,倒是城市新华书店的联合取得了长足发展。

从总体上说,"三放一联"推动了出版社与新华书店的改革,活跃了图书市场。但是,因改革措施不配套、关系没有理顺,导致一方面出版社与省级新华书店之间、省级新华书店与基层书店之间利益摩擦和内耗比较突出;另一方面图书市场在开放的同时,由于缺乏相应的配套管理制度,出现一些不健康的图书充斥市场,以致从1989年开始每年都要在全国开展"扫黄""打非"专项斗争。这些反过来影响和制约了图书发行管理体制的改革与深化。

第三阶段为"统一开放、竞争有序"阶段(1996—2000 年)

1996 年 6 月,新闻出版署发布了《关于培育和规范图书市场的若干意见》,明确提出"当前,深化图书发行体制改革,要以培育和规范图书市场为中心环节","图书发行体制改革要进行总体设计,整体推进,重点突破,配套进行”，“发展和完善图书市场网络体系，是建立统一、开放、竞争、有序图书市场的重要环节”，“推行多种购销形式，建立新型购销关系”，“要加强对图书市场的宏观调控和引导，保证市场的有序化和经营者行为的规范化”，“出版社在探索建立有利于扩大发行的体制和营销机制过程中，要注意加强社店合作，建立新型的、平等互惠的社店关系，使双方优势互补”，“要重视图书发行领域的科技进步和技术改造，运用现代技术提高发行效率和工作质量”，“必须运用系统工程的方法，把出版社经营管理体制的改革、书店经营机制的改革、政府宏观管理体制的改革、出版物市场秩序的整治和营建等问题通盘考虑，同步推进”。这标志着图书发行管理体制改革在“一主三多一少”和“三放一联”之后，进入了以建立全国统一开放、竞争有序的图书大市场为目标的新阶段。

1997年9月，党的十五大报告中指出：“对新闻出版业要加强管理，优化结构，提高质量。”1998年1月召开的全国新闻出版局长会议提出实施不均衡发展的战略思想，确定把组建具有相当规模和实力的跨地区、跨行业、跨所有制结构、辐射力强的图书发行集团作为深化图书发行体制改革的一项重要措施来抓。同年12月，新闻出版署批准江苏新华发行集团、广东新华发行集团和四川新华发行集团作为全国图书发行改革的试点单位。由此，图书发行改革进入了总体设计、整体推进、重点突破、分段实施、配套进行的阶段。

1999年1月召开的全国新闻出版局长会议上，新闻出版署再次提出“加大新闻出版体制的改革力度，大力推进新闻出版业战略性整合”。所谓“整合”，“就是要对不适应建立社会主义市场经济体制的产业结构、组织结构、生产布局结构等进行战略性调整和重组，提高新闻出版业的集约化程度，扩大规模经营。新闻出版业的整合主要有两个方面：一是新闻出版单位的整合；二是出版物市场的整合。整合的目的就是用经济的、法律的、行政的手段来打破地区封锁、部门垄断,防止地方保护主义,实行跨地区经营,形成统一开放、竞争有序的出版物市场体系"。

经过两年多的改革实践与探索,我国的试点图书发行集团,在政企分开、调整组织结构、健全管理体制、优化资源配置等方面取得了一些阶段性成果。截至 2000 年年底,全国已有过半数的省、自治区、直辖市新华书店相继组建了图书发行集团。但是,由于改革不可能一蹴而就,加之目前出版物市场上地区封锁、市场壁垒的问题严重;一些图书发行集团只是翻牌公司,离现代企业制度的要求还有较大差距。因此,培育和规范全国统一开放、竞争有序的出版物大市场仍任重而道远。

第四阶段为建立现代化营销网络体系阶段(2001 年至今)

2001 年年初,在全国宣传部长会议上,丁关根同志提出:"加快整合市场,发展连锁经营,组建统一、高效、立体化的发行网络。"同年 6 月,新闻出版总署在深圳召开了新华书店连锁经营研讨会,会上石宗源署长做了《深化出版改革,支持鼓励发展现代连锁经营》的主题报告,要求以连锁经营为突破口,加快图书发行体制改革步伐。这标志着我国图书发行管理体制改革进入到建立现代化营销网络体系阶段。

2001 年 8 月,中办、国办转发了《中宣部、国家广电总局、新闻出版总署关于深化新闻出版广播电影业改革的若干意见》, 提出:"要加大市场整合力度,以集团为龙头,积极组建书报刊、音像制品连锁经营系统、物流系统。"

2001 年 12 月 11 日,我国正式加入世界贸易组织。在出版物市场的准入方面, 我国承诺:加入 1 年内,外国服务提供者可在我国经济特区和有关城市设立中外合资的书报刊零售企业;加入 2 年内,开放所有省会城市及重庆市和宁波市,并允许外资对零售企业控股;加入 3 年内,取消对外资从事书报刊分销服务企业在地域、数量、股权及企业设立形式方面的限制。这预示着出版物的分销服务将逐步放开。

2002年4月9日，由13家国家级出版社和单位整合而成的中国出版集团宣告成立。从隶属关系看，有了很大变化，由原来的署属单位改为直接归中共中央宣传部直接领导，改变了新闻出版总署既当裁判员，又当运动员，还当教练员的旧貌，标志着中国出版行业大整合全面启动和中国出版管理体制改革由此揭开新的一页。与之相应，我国的图书发行管理体制改革也将步入新的阶段。

当初第一阶段的文件学习使我了解到，这一改革从20世纪80年代初就已经开始，"一主三多一少"的改革方针打破了新华书店独家经营、流通渠道单一、市场低迷的局面，形成了一个以新华书店为主体、多种经济成分、多条流通渠道、多种购销形式、减少流通环节的图书发行新格局。在购销形式方面，除了中小学课本外，一般图书一改过去单一的征订包销制，征订经销、寄销、看样订货等多种销售形式得以推广。图书发行将朝着多元化和购销形式多样化发展。

其次是学图书发行业务知识，从码洋、实洋、折扣、定价、批发、零售等基本知识开始学起，书本上没有的，就问。

问，拜人为师，不耻下问。一是主动上书店登门求教，如到新华书店总店北京发行所三科结识分管文学艺术出版社图书的业务员高淑晏，到北京市新华书店首都发行所结识业务科科长李家毅，到王府井新华书店结识经理董全祯，了解产、供、销流程每个环节的工作程序、各方的义务与责任，同时了解熟悉他们的工作流程，听取他们对我们工作的要求。二是到兄弟出版社学习借鉴，去得最多的是中国青年出版社，找得最多的是王久安与杜跃珊，从批发三联单的设计印制，书库进、销、存记账方法到发行统计与社账务的衔接、分工，一一问清，一一落实。三是到本社出版组请教印刷知识，包括开本、版式、平装、精装、印张计算、凸版纸、胶版纸、铜版纸、新闻纸、书写纸、特种纸的规格与识别等相关知识。

做，脚踏实地，从基础工作做起。亲自写图书征订目录的图书内容提要，研究新华书店总店的《社科书目报》，学习如何让200字生动、引人入胜地介绍一本书的内容；和职工一起到新华书店总店储运公司送书，借机向他们学习库房码台、码垛的技术；从包书、打包做起，跟着原宣发组的老刘一起上火车站发货，掌握熟悉货运报站、填写标签、上站发货及取货的手续流程。

对知识来不得半点虚伪，也没有捷径，只能如孔夫子所言："敏而好学，不耻下问。"若不学这些国家政策，胸中不可能有全局，工作就无法确定目标和方向，即使自作主张确定目标方向，不是错误的也可能是偏离的；若不掌握业务知识，工作就没有程序、没有分工，干起来就乱无头绪，创业便无从做起；若自己不懂业务技术，只能是官僚地胡乱发号施令，或许所发的号与令本身就是错的。有了这一步，胸中才有数，才能确立所创建的发行部应具备的职能，才能明确担负的任务，才能科学地设置内部机构，才能准确地选择招聘人员，才能确定有效的工作思路，才能做出完善的工作计划。

仓促上阵,初战告捷

去烟台参加济南军区基层文化工作会取得很大的收获:不仅让总政关于《解放军文艺》等3个杂志的征订文件规定标准在济南军区基层得到了落实,与各军主管文化的宣传处副处长、文化干事建立了联系;更大的收获是让我意识到军队出版社的书刊有两个市场。一个是军内市场,尤其是我们社的《解放军文艺》和《解放军歌曲》这两本杂志,就是为部队广大官兵创办的,就是直接为提高部队战斗力服务的,而且,总政对期刊订阅和书刊阅览有明文规定;另一个是社会市场。相比之下,军队出版社比地方出版社多了一个市场、多了一条渠道。军队出版社的书刊发行应该两手抓,一手抓军内市场,用好总政的文件,把军队内部的书刊市场做好、做足;一手抓社会市场,建立以新华书店为主、集体与个体书店为辅的多渠道发行网。

回到社里,我向凌社长做了汇报。除了汇报会议情况,还着重汇报了我的想法:聘请各军和军级单位分管文化的副处长或文化干事做我们社的特约通讯员,协助搞好我社书刊在部队的发行,回报是给他们个人赠送我社的3种杂志,每年再赠送本社的3～5种畅销图书。凌社长非常赞成。

我还没把发行部的筹建方案搞出来,就收到新华书店总店发行所的高淑晏寄来的邀请函。总店北京发行所要联合中央及北京地区100多家出版社,在秦皇岛市国家体育训练馆举办首届图书看样订货会,时间定于1987年3月29日。

　　这可是件大好事。中国的图书市场对我来说，真好似"不识庐山真面目，只缘身在此山中"。全国新华书店有 2000 多家，除了高淑晏、李家毅和董全祯 3 位之外，我再不认识书店任何人，我们社在全国还没跟任何一家书店建立自办发行的业务联系，还没做过一笔自办发行的业务。订货会有中央 150 家左右出版社参加，全国新华书店来的业务人员肯定少不了，这样的机会怎么能放过？我想利用这难得的机会，尽一切力量，跟更多的新华书店直接建立业务联系。

　　机会来了，问题也凸显出来。社里的新书小说只有冯德英的《染血的土地》、慕湘的《自由花》《汾水寒》，还有一本《吕梁武工队》，均质量平平。冯德英的《染血的土地》与他的《苦菜花》《迎春花》没法相比，慕湘的这两部小说与之前的《晋阳秋》也差距很大。传记文学"陈毅传丛书"倒是不错，其中铁竹伟的《霜重色愈浓》、何晓鲁的《元帅外家》和《从沙场到十里洋场》都有反响，但都没有存书。仓库里只有《唐山大地震》《两代风流》和几本"昆仑丛书"。空着手去参加订货会，怎么跟书店建立业务联系？

　　我找凌社长商量，建议从版本库里找一些有价值、有市场的旧书重印再版。凌社长当即同意。我找出版组的史海军一起去了版本库。幸好我对全军、全国的作家和作品还比较了解。我在版本库里用了半天时间，挑选了黄济人的《将军决战岂止在战场》、杨成武的《敌后抗战》、杨得志的《横戈马上》，冯德英的《苦菜花》《迎春花》《山菊花》，还有金敬迈的《欧阳海之歌》、冯至的《敌后武工队》、高玉宝的《高玉宝》等十几种图书，让责任编辑、美编与出版组测算好再版的定价，印制好带内容提要的订货目录。因家底拮据，为节省开支，我独自一人奔秦皇岛参加订货会。

　　一到秦皇岛，我放下东西就去找高淑晏，请她帮我介绍书店客户。她对我提了一个要求——所有订单必须交给她，不能拿回社里自己直接供货。我让她放心，军人做事信誉第一，另外，我们的现实条件就是品种少、数量

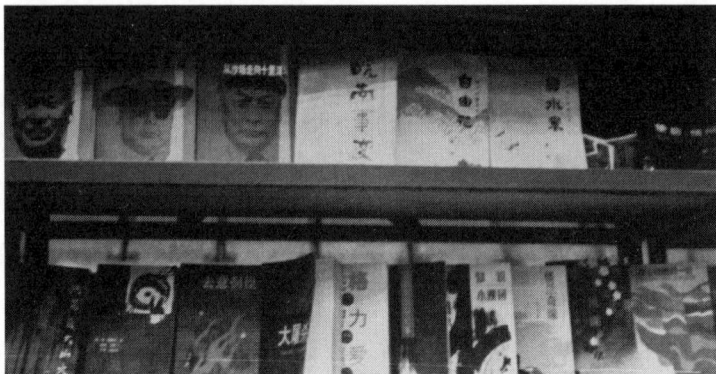

当时参加订货会只有十几种图书

不多，自己也发不了货。她告诉我，全国新华书店的业务人员来了1000多人，我像看到一座金山那样激动，可我只认识她一个。我的激动和积极性感动了高淑晏，她答应，有空她就跟我一起看摊，让我心里踏实了许多。

别的出版社带的样书有上千种，少的也有几百种，而我们只有20来种，看着人家摊位上的样书，除了羡慕，还有寒酸和自卑。没有熟人，书又少，连名片也没有，没办法，我只能抓住高淑晏，让她帮我介绍其他人。她不在，我就主动出击，见书店的业务人员就拉，主动介绍本社的图书。好在我对本社图书的内容、作者、特色都还熟悉，介绍起来没有空话废话，再加上《欧阳海之歌》《唐山大地震》《将军决战岂止在战场》《两代风流》《苦菜花》《迎春花》《山菊花》这些书书店的业务人员都还知道，《霜重色愈浓》《敌后抗战》《横戈马止》大家也都喜欢，介绍效果不错，凡我拉到的人都下了订单。两天下来，我把订单七七八八一算，高兴得不得了，收到的订单有16万码洋！当时《唐山大地震》定价只1.25元一册，《两代风流》只1.20元一册，16万元意味着我推销出了近13万册图书。到第二天下午我已失声，嗓子哑得张嘴说不出声。就我一个人，见人就介绍图书，不停地说话，心里又急，连一口水都顾不上喝，哑是肯定的。

我把订单核实后，如数交给了高淑晏。我没搞小动作，有的出版社真的把大订单悄悄地留下自己发，发行所的业务员盯都盯不住。我想没这个必要，应该讲诚信，会是人家发行所主办的，投入了资金，出版社把会上的订单拿回去自己发货，是能多挣几个折扣，但太不够意思了。再说，我们社的货也不具备自发的条件，现货少期货多，再版重印的书不知哪天能出来，现货一个店订的数还不够打包上站的，我想都没往这方面想。更重要的是，我觉得搞经营，诚信是第一位的。我爷爷做牛生意，我父亲做小猪生意，一辈子没负过人，只有被别人骗，从我们镇到四乡，有口皆碑。出版社若为这点眼前小利而不讲诚信，渠道定难以建立，即使建了也会中断，没有渠道，自办发行只能是一句空话。

为期 4 天的订货会结束了，媒体报道有 160 家出版社和 400 多家新华书店共 1500 名代表参会，新华书店北京发行所总成交额达 1600 万元之多。参会代表都喜气洋洋、满载而归。会上成交额最高的是人民文学出版社和上海市新华书店，前者推销码洋为 120 万元，后者进货码洋为 200 万元。

参加第二届文化宫订货会，第一家做了图书广告牌

社、店、厂(有印刷厂参会展示接洽业务)像"赶集"一样参加这次看样订货会,许多出版社和新华书店从原定派代表参加变成了派代表团参加。沈阳市新华书店原来只报了6个名额,实际参会是30人。

初战告捷,我对发行工作心里有了一点底,看到仓库里原来让自己头痛的积压书被推销出去,像卸了大包袱一样轻松,并对图书经营产生了兴趣。回到社里,凌社长听了我的汇报,非常高兴,鼓励我一定能把发行部建好。

从秦皇岛回来,我只休息了一天,北京市新华书店首都发行所就接着在劳动人民文化宫搞看样订货会。已经认识了李家毅科长,于是我主动联系争取参加。他非常欢迎。我与郑鲁南两个又立即参加了首都发行所的订货会,经过两天推销,又拿到了7万多码洋的订单。

两次订货会,库存的《唐山大地震》订出了一大半,《两代风流》也推销出一半多。把两次订货会的资料整理出来,有了近50家城市店和地区店的联系方式和联系人,初步有了一个相当不错的渠道网,本社发行部的创建和发行工作的开展迈出了可喜的第一步。

社长凌行正(中)亲临第二届全国图书博览会,左二为作者

开弓没有回头箭，
创业就得有破釜沉舟的劲

订货会结束半个多月，北京发行所和首都发行所订货会汇总的正式订单先后寄到。这是筹建中的发行部的第一笔业务，我十分珍惜。我明白，订单仅仅是交易的第一步，只有将所订图书按时、按量及时给这两个发货店交货，交易才算完成；假如现货不按期送货，再版重印的又脱期，超过3个月印制不出来，不能如期交货，那么这些订单将成为空头支票，订数便自动作废，只能空欢喜一场，我也白辛苦一场。

我当即把两个发货店的订单分解成现货和期货两笔订货。现货我可以亲自到库房组织整理图书，尽快与发货店联系报送货计划，由我们直接送货；再版重印的书，两家发货店的订数加起来不够起印开机数，于是我判断市场需求，估算了备货量，提出了每种图书的印数方案。

方案报到凌社长那里，这可给社长出了难题。再版重印书需要成本，社里账上没有钱，怎么办？我对社长说，巧妇难为无米之炊，不再版重印这些书，两次订货会的订数就要作废，失却信誉是一个方面，没有书，发行部也无法开展经营活动。凌社长当机立断，决定借款印书。

时任办公室主任的刘长城同志了解总政直属单位的经济情况，他知道最有钱的是总政文化工作站，其每年为全军购买影片的经费可观。我陪刘主任一起到总政电影处求助，通过他们协调，向总政文化工作站借了70万元。借钱印书，领导和我都有压力。有压力其实是好事，压力可以转变成动力。在这种经济压力之下,社领导更加重视发行部的创建,参与发行部创建的人员也有了明确的任务、责任与目标,发行部的创建被逼得加快了步伐。

常言道,事在人为。事儿都是人做出来的,没有人一事难成。或许是因我国长期实行计划经济体制的缘故,或许是我国人口众多,改革开放前,贫穷的中国什么都缺,就是不缺人。长期以来,人们对人、对人才的培养、对人才的使用与保护似乎并不重视,人才意识比较差,对生产力发展的诸因素的研究利用也不大在意。

生产力是人们改造自然和影响自然并使它适应人类社会需要的物质力量。它由生产资料(以生产工具为主)、生产对象和劳动者三个基本要素构成。在这三个要素中,劳动者是生产力中最重要、最活跃的因素。因为生产资料和生产对象都是生产力构成中"物"的要素,是劳动者过去劳动的产物,是劳动者从事劳动所需要的死的劳动条件与对象。这些死的劳动条件与对象只有同活的劳动者结合在一起,才能形成真正的生产力。任何先进的设备,如果没有劳动者掌握与使用,也不过是一堆不可能自动成为生产力的客观物质与事物,即使发达到用机器,程序也要人来设计。人类社会的发展证明,任何事情,最后起关键作用的都是人,人的因素是第一位的。

人力资源与人才是两个概念。作为资源中的人,能不能成才,一要环境,二要培养实践。经过学习、实践与思考,我对发行部的建设有了一个明晰的思路,千头万绪头一件就是要解决人员问题。创建的发行部若要如愿地担当起改变本社经济形势的重任,承担起开拓市场、扩大本社书刊发行、帮助作家、繁荣文学创作和出版的义务,必须找一些有真才实学、肯实干的人才。人才从哪儿来? 经社长办公会同意,发动全社干部利用关系物色推荐。条件:一是北京籍户口,二是高中以上文化,三是有做书刊发行工作的兴趣和适合做书刊发行工作的专长,四是有吃苦精神与奉献精神。

解放军文艺出版社是总政列入军队编制序列的直属出版社,是部队全民所有制事业单位,是全军唯一的文学艺术出版社,在全国也是著名的老牌文学艺术出版社。这些"光环"对北京的年轻人还是具有相当的吸引力。没出一周,总后勤系统的子女马东旭和另一位大个子范前来应招,两个小伙子都一米八以上,腰圆膀粗,高中以上文化,已有工作实践,一眼就看出都是能经得了场面、干得了活的人。我开诚布公跟他们说,试用3个月,咱们双向选择,3个月后双方相互满意就正式办理手续调入,双方感觉不合适,则另做选择。

社里的现有职工也做了调整。上级主管部门直工部一位领导的爱人想来我们社工作,凌社长想得很细,他考虑到我爱人将来调京的工作安排问题,主动提出交换安排的要求,即将来帮我们社在总政直属系统安排一位家属。来的这位领导家属年龄已经50岁上下,社里把她安排到资料室工作,把原来管资料室的小伙子卢冲调整到发行部,加上帮助工作的张耀宗,我手下就有了4位壮小伙子。

我安排他们做的头一件事是整理仓库。好在我在入伍前参加过"社教"工作队,搞过两年"四清"运动,为适应"清经济"需要,专门到银行学过会计知识。整理库房,一是要建账,二是要给两个发货店送货。

整库发现,北太平庄书库建筑格局本来就是招待所,一间一间小屋完全不适合做书库,面积也不能满足将来发行部的需求。我又给社领导出了难题,要求租借500平方米库房。社领导没嫌麻烦,求解放军出版社帮忙,他们担负着全军军事教材的发放任务,有设备齐全、面积巨大、地方老牌出版社都望尘莫及的库房。社领导亲自出马联系,他们正好有闲置的旧库房,一说就成。他们的库房就在花园路,离我们北太平庄书库很近,搬家也很方便。我决定先搬库,后整库建账。

库房两天就搬完了,之后对现有人员做了内部分工:张耀宗带着3个小伙子,负责整库工作;原宣发组的女职工顾晶当发行部统计,负责库房与经营账目管理;我没事也参加,全力以赴整库建账,为对外经营做好一切准备。

就这样,解放军文艺出版社发行部这个还没列编的非正式机构,利用初步建立的渠道,利用租用的库房,利用现有人员,开始对外开张业务经营。第一项业务就是先把两个发货店订货会订的现货如期供货交货。

招聘人员试用,实际是相互熟悉、相互了解、相互选择的过程。果不然,搬完库,建好账,给两个发行所送完现货,大个子范有了态度,他主动退出了。他只是说自己不适合在出版社干发行工作,但真实的原因是,他发现军队出版社有军人、有职工,军人中有干部、有战士,职工也分职员和工人,等级繁多,待遇不一,感觉像他这样的老百姓在军队出版社只能是二三等公民,在这里干可能一辈子只能是个工人,前途渺茫。这个真实的原因他没好意思说出口,只是私下里跟朋友说。马东旭父亲是总后勤部部级干部,他是军队干部子女,从小在军营长大,对军队单位有特殊感情,他自己满意,家庭满意,我们也满意,便办理了手续,正式调进出版社。

不久,又有人介绍了复员战士韩振宇,他爸是北京卫戍区的退休干部,小伙子有点美术基础,爱动脑筋,爱琢磨事,我感觉很不错。《昆仑》编辑部又推荐了《诗刊》主编王燕生的儿子王晓笛,小伙子戴副近视眼镜,说话办事很机敏,原在一工厂当团支部书记,喜欢写点小文章,感觉也很不错。这两位都按期正式调入。同时,重新返聘了退休干部刘锦昌和张秀英。这样就有了四男一女5个年轻人,加上张耀宗和我,再加两位返聘的老同志,一共9个人,在社里正儿八经成了一个部门。我分工4个小伙子做业务员,其中韩振宇在部队当过兵,让他主管军队内部发行,王晓笛侧重管新华书店系统发行,马东旭侧重负责集、个体二渠道系统发行,卢冲分管两个发行所征订;顾晶任统计,兼管王府井书店特约经销;刘锦昌管书库储运发货;张秀英管邮购;我抓总的;张耀宗侧重管业务。从此,解放军文艺出版社发行部正式对外展开工作,以军队出版社特有的崭新形象出现在了业界和图书市场。

登台亮相第一届北京图书订货会

我社发行部正式在市场亮相，是 1987 年 5 月在北京劳动人民文化宫举行的第三届首都社科书市，书市同时增设订货项目，展场设在文化宫的东西两殿。让出版社自带桌椅书架，带有自发性质，是北京图书订货会的典型，当时起的名称叫社科图书交易会，参加书市和交易会的出版社都是社科类出版社，叫这个名，名副其实。办订货会的动因是，前两届社科书市上，外地和本地一些书店特意到书市来订货。书市办公室的工作人员都来自出版社，为出版社服务是其根本任务，只要出版社有需求。能为出版社自办发行提供服务和帮助，是书市办公室义不容辞的职责。于是，第三届首都社科书市就增设了订货会项目。

这个书市是业内自发办起来的，没有行政主管部门。出版社接过总发行权后，自办发行没有现成的路，也没有经验。在寻求出路、寻求突破中找到了这一举措，可以说是被我国图书发行的现实困境逼出来的。

发行体制改革后，新华书店把图书的总发行权交还给出版社，自身资金周转失灵的问题并没有得到缓解，原有的库存图书都是包销体制留下的包袱，无法退货给出版社，新华书店拖欠出版社书款也就是从那个时候开始。为此，我要岔开多说几句。

原本出版社与新华书店的经营结算，因双方都是事业单位，不存在信誉与风险，故得到了工商银行的信任与支持，出版社与新华书店的书款结算都是由工商银行委托收划。新华书店因资金周转失灵,自1986年开始,出版社再通过工商银行向新华书店托收书款,就出现了拒付现象。

开始新华书店拒付出版社书款并不是故意要拖欠,书店确实是资金流动困难,没钱支付。拒付的理由很简单,或推说"收货账实不符",或"经办人不在",或"数量有误"等。凡事习惯便成自然,后来新华书店资金缓解,有了盈余,甚至很有实力了,仍然拒付,这才形成了故意拖欠的顽疾。从包销改为经销,再由经销改为寄销,图书市场成为卖方市场,出版社离不开书店,书店延长结算周期,长期欠款,拖而不还,出版社也无奈,只好隐忍,这便成了全国图书行业特有的顽症。现实是新华书店书城、办公大楼一座又一座拔地而起,出版社却只能望而兴叹,像商务印书馆、人民出版社、人民文学出版社、中青中少出版社这些老社、名社至今都蜗居在二十世纪五六十年代盖的旧楼里,这是后话。

这一顽症最大的影响不是出版社与新华书店的业务交往受阻,而是损坏了图书出版行业在社会的声誉与信誉。让出版社与书店直接感受到的是,自20世纪90年代初,工商银行取消了图书出版行业的托收业务。主要问题是没有信誉,银行一次次托收均遭拒付,他们等于白白付出劳动。这种现象在商业、工业、农业等其他行业里是没有的,其他行业银行托收3日内不给回音,银行就自动支付了。为此,我们版协经营管理委员会曾多次找工商银行沟通,请求他们继续为书业办理委托收款业务,他们始终没同意恢复。理由是两条:一是没有信誉,无故拒付,而且带有普遍性,给他们工作造成忙乱和无效劳动;二是款额太小,有的一次托收才几千元钱,还遭拒付。所以,直至今天已进入信息时代,我们出版社发行部的业务人员仍只能拿着增值税发票,全国四处奔波,到处要债,干着这种极其原始的营生。作为一名老出版人,我觉得很丢脸。我在中国出版协会工作期间,几次想恢复这个传统,获得银行的信任,但未能得到解决,此为一生之遗憾。

新华书店拒付出版社书款，直接影响了书店的名声，更直接影响了书店的订货。全国新华书店图书征订持续低迷，集、个体书店刚刚创建，不成气候，新华书店之外的渠道尚未建立。出版社自办发行，想依靠新华书店主渠道，但主渠道发挥不了主体功能，集、个体民营书店刚刚起步，资金也并不雄厚，加之信誉问题，不交现款出版社不敢发货。所以，尽管"一主三多一少"的方针已经喊了 5 年，图书的总发行权也回归交还给了出版社，新华书店也由包销改为经销，但全国图书发行多种流通渠道、多种购销形式、多种经济成分、减少流转环节的发行网根本没有真正形成。

"一主三多一少"是好，可这"一主"怎么个"主"法？"三多"怎么施行？"一少"由谁来减少？没有具体实施方案，也没有具体办法。出版社自办发行究竟应该如何搞？渠道如何建立？市场如何开拓？解决这些问题成为出版社生存发展的当务之急。

没有现成的经验，也没章法可参照，发行部主任碰到一起，一个个都叫苦连天。1984 年年底，我那时还在济南军区的内长山要塞区当宣传处副处长，中央 10 多家比较活跃又志趣相投的社科出版社发行部主任凑到一处叫苦，叫出了一个研究会。他们自发地联合起来，成立了一个发行研究会，以相互借鉴交流自办发行方面的信息和工作，也一起探讨自办发行的思路和方法。为了有组织依靠并得到权威部门的关心和支持，他们主动联系中国出版工作者协会，想挂靠在中国版协下面。中国版协的秘书长王业康，退休前是人民文学社的副社长，他对出版社的自办发行十分关心支持，同意将研究会挂靠在中国版协下面。研究会经常召开研讨会，除了发行部主任外，有时还请各社社长一起来参加研讨，时任中国版协副主席的王仿子还出席过研讨会。

1985 年年初的一次研讨会上，针对新华书店图书订数越来越少的现状，大家认为，既然出版社开始自办发行，就不能让人捆绑了手脚，市场是等不出来的，没有渠道可依靠，那就只有自己闯，自己的路得自己走，还提出出版社联合起来自己办书市。当时参加发行研究会的都是社科出版社，经过一番讨论，大家一致同意在劳动人民文化宫举办"首都社科书市"。世界知识出版社的马高基、中国青年出版社的王久安、对外翻译出版公司的沈炳麟、人民出版社的施茂仙、新华出版社的常广厚、工人出版社的李承之、北京大学出版社的黄景清、群众出版社的刘怀新、广播电视出版社的王炳臣、人民美术出版社的廖大健等几个社科出版社的发行部主任组成了书市办公室，发动出版社联合起来自己办书市。

各社状况差不多，家家都在过着发愁的日子，听说出版社联合起来自己办市，大家一呼百应，积极性非常高。1985 年 8 月 13 日至 23 日，办了第一届首都社科书市，几万读者如潮涌入劳动人民文化宫，其热闹场面有力地说明"市场萎缩""购买力下降"的说法立不住脚。事实证明，不是读者不买书，而是读者见不到新书和好书，图书发行的问题出在中间环节。

我到出版社时，第二届首都社科书市正好刚刚结束。我们社参加了书市，但我社在书市上只卖了一些过期杂志和有限的几种库存图书，收效甚微。

1987 年 5 月办第三届首都社科书市时，世界知识出版社的马高基离开出版社被派到驻使馆工作（他们隶属于外交部），王久安接替马高基当了书市办公室主任。他是开明书店的老店员，当时中国青年出版社和中国少年儿童出版社刚分家不久，他负责两社发行部的善后协调工作。我当时的直觉是，这是出版社自己办的会，是为出版社自办发行探索寻找图书发行道路的有效举措，和我心里想要做的事完全一致，我完全拥护，一定积极参加。

搞订货会，一是社店的客观需求，二是受新华书店总店北京发行所在秦皇岛办订货会的启发，决定在劳动人民文化宫举办首都社科书市时，同时办订货会，除了请全国各地图书馆来书市采购图书外，同时邀请各地书店前来订货。出版社对订货会非常欢迎。但书市办公室当时对订货会并没有做过细的策划,思路没有完全理清,只是有这么个设想,并没有充分论证,加之场地、人力、财力都有限,便只为中央社科出版社租了个场地,搭个平台,让出版社自己唱戏。订货会场设在文化宫前殿和东配殿,由出版社自带桌椅板凳、书架,自己设摊展示样书、接待书店订货,没有更多的服务与活动。

那个时候,我一个人只身在京,住的是招待所,没有家事分心;文学梦已暂时收起,不再为写作费心。于是一天到晚只想、只做一件事,就是把我社图书的发行工作做起来,尽快搞活做大。这件事占据着我整个身心,工作便不是 8 小时,连晚上睡觉都在想这事。

在与书店的业务交往中,一提起解放军文艺出版社,书店朋友都会提到《苦菜花》《迎春花》《山菊花》《晋阳秋》《敌后武工队》《我们播种爱情》《高玉宝》《欧阳海之歌》《唐山大地震》这一批有影响的作品和图书。我想,作家与出版社是互相依存、互为宣传的。这些作家与作品无形中为解放军文艺出版社做了广告,帮解放军文艺出版社树了名声和形象,在书店业务人员和读者的口口相传中,这些图书成为解放军文艺出版社的名片,提到这些图书,人们就会想到解放军文艺出版社;反过来,因为解放军文艺出版社出了这些书,人们也记住了这些作家,一提起解放军文艺出版社,书店朋友和读者也会想到这些作家、这些作品。

我想,作家离了出版社,他的作品便成不了图书,实现不了作品的价值,作家也出不了名;出版社也离不开作家,没有作家就没有选题,没有优秀作家的优秀作品,出版社就没有市场效应,也形成不了读者群。优秀作家、优秀作品的集结,将会形成出版社的品牌。品牌的作用远非人为的宣传鼓噪可比,品牌是已经存在的客观事实,宣传鼓噪的作品和图书仅是未知的忽悠,品牌的影响与市场效果,光靠炒作无法企及。

再版重印毕竟有限,再说重印再版的图书已经有过市场表现,不大可能再掀新的热卖畅销高潮,只能是市场的延续与补充;只有编辑出版新的畅销图书,才能搅动市场、影响市场,才能组织起新的读者群体。想到这层,发行部的工作就有了延伸与扩展,我就有更多的事要做。我有空就跟编辑聊天。我尽力把我体会到的这一个道理让编辑们理解,变成他们的自觉行动;同时给他们提供市场信息,鼓动他们抓畅销书,抓知名作家的作品,发现和培养有潜质的青年作家,鼓励帮助他们写出好作品。

那时我跟丛书编辑部的编辑朱传雄聊得最多。当时军队的作家写长篇小说的很有限,原先写长篇小说的作家老的老,转业的转业,仅剩下黎汝清、彭荆风等为数不多的几位,大批的青年作家都还在成长之中,几乎只写中短篇小说,很少涉猎长篇小说。长篇小说是文学艺术出版社的中流砥柱,解放军文艺出版社只有拥有大批优秀的军事题材长篇小说,才能确立其在文坛和市场的地位。

朱传雄当时已经编辑出版了严歌苓的《绿血》,我也发现,这个女作家很年轻,而且有潜力。我劝他长篇小说是根本,要做长计划,抓几个像严歌苓这样写长篇小说的年轻作家;一时抓不到好长篇的情况下,不妨从纪实文学和知识性图书两个方面入手,纪实文学和知识性图书市场见效快。

果不然,1987年初,他很快就抓到了严歌苓的新长篇《一个女兵的悄悄话》;还抓到了一本沈掌荣编著的知识荟萃图书《性格·智力·情爱》,我看了稿子,此书富有知识性、趣味性和可读性,我让他抓紧时间编稿,开机可以印5万册试水。朱传雄还担心5万册是不是有点冒险。董保存搞到了莫言的第一部长篇小说《红高粱家族》,他们是解放军艺术学院文学系的同班同学,莫言把《红高粱》《高粱酒》《高粱殡》等5个系列中篇小说组合成长篇小说。丛书编辑部还抓了"当代军人风貌丛书"。

我们把参加这个书市和订货会当作一场战斗来对待。书市的形式很好,几十家上百家出版社集合在一起,一方面能够吸引广大的读者和书店,扩大销售与订货;另一方面,出版社社领导、编辑可以到书市直接与读者和书店的业务人员见面,交谈交流信息,了解到读者的阅读兴趣与图书市场趋势,还可以听取读者和书店的意见和建议,直接掌握本社图书和自己所编辑的图书的市场反应和销售情况,确是件极富有意义的事,社领导和编辑们也都积极支持。

为打好这一仗,我配合编辑部与出版科协调,积极做好新选题的出版。《昆仑》是我社的大型文学期刊,经常发表长篇小说和长篇纪实文学作品。靳大鹰的长篇纪实文学《志愿军战俘纪实》不期而至。这个题材具有社会性和新闻性,肯定会受到各界读者的关注,我把它作为重点选题,刊物发表,图书同时出版。另外,还发现他们之前已经发表了韩静霆的小长篇《凯旋在子夜》和徐志耕的《南京大屠杀》,建议他们征求一下作者的意见,修改修改,社里可以出版单行本图书。

《性格·智力·情爱》是一个好选题,决定开机先印 5 万册。朱传雄同时又抓出了刘琦的《去意徊徨》。项小米一直在抓黎汝清的长篇小说《皖南事变》,已经改了数稿,我也把它列入其中。

有了这些选题,我心里有了一点底,一面与编辑部和出版科协调图书的生产,一面琢磨怎么能在订货会上打响。那时出版社搞发行都没有经验,连渠道都还没有,营销还是个非常陌生的词,没有人去打理。书业界常说酒香不怕巷子深,但我想,好多酒聚在一起,你要不主动介绍,别人很难分出究竟谁家的酒更香一些。有了这个想法,我找美编室主任黄驾宇,请他帮助设计制作两块介绍本社图书的广告牌,一块是"解放军文艺(昆仑)出版社最新图书",一块是"解放军文艺(昆仑)出版社向读者推荐最新畅销书"。结果我们成了"第一个吃螃蟹的",在订货会上,只有我们社做了图书介绍的广告牌。

会前,我们做分工:我和王晓笛盯摊订货;张耀宗带其余同志负责书市售书;同时向编辑们发出邀请,欢迎大家到书市上参与现场卖书,与读者交流,介绍自己编辑的图书。

6天书市,订货会搞了3天。因为是首次,只有44家出版社参加设摊,来的书店也不是很多,100来个人,成交码洋676万元。我们社品种还是少,新选题在交易会前只出版了靳大鹰的《志愿军战俘纪实》、莫言的《红高粱家族》和严歌苓的《一个女兵的悄悄话》,连《性格·智力·情爱》也未能如愿出版,其他选题都未能赶在交易会前出版,但我们还是取得了近20万码洋的好成效。这次订货会的收获不仅是直接收到了订单,更主要的是真正建起了自办发行的渠道。前两次订货都仍由总店北京发行所和首都发行所经销,我们仅是帮助介绍推销,货仍由他们统一供应给销货店。这一次是我们直接设摊,直接与销货店交易,货由我们直接供应给销货店,这才是真正意义上的自办发行,才是脚踏实地迈出了自办发行的第一步。发行部的工作由此出发启航,解放军文艺出版社作为军队出版社,以一种新的形象、新的姿态走进了市场。

开弓没有回头箭,功夫从来不负有心人。1988年是我们社正式走进市场、甩开膀子大干的一年。这一年我们参加了上海书市、中原书市、昆明书市、第四届首都社科书市暨第二届图书交易会、青岛书市、广西书市、第一届全国图书国际博览会7个书市及订货会。第一收获是3月26日至4月4日上海举办的第二届上海图书交易会,《性格·智力·情爱》在订货会上一炮打响,首印5万册基本订出,《皖南事变》《南京大屠杀》《人体秘语》《去意徊徨》《兴安岭大山火》等书都已经出版,我们取得现场订货35万多码洋的可喜成效,接着我们转战郑州参加第一届中原书市,也取得了12万多码洋的成效,两次订货收获近50万码洋。

收获最大的还是劳动人民文化宫社科书市的第二届图书交易会。这一届书市办公室给它起了个大得很的名称,叫"全国图书交易会",参加的出版社 94 家,书店 200 多家,展场仍只有我们一个社做了新书介绍广告牌。一共 5 天,第一天我们就收到 11 万多码洋的订单,第二天 15.5 万码洋,第三天 13.2 万码洋,第四天 6.7 万码洋,第五天 6.6 万码洋,共 53 万码洋,在 94 家参会出版社里排名第四。

事实证明,图书市场并不像有人所说的在萎缩,而是没有很好地开发。与书店直接交易后才知道,各社的新书(教辅之外的图书),几乎到不了地区以下的新华书店,与城市以外的基层读者见不了面。

我社的这些选题,真正实现了市场价值,几种新书销售都非常可观。《性格·智力·情爱》首印 5 万册,不出两个月就售罄,接连印了 4 次,当年发行了 20 万册;靳大鹰的《志愿军战俘纪事》开机印 10 万册,加印两次;徐志耕的《南京大屠杀》开机就印了 15 万册;莫言的《红高粱家族》张艺谋还没拍电影前就销售了 5 万册,当时几乎没有什么新的长篇小说,长篇小说在市场一点都不热,最后发到 7.6 万册;还有一本《人体秘语》开机就 20 万册,到当年年底只剩下 3 万册。这些销售量似乎成了奇迹。之前,编辑都在为自己编辑的每一本书不能开机而犯愁,现在开机就数万册,编辑们一个个无不欢欣鼓舞。他们再有了选题,立即会主动找我,征求我的意见,商量选题行不行,能不能做,怎么做。得到我的首肯之后,他们便快马加鞭、不遗余力地去做。

社里的氛围在不知不觉中慢慢地发生了变化。以前,丛书编辑部的编辑几乎都沉默寡言,也不搞什么活动,在社里没有多少发言权,社里的活动都是期刊搞,平时谈论的话题也都是期刊上已经发表的作品,几乎没有人过问图书,更没有人谈论市场。这几本书打开局面后,财务的账上有了钱,图书编辑活跃了,发行的活动多了,连期刊编辑也开始关心市场、关心选题,选题、市场成了社里的热门话题。发行部成了社里最热闹的部门,图书编辑成为发行部最好的朋友,他们有事没事都会到发行部来,了解自己所编图书的销售情况，要不就谈谈新的选题。

连办公室的工作作风也转变了。那时社里还没有发货车辆，紧急时，办公室就用班车给发行部上火车站发货，有时影响大家下班，有人有意见、牢骚，他们反而帮发行部说话，让大家理解创业的艰难。

到年底结算，当年回款实洋 168.88 万元，其中新华书店发行所 54.9 万元，自办发行 113.98 万元。连本带利把 70 万元借款一次还清，另外还向我们的主管部门直工部财务上交了 36 万元利润。解放军文艺出版社没有上级拨款，反上缴利润，这是从来没有过的事，上级对我们也开始刮目相看。1989 年图书销售当年回款实洋就超了 300 万元，到 1990 年我们的当年回款实洋达 410 万元。

国家政策是跋涉的指南针

车到山前必有路。这话并非说，人来到任何荒山前，都有一条现成的路在等着你，供你行走，而是说，人面对任何荒山野岭，只要你敢于迈出脚去闯，路便会在你的脚下形成，路是人踏出来、闯出来的。

闯路开步前，有个关键的前提要确定好——往哪闯？即路的方向。对此，毛泽东老人家有句名言："没有革命党领错路而革命不失败的。"方向对了，道路再艰难曲折，终究会到达目的地；方向错了，再好的捷径也是徒劳。

经过几次订货会的实践，我意识到，渠道是出版社生存的命脉。图书销售量的大小，取决于图书在全国市场的覆盖率。要保持高份额的市场覆盖率，必须建立畅通的发行渠道。发行渠道是出版社的经济命脉，它延伸的纵深和扩展的面，直接关系到一个社的经营成败和经济效益。

建立发行渠道，先得了解中国图书市场的现实状况。不了解中国图书市场的实际情况，建立发行渠道只能是闭着眼睛捉麻雀——瞎忙活。

市场形态是由体制决定的，有什么样的经济体制，就形成什么样的市场。我国的图书发行体制是在社会主义计划经济体制下建立的，其经济体制的核心是：一、生产资料公有制；二、有计划按比例地发展生产；三、分配原则是按劳取酬，消费品也是按计划分配。20世纪80年代，我国商品市场尚未形成，除了少量的农副产品外，几乎没有商品，连人们生活的必需品都是按计划凭票证供应，比如粮食、棉布、食油、粉丝、甜面酱、肥皂、火柴等。

而图书却恰恰相反,除少数政治学习类、专业考试类和法规制度类图书外,一般图书却是投放市场,作为真正的商品进行市场交换。

一般商品的销售流通形式为:以销定产,或以产定销;以销定进,或以进定销;统购统销。

当时我国的所谓商品几乎都是以产定销和统购统销,而图书却例外,是以销定产。虽是以销定产,但图书产、供、销的流通管理体制却又与此不完全相适应,从事图书经营的单位都是事业单位体制,行业系统管理体制也是计划经济体制模式,尽管有了"一主三多一少"的改革方针,但20世纪80年代的实际流通体制仍然是"多社一店经销全国"。当时除了新华书店在全国有系统而完善的渠道之外,其余集体所有制、个体所有制的社会书店、行业书店、专业书店尚在鼓励建设之中,处于自生自灭的自然状态,几乎是一盘散沙,尚未形成渠道。那时的图书供应体制实际仍是一种没有竞争、没有商品经营意味的"垄断式"进销体制。

强调"中国特色",其实质是强调因地制宜。这种进销体制下的中国图书市场,我概括的特色是"两多、两散、两难"。

两多:读者多、图书品种多。读者多,不言而喻,我国有13亿人口,占世界人口的五分之一。有多少人口,就有多少读者。此外,我国特别重视图书的教化功能,少儿图书的读者与图书销量始终在市场中占有相当的份额;而且,我国的重教与西方不同,更重视人掌握书本知识的考核。鉴于此,我国图书市场是个世界其他国家无法相比的超大市场。

图书品种在改革开放前并不算多,我刚到出版社时就查过,1978年改革开放之初,国内图书出版社仅有100余家,全年出版图书14 987种。到1985年,短短几年,全国出版社增加到416家(其中中央一级出版社161家,地方出版社255家),全年出版图书45 603种(其中初版33 743种,重版11 860种),出版社增加了近4倍,图书品种翻了两番多。

　　两散:读者分布面散、零售书店分散。我国人口众多,但幅员辽阔,13亿人口,80%的人分散居住在农村。就新华书店而言,书店也只开到县以上城镇,除少量的乡镇供销社有代销图书的业务外,农村几乎没有书店,要让这80%的农民看上图书,是一件难事。新华书店号称3000家,但县级新华书店占2000多家,分布在全国省、市、自治区的各个角落。

　　两难:图书征订难、供货运输难。不说社会其他书店,单就有系统征订渠道的新华书店而言,一个发货店或出版社要向全国新华书店征订新书,除了通过书目征订外,别无他法。书目征订不说它的征订作用,就时间来说,征订的周期需要3个月。有了订货,发货运输又是一大难题,新华书店发货店发货可以请省、地书店中转,而出版社发货只能发到火车到达的城市,基层县新华书店订了货也无法供货。

　　面对我国图书市场的现实,如何开拓市场和建立什么样的流通渠道,是每个出版社发行部亟待研究、急需解决的难题。

　　这一难题成为1988年3月全国新闻出版局长会议的中心议题。这次局长会总结、肯定了"一主三多一少"图书发行管理体制改革举措的成功与成效,同时一致认为,基层新华书店的自主权太少,调动不了基层新华书店的积极性与主观能动性,造成图书行业的产、供、销之间关系极不顺畅。

　　如果说"一主三多一少"是我国图书发行管理体制改革的第一阶段(即1978年至1988年),不妨称之为"一主三多一少"阶段,那么"三放一联"的提出与实施标志着我国图书发行管理体制改革进入到第二阶段,即"三放一联"阶段,这个阶段可以从1988年延续到1995年。

　　"三放一联"是在我国改革开放的大背景下提出的,也是对"一主三多一少"的延伸和发展。放权承包后,基层新华书店扩大了经营自主权,增强了活力。放开批发渠道,让多种流通渠道落到了实处,出版社可以自办总批发,集体所有制书店也可以开展图书批发业务,彻底打破了原来的"垄断式"模式,让市场活跃起来。放开发行折扣,一方面规定出版社和省级新华书店对销售店的批发折扣保持一致,保持市场的稳定;另一方面又允许从实际情况出发,实行折扣浮动,把多种销售形式具体落到实处,有利于搞活市场。发展横向联合,主要是指社店联合、书店联合、社社联合。

"三放一联"当时虽还不够完善:放权承包,对因地制宜强调不够,对放权承包之后如何加强管理没有做具体要求,出现了许多放弃图书主业的乱象。放开批发渠道,没允许个体书店从事图书批发,导致一些不法书商变相取得了批发权,有的通过买书号还取得了出版权,大量出版发行一些不健康的图书牟取暴利,加上管理不到位,在一些地方的图书市场上非法出版和盗版盗印活动相当猖獗。在发展横向联合中,导致实际操作中出版社和省级新华书店因批发折扣不一致而互相争执和指责,影响二者之间的相互合作、共同开拓市场,社店联合未能实现。出版是基础,发行是关键,出版社和新华书店之间谁先谁后有争议,即使做了一些形式上的联合,但这种联合没有达到预期的目的。

但是,任何事情都是看起来容易做起来难,后来的人总笑前人,说一管就死,一放就乱。其实到他行使权力的时候,也不过如此。当时出版社和新华书店在改革的侧重点上是不一致的,出版社急于开拓渠道,自办发行要往新华书店原有的渠道里挤插;新华书店发货店则着眼稳固渠道,排斥出版社自办发行抢占渠道,双方相互抵触。加之一些改革措施不配套,关系没有理顺,一方面导致出版社与省级新华书店之间、省级新华书店与基层书店之间,利益摩擦和内耗比较突出;另一方面图书市场在放的同时,缺乏相应的配套管理制度,不健康的图书充斥市场。这导致从 1989 年开始,每年都要在全国开展声势浩大的"扫黄""打非"专项斗争,这些反过来影响和制约了图书发行管理体制的改革与深化。这是后话。

总体上说,"三放一联"还是有力地推动了出版社与新华书店的改革,尤其是对于像我这样对出版行业并不熟悉,却又从事出版社图书经营的人来说,这一方针无异于给了我指南针,让我找到了工作的方向,开阔了工作的思路。因为基层书店有了进货的自主权,出版社建立渠道就有了对象,我知道了劲该往哪使,路该朝哪走。

军队出版社首先要为部队建设服务

军队系统有近 20 家出版社，当时列入军队编制序列的出版社仅解放军出版社和解放军文艺出版社两家，其余的出版社都是非编单位编外定编，虽不在军队编制序列之内，但允许各单位用编制机动名额成立出版社、杂志社，作为非编单位存在。

解放军出版社和解放军文艺出版社都隶属总政治部，解放军出版社归总政宣传部主管，解放军文艺出版社由总政文化部主管，行政由总政直属工作部管。

两个出版社都是新中国成立之初成立的，总政之所以要成立这两个出版社，是军队军事、政治工作的需要。解放军出版社的前身是战士出版社，负责出版军事教材、政治教材和政治、军事、科技、思想类读物。解放军文艺出版社的前身是解放军文艺社，负责出版《解放军文艺》杂志，是时任总政治部主任肖华亲笔给刘少奇副主席写的报告，开宗明义："为供给部队干部及文艺工作者的读物，指导全军文艺活动，鼓励部队文艺创作，总政治部拟出版《解放军文艺》月刊，并拟对外公开发售，是否适当，请予批示。"

刘少奇副主席批示同意，并批转给陆定一、胡乔木、周扬阅办。杂志由朱德总司令题写刊名，并为创刊号题词："更深刻更广泛地展开部队中的文艺工作，要在部队中大量培养有创作能力，并与人民解放军战士保有最密切联系的文艺工作者。"

1951 年 5 月 12 日正式成立解放军文艺社,1957 年总政文化部编审出版处所属的丛书编辑组并入解放军文艺社,使其具备了出版社的结构,1983 年 3 月 9 日,经国务院文化部批准,解放军文艺社更名为解放军文艺出版社,翌年 10 月 20 日,副牌昆仑出版社批准启用。建社之初,领导的指示与题词就非常清楚地确定了本社的办社宗旨,除了"为人民服务、为社会主义服务"外,比地方出版社要多一项任务,即要"为提高部队战斗力服务"。

从发行的角度考虑,多一项服务任务并不是包袱,而是优势,除了社会市场外,军队出版社比地方出版社多一个军内市场。

军队出版社的性质确定了军队出版社姓军,首先必须为军队建设服务。为军队建设服务,书刊内容是一个方面,也是主要方面,讴歌英雄主义,鼓舞士气,以完美的文学形象潜移默化地影响、铸造军人灵魂,是军队文学艺术出版社义不容辞的责任和义务。军队出版社为部队建设服务,仅内容服务还不够,军队出版社的书刊发行工作同样要为军队建设服务。发行工作的服务就是要以丰富多样、健康有益的书刊,最大限度地满足广大指战员的阅读需求,为广大官兵读书、求知、提高素养服务,这是军队出版社发行部门责无旁贷的责任与义务。善于经营者,应该发挥军队的优势,军内军外两手抓,军内市场牢牢抓稳,地方市场积极竞争。

聘请军以上单位宣传处分管文化的副处长、文化干事为特约通讯员,请他们帮助落实基层部队按总政文件规定订阅我社期刊,同时协助我社做好部队图书馆的图书采购这一想法在烟台参加济南军区文化工作会议就有了。究竟如何打开军内书刊发行市场,如何建立军内发行网,我们又专门做了讨论与研究。

我在部队师军两级机关做了 16 年文化工作,对部队的情况比较了解。部队的阅读需求和潜在市场很大,但是缺少经费。部队政工经费有限,标准是总政与总后勤部精心计算出来的,标准的每一分钱都有出处,政工费连按规定订阅报刊都难以落实,能督促部队按总政文件规定的标准订阅我社的刊物就很不错了。图书经费更困难,军、师、团图书馆都没有固定的购书经费。此外,战士有阅读需求,但战士不宜买书,战士仅有一只三屉抽桌,买了书也没处搁。根据这个现状,我们确定把团以上单位的图书馆作为我们军内图书发行工作的重点对象。这些图书馆虽然没有固定经费,但各单位每年都会从生产收益中拿出一定经费为图书馆购置新书,满足官兵阅读需求,但问题是不稳定,经费也没有统一标准,各部队完全不同。这要看部队主管领导的重视程度,假如主管重视部队文化建设,重视官兵书刊阅览,则会从生产收益中拨款为部队添购图书。鉴于这种状况,建立团以上单位发行网面太难,工作量也太大,成效没有把握,还是建立军以上单位发行网比较合适。统一了思想,便分派韩振宇专管部队发行,后来韩振宇与张耀宗去筹建昆仑书店,这事交由赵献普专管。思路确定后,事情做起来也并不那么容易。

头一个是保密工作的限制。军队担负着保卫国家安全的重任,军事机密是国家最高级别的机密。与一个军以上单位通信联系没问题,但把全军军以上单位的部队、院校、机关和他们的通信地址集中在一起,就是一份绝密级的机密,想搞到这份通讯录,十分费事。

我们先求助兄弟出版社。解放军出版社担负着全军部队教材的发放和军内文件下发任务,他们有全军团以上单位的通讯录。我先和发行处同行联系,请他们为我们提供全军军以上单位通信地址。他们不是不给我面子,确实是规定不允许,他们没有权外泄这种通讯录,也负不起这责任。我只好请社领导出面同他们社领导商量,结果与发行处的答复一样。

私下关系走不通,那就只好走正规渠道。我们向直工部正式上送报告,请他们帮助与总参军务部联系,给我们提供军以上单位联系方式。结果事情拖了几个月，上面没有给予解决。

私下关系不行，正规渠道也无法解决，怎么办？天无绝人之路，没有办法，就自己想办法；别人不帮助解决，那就自己想办法解决。我们分别给各大军区的文化部写信，请他们提供本军区各军级单位军区文化处的通信地址和代号。这一举措还真不错，各单位都给了我们帮助，个别军区没提供的，就找我们社的作者，请他们帮助提供。这样没出两个月，这个军内书刊发行网就建了起来。

我们聘请各军和院校宣传处的文化干事为我社的特约发行通讯员，给他们颁发了聘书，向他们赠送全年的《解放军文艺》《昆仑》和《解放军歌曲》，并每年赠送5种本社畅销书。他们的任务：一是检查督促本单位基层部队按总政规定订阅我社刊物；二是组织部队团以上单位图书馆订购我社图书，给予最大的折扣优惠；三是提供阅读、购书信息，协助我们为团以上单位图书馆代购图书，包括中央其他出版社的图书。部队提标准，我们编采购书目，然后返回部队请他们审定，确定后我们采办，直接供货到购书单位。

这样很快建起了由100多个部队宣传处文化干事和各院校图书馆采编人员组成的部队内部发行网。我们每两个月向特约发行通讯员寄发一次本社书目，让他们向各团以上单位图书馆征订，然后我们直接将图书发送到订购的团以上单位。有的发行通讯员很负责任，许多部队通过这个渠道向我社订购了图书。

此种方法施行一年后，出现了两个问题：一是人员不固定。"铁打的营盘流水的兵"，有的部队特约发行通讯员刚报来订数就调离了岗位，有的转业到地方，发行工作中断，发出去的书收不回钱。二是让热心人受了损失。我记得上海海军基地一位姓郭的干事，他很负责，每次书目都有订数，结款也很及时。但后来才知道，有的舰艇收书后，因执行各种任务，一时收不上书款,他怕影响结算,就拿个人工资垫付,我知道这个情况后立即把钱退给了他。还有个别单位误认为发行通讯员得了我们社的好处,产生负面影响,出了力不落好,我们立即暂停了特约通讯员帮助订购图书这项工作,让他们主要做另两项工作。

从部队实际出发,我又改变方式,设立为部队图书馆代购图书服务的机构,分派专人专管,直接向团以上单位图书馆征订,不给特约发行通讯员添麻烦。为满足部队需求,我们还采集了地方兄弟出版社的最新优秀图书,与本社图书一起编成书目,直接寄军、师宣传部门和院校图书馆,同时在《解放军报》和本社的刊物上刊登为部队代购图书服务的宣传广告。效果很好,先后为沈阳军区、武警部队、海军、北京军区等单位代购了图书,都是几十万、上百万码洋的业务。为部队图书馆代购图书,不只扩大了本社图书的销售,而且与中央数十家出版社结成了业务合作关系,为他们的图书走进军营提供了帮助与服务,深受他们的欢迎和感激。经过几年的努力,我们在部队内部开辟了一条军内图书发行的新路,建立了一个几乎没有风险的军内图书发行网。

创建"九联"，
探索自办发行之路

改革开放之后,图书市场一直是买方市场。

买方市场与卖方市场这一对概念,来源于西方经济学,是指市场供求不平衡的两种状况和价格的涨落趋势。在市场经济体制条件下,买方市场和卖方市场是在价值规律的自发调节下,伴随经济状态变化而交替出现的商品供求关系。萧条阶段和危机阶段一般表现为买方市场,复苏阶段和繁荣阶段一般表现为卖方市场。买方市场和卖方市场是商品经济共有的现象。只要有商品生产和商品交换,价值规律就会发生作用。买方市场指供大于求,商品有滞销或价格有下降趋势的市场形势。这时,买方在交易上处于有利地位,有任意挑选商品的主动权。卖方市场指供不应求,商品可能脱销,或价格有上涨趋势的市场形势。这时,买方很少有挑选商品的余地,而卖方则在交易上处于有利地位。

全国出版物的发行销售,无论是新华书店包销体制阶段,还是经销、寄销体制阶段,都是买方——书店说了算,出版社一直处于求人帮助的被动地位。出版社能牛气的只有畅销书。可畅销书一年没有几种,大量的一般图书销售都得求书店帮忙,争取延长一点销售时间,在店堂摆一个好一点的展示位置,争取大一点的销售量,尽量少一些退货。在出版社开始自办发行的 20 世纪 80 年代中期,尤其如此。

新书征订是各出版社发行部主任最头痛的事。新华书店系统的书目征订,订数微乎其微,依赖这种方式过日子,出版社真得关门。可除此之外别无他法。全国性的订货会一年只能搞一次,像金盾出版社那样雇一帮退休干部背着样书全国各地四处上门推销,谁做得来? 又能有多少成效? 金盾有其特殊性,他们的选题几乎都是农、林、牧、副、渔类的普及性致富知识图书,基层县店有需求。县级基层书店本来就是发行的空白,他们一个县一个县挨着跑,是有成效。但其他社科、科技、教育、文学艺术、医学、法律等类别出版社假若效法去跑,未必有效。

我到地区以下新华书店的门店做过了解,县级新华书店门店书架上除个别畅销书外,几乎找不到我们解放军文艺出版社的文学艺术类图书。业务员给我的回答是:店堂小,全国这么多书,摆都没地方摆;再说,除了电视报纸上宣传得家喻户晓的畅销书外,一般图书没有人买,也没有人读;县级书店只能也只要全力做好中小学教材发行也就够了。他说的"够了",是说经营好本县的中小学教材,日子就过下来了。业务员还说,除教材外,再卖一些教学辅导类图书、少儿图书和个别畅销书,再加上一年的年画、月历、日历、门神、对联,就够忙活了,县级书店的规模和资金也无法做一般图书的经营。

非常实际,也非常客观,这就是我们2000多个县级新华书店的现实。一般图书的市场如何开发、朝哪开发,是当时摆在各社发行部主任面前的课题,也是道难题,真如第一次吃螃蟹,捧着它不知该从哪下嘴。

没有资金,没有现成模式,没有可借鉴的经验,再面对"两多、两散、两难"的市场现实,我尝到了创业的艰难与艰苦的滋味。任何事业,第一代开创者做的都是"第一个吃螃蟹"那种困难大、风险大、摸着石头过河的事,都是前人没有做过的事,都是顶着艰难、冒着风险,都是用尽心思探索、发现与创造。所以,凡第一代创业者,他们的所作所为都具有开创、开辟的意义,都有记入史册的价值。

人的奋斗精神往往是逼出来的,主人公的姿态也是在艰难困苦中难出来、苦出来的,高尚有时候也是在危机中才得以升华、在绝望中才得以诞生,就是这个道理。当时我社发行部工作环境很差,9个人只两间十几平方米的办公室,没有库房,先是租用解放军出版社花园路的旧仓库,后来又租用总政营建办公室的仓库;发货运输工具仅一辆厢式面包车和一辆130卡车;仓库没有任何设备,打包、搬书全靠人工。发行人员有分工,但分工不分家,一到订货量大或新书出版时,无论业务员还是邮购员、统计员,全体人员都上库房打包,我亲自带人上火车站发货。我们解放军文艺出版社除了军人工资外,职工工资、军人福利和社里的基本建设,上级不给一分钱,全要靠自己解决。大家都知道社里的日子有多难,舍不得乱花一分钱。到火车站发货,几乎每次都赶不上回食堂吃午饭,全体人员包括司机,午餐就一碗兰州拉面。司机受不了,说老吃拉面,胃不舒服,只能悄悄地给他多要一份3元钱的牛肉。加班打包,一天只能给一元钱劳务补贴。人员紧张时,经常一个人装一车书,到车站一个人卸一车货。

说句不嫌丢人的话,初创阶段,我一个正团职干部,出差到成都,住过3元一晚的澡堂;出差到重庆,住过5元一晚的通铺。当时我出差到成都,一位老编辑也正好到成都出差,我去看望他,他在宾馆住60元一晚的单间。我很生气地说他,我们要卖出去20本书才能挣10元钱,恨不能把一元钱掰碎了花,你一晚上就挥霍60元钱,我们要卖出120本书才能给你支付一晚的住宿费,太不像话了。当时图书实行全国统一标准定价,一个印张0.13元,国家物价局不定时进行检查,超标准要罚款。记得我们有本叫《微笑落进雷区》的小说,检查组核定是0.16元一个印张,罚了我们社几千元钱。当时卖一本书能赚5毛钱就算不错了。

1988年第四届首都社科书市,亦即第二届北京图书订货会(当时叫"全国图书交易会")后,也是我到解放军文艺出版社将近两年,王久安与沈炳麟认识了我。可能觉得我有一定的活动能力、工作魄力和公益心,适合为行业做事,他俩邀请我参加书市办公室工作,并推举我当书市办公室副主任。这样,我们几个就有机会经常在一起参加发行研讨会的活动,共同研究、探讨出版社自办发行的事情。

发行部初创参加第二届北京图书订货会,给客户签订单(右二为作者)

我当时的思想非常明确:出版社自办发行,仍然离不开新华书店的支持,新华书店系统的书目征订不能放弃,尽管只有三五百册,但它可以让全国的书店和公共图书馆知道各出版社图书出版的信息,若放弃这种征订,新出版的图书就进不了国家、各地公共图书馆和大专院校的图书馆。但是,出版社自办发行单靠新华书店难以生存,必须立足自办多渠道发行,不能完全依赖新华书店系统的书目征订。

王久安提出"建立城市特约经销店"和"加强出版社之间的联合"两个主张,给了我很大的启发。"姜还是老的辣",他不愧是老开明书店的店员,有经营经验,也有为行业奉献的精神。当时出版社发行部出差搞业务,喜欢找几家心性相投的同类出版社发行部主任中的同人结伴同行。中国青年出版社的王久安、中国少年儿童出版社的王修文、人民出版社的施茂仙、人民文学出版社的范保华、世界知识出版社的洪恒月，他们在当时出版社发行部主任中属于老一辈，又都是社科类出版社，故经常一起与一些城市新华书店谈业务。于是中青、中少、人民、人民文学、世界知识、社科6家出版社率先联合在一起，成立了"社科六社联合体"，后来法律出版社的叶泉康积极要求参加，就成为"社科六联七社"。他们首先与广州市新华书店建立特约经销关系，得到了谭灼仁经理的支持，广州市新华书店对外挂牌"六联七社"特约经销店。

我出差搞发行业务，则经常与作家出版社发行科长王宝生、扈文健，三联书店发行部主任高福庆，文联出版社发行部主任孙家康、董原，工人出版社发行部主任白渝生和科长张金元，友谊出版公司发行部主任郭潞生、许明，华夏出版社发行部主任魏廷寅及崔万义、徐明权，中国图书联合公司时寒等一起结伴而行，我们也在酝酿成立联合体。1988年"社科六联"宣布成立，当时工人、作家、三联书店、华夏、文联、友谊和我们解放军文艺(昆仑)7家出版社在昆明搞小型图书订货会，张金元、王宝生、郭潞生、崔万义和我们社的芦冲、韩振宇等一听着了急，几个人紧急商量，提出回来赶紧给各社发行部领导汇报，敦促联合体尽快成立。

从昆明回来后，我们7个社的发行部主任立即在工人出版社聚会，专题研究成立联合体的事。参加会议的有：工人社的白渝生、张金元，作家社的王宝生、扈文健，文联社的孙家康，三联书店的高福庆，友谊出版公司的郭潞生，华夏出版社的魏廷寅。我提议成立九社联合体，取名叫"京版九社图书发行联合会"，简称"京版九联"。中国数字九为大，十是满贯，我们不要满，满了就会盈，俗话说"满招损，谦受益"。取"九"，一是有发展空间，二是"永久"的意思。大家赞成我的意见。联合体的成员除了参加会议策划的工人、作家、三联、文联、友谊、华夏、解放军文艺(昆仑)7家出版社外，有人建议加上文化艺术出版社，高福庆提出加上中国图书联合公司。

中国图书联合公司是发行中盘，关于合不合适加入出版社联合体，大家认真地进行了讨论。

中国图书联合公司是个特殊单位，他们是"一主三多一少"改革后新成立的图书发行中盘。20世纪80年代中期，"买书难、卖书难、出书难"的呼声甚嚣尘上，小朋友买不到心爱的课外读物；老教授摆地摊儿推销自己写的著作；排好版的学术著作没有订数无法开机；多卷集出版工程必须成套出齐方能征订成为"行规"限制；图书流通渠道不畅，好的选题出不了书，出的书上不了市，跟读者见不了面。时任中国社会科学出版社经理部经理的陈新迎难而上，他在出版发行战线干了三四十年，酸甜苦辣都尝过，对改变新华书店独家经营为多种流通渠道、多种经济形式和多种购销形式的图书发行体制改革方案举双手赞成。为了开拓市场，帮出版社自办发行闯出新路，他积极策划筹办，创立了这个由出版社出资参股做股东的图书发行公司。中国图书联合公司是我国第一家股份制图书发行公司，意在打破新华书店独家垄断经营的局面，与新华书店发行所展开竞争，推动我国图书发行体制的改革，繁荣图书市场。

参会的同志讨论，中国图书联合公司是代表众多出版社的中盘，是为了帮助出版社搞好自办发行。根据"三放一联"的改革精神，联可以是社与社、店与店之间联合，也可以是社与店之间联合，中图联一起参加"九联"符合国家的改革精神。另外，中图联除了能有我们这些社的图书外，还有其他股东单位的图书，他们加入"九联"可以丰富联合体的图书品种，对"九联"举办订货、展销活动有帮助。大家一致赞同让他们参加"九联"，成为八社一图书发行公司。

会议分工是：我负责起草联合体章程，包括宗旨、性质、任务、理念、加入的原则、组织机构、经费及其他，其余同志分头征求未参会单位的意见。

"九联"的性质是：非经济实体的图书发行联合体，但绝不是临时组织。

"九联"的宗旨是:联合发行力量,交流发行信息,探索发行道路,繁荣出版事业。

"九联"工作的基本方针是:支持依靠主渠道,减少中间环节,开发多种渠道,扩大市场,建立以城市新华书店为中心的全国图书发行网,社店合作,互惠互利,繁荣市场,繁荣文化。

"九联"的组织机构是:实行集体领导,设理事会,由成员社发行部负责人担任理事,集体研究决定"九联"的一切需要研究决定的事情。理事会设一名执行主席(任期半年)主持理事会日常工作,设两名常务秘书(首届是作家出版社的扈文健,工人出版社的刘建平)。

"九联"的组织原则是:加入自愿,退出自由;成员社只参加同类型的一个组织,成员社必须执行"九联"理事会通过的一切决议,成员社必须自觉维护"九联"的集体利益和荣誉;"九联"不以任何形式干涉成员社的内部事务,既有联合性又有独立性;成员社相互平等,相互尊重,相互支持。

"九联"的业务范围是:定期交流图书发行信息,联合举办年度工作计划内的各种会议和发行活动,研究确定参加全国地区性的订货会和书市书展,调查图书市场,处理业务难题,协助承办各地销货店委托办理的各种业务。

"九联"的工作口号是:"九联"追求经济效益,更追求社会效益,更愿意为发行工作的改革做有意义的探索和尝试;重视每一次合作的实效,更注重长远的利益;重视支持一个店的有意义的工作,更支持城市店的有意义的整体行动;愿意成为销货店的支持者、可靠后盾、知心朋友,愿与发行界的同人并肩携手,为繁荣祖国文化而共同奋斗。

现在回想当年大家的心愿、热情和忘我的团体精神,真有点大革命时期创建党组织的气氛。

以事造势，
用联合体的力量打开市场

"九联"成立酝酿成熟，于 1989 年 3 月 25 日召开了成员社社长恳谈会。

毛主席说过："只有领导骨干的积极性，而无广大群众的积极性相结合，便将成为少数人的空忙。但如果只有广大群众的积极性，而无有力的领导骨干去恰当地组织群众的积极性，则群众积极性既不可能持久，也不可能走向正确的方向和提到高级的程度。"

成立联合体，各社发行部主任的积极性有了，但仅有发行部主任的积极性远远不够，还需要有各社社长的积极性。开拓市场必须搞活动，活动需要一定的经费，"九联"没有实体，不搞经营，活动经费只能由各个出版社出，发行部主任在出版社只是一个部门负责人，当不了社里的家。再则，"九联"成立之后的一切行动，各发行部主任是代表自己出版社参与，活动的内容合不合各社社长的意愿？各社社长愿不愿意拿出钱来搞集体业务活动？这些事发行部主任都做不了主，有的社长都难决定，要经过班子讨论后大家同意才行。因此，要把"九联"的活动搞起来，搞得在全国有声势，则必须把各社社长发动起来，社长们统一了思想，社长们下了决心，社长们有了积极性，事情才能做起来，也才能做大。我们决定开一次"九联"各社社长参加的恳谈会，开会地点选在东四北大街的北京市政协。

会议由中国图书联合公司的业务负责人段炳恒主讲我国图书市场的

现状与图书发行体制改革的难点,他讲完后再由各社发行部主任结合自己社的工作谈现实、摆困难、讲设想,然后再请各社社长发表意见。

　　段炳恒在中图联公司筹建过程中,对我国图书市场的现实有深入的了解与分析,他讲起来有理有据,有声有色,让社长们听到了在政府会上听不到、在文件和媒体上看不到的真相与现实,也让社长们找到了心头焦虑和出版社面临危机的根源,深有感触。各社发行部主任的发言,几乎成了诉苦会,他们在会上毫无顾忌地说出了平时跟自己社长难以启齿的苦衷和努力想把本社发行工作搞活搞好的想法。社长们一个个被感动、被鼓舞、被激奋,所有到会的社长都表了态,一致赞成成立联合体,而且认为很有必要,非常及时,都表示坚决支持,要钱给钱,要人给人,所有活动积极参与。

　　社长们还提出要求,这种恳谈会要定期召开,大的活动需要社长们参加、需要社长们说话的,他们一定参加。

　　会上通过了"九联"的章程,确定9个单位的发行部主任组成"九联"理事会,执行主席最后确定每届两个,由各社发行部主任轮流担任,一年一轮换。第一届由工人社的白渝生和华夏社的魏廷寅担任,并同意推举作家社

九联社图书大联展

的扈文健和工人社的刘建平两位为"九联"秘书。

"九联"成立后干什么？怎么为联合体成员社服务并带来实际效益？这是联合体成立后我们几个核心成员首先要考虑的问题。那时，我已经在书市办公室分工主管订货会，订货会正式定名叫"首都图书交易会"，正筹办第三届，我对订货会的情况有了较多的了解。订货会这种产销直接见面的订货方式，对"隔山买牛"的目录征订方式无疑是一种改进，出版社与书店都已经认识到了其中的好处。我们当时商量，出版社最需要得到帮助的一是订货，二是建立渠道，举办订货会是给联合体成员社直接服务并带来效益的最好形式。1989 年，社会不够安定，我们统一思想，不管首都图书交易会办不办，我们"九联"都照常办订货会。联合体单独办订货会是个创举，效果不一定差。

在选择办会地点的咨询联系中，内蒙古人民出版社的发行部主任荆树春十分积极，在得到社领导支持后，立即与我们联系，愿意与"九联"一起在呼市举办"草原书市"。

1989 年 3 月 31 日"九联"召开理事会，研究策划了 1989 年的"草原书市"，围绕图书展销和订货这两个内容，由内蒙古人民出版社协办。

荆树春带着预案和发行部的工作人员专程赶到北京，与我们接洽协商。事情进展十分顺利，向一些城市新华书店的朋友征求意见，他们也十分赞成，一次商谈就敲定，"九联"走出京城的首届订货会就在内蒙古举行，活动名称叫"草原书市"，时间是 1989 年 8 月 17 日报到，18 日开幕，展销 8 月 16 日开始。为了吸引更多的书店前来订货，除了"九联"成员社和内蒙古人民出版社之外，同时邀请"社科七联"及其他与"九联"关系密切的出版社参加，会务费用各社出 2000 元，每社带 3000 元码洋的图书参加现场展销，同时带一两种好书 200 册作为会议礼品；邀请了 50 多家大中城市新华书店参会，与会人员计划 250 人至 300 人。这是"九联"在业界第一个产生颇大影响的业务活动。

荆树春回内蒙古在社里落实了办会预案后，"九联"派 3 位代表前往考察，形成实施方案，向全国城市新华书店，包括部分集、个体书店发出了邀请。

订货会会务以内蒙古人民出版社为主，由我和高福庆参与。第一次举办订货会，9 个社有没有号召力？书店的同志能不能应邀前来？我们心里没有把握。为了确保会议成功，会前我们做了细致分工，把打算邀请的书店名单交由各社，各社根据与书店的关系密切程度，挑选自己最有把握请到的书店。除发邀请函之外，各社直接用电话联系落实敲定，把每一个邀请参会的店落到实处。

1989 年，一个联合体与一地出版社联合举办全国性的订货会当属首次，这是一种开拓创新，受到各地新华书店的支持，报名十分踊跃。订货会到会代表达 300 余人，每个社都拿到了 50 万元以上码洋的订数。内蒙古自治区的领导布赫同志还接见了订货会的全体代表。不仅业务合作搞得成功，内蒙古草原的美丽宽广、蒙古族青年的优美歌舞，还有塞外茅台宁城老窖和烤全羊，都给大家留下了美好的记忆，至今难忘。

"九联"真正在全国书业界名声大振，还是因为举办了"京版九社全国图书联展"。我们考虑，出版社拓展市场、建立渠道，订货是一个方面，但仅搞订货不够，关键还要在读者中扩大宣传，建立"九联"的读者队伍，在销售上下功夫，扩大市场销售，提高各社的市场占有份额，这才算真正拥有了市场。要想达到这一目的，让"九联"在全国书业界产生影响，树立"九联"的整体形象，我们研究确定搞一次在全国有影响的销售活动。1989 年是新中国成立 40 周年庆典，我们打算在庆祝中华人民共和国成立 40 周年之际，丰富节日文化生活，配合市场整顿，占领思想文化阵地，展示九社出版方向，展览九社出版成果，扩大社会影响，以求得到更好的社会效益和经济效益，更好地为四化建设服务。在与全国大中城市新华书店协商的基础上，我们决定在国庆前后用一个月时间，即 1989 年 9 月 20 日至 10 月 20 日，举办"京版九社全国图书联合展销"活动。其基本方式是，参展供货单位是"九联"10 个成员社的图书，销售单位是全国省会城市新华书店和计划单列城市新华书店。

之前，"九联"成员社做了调整，中国图书联合公司因是中盘，他们参加"九联"业务活动，有些省新华书店有看法，再加上公司自身经营与发展的原因，最后决定中国图书联合公司退出"九联"。在我的提议下，一致同意吸收解放军出版社加入，"九联"成了名副其实的九社联合体。（此后，团结出版社发行部主任张涛和潘宁，积极参与"九联"的业务活动，提出加入"九联"的申请。1990 年年底，经理事会研究，一致同意团结出版社加入"九联"。理事会还决定，不管以后有多少社加入，"九联"对外的名称不变。自此，"九联"成为十社联合体。）

参加联展的各新华书店在中心门市店门外悬挂"京版九社全国图书联合展销"的横标；发货由出版社拟好参展书目，经销货店审定确认，主发与订货相结合；展销采取一次性寄销，单算单结；展销时间一个月，涵盖国庆节，也逢学校新学年开学；结算后可以退货，愿意将余书转入正常销售的更欢迎。方案拟定后，仍采取各社分工包干的办法征求各省会城市新华书店的意见。

经过各社的努力，确定参加展销的新华书店是北京市王府井新华书店、哈尔滨市南岗区新华书店、沈阳市太原街新华书店、长春市红旗街新华书店、鞍山市新华书店、大连市新华书店、天津市东北角新华书店、石家庄市新华书店、太原市五一路新华书店、兰州市张掖路新华书店、长沙市袁家岭新华书店、济南市新华书店、郑州市新华书店、武汉市武胜路新华书店、合肥市新华书店、南京市新华书店、镇江市新华书店、常州市新华书店、无锡市新华书店、苏州市新华书店、杭州市新华书店、福州市新华书店、重庆市新华书店、贵阳市新华书店共 24 个城市新华书店。有几家省会城市店因和其他业务冲突不能参加。我们就定名为"京版九社全国二十四城市新华书店图书联合展销",决定在欧美同学会举行由《人民日报》《解放军报》《光明日报》《新闻出版报》、中央电视台及香港《文汇报》《大公报》等近 40 家媒体出席的新闻发布会,同时邀请有关领导、"九联"各社社长、参展的 24 城市新华书店的领导和业务人员前来参加,到会 100 多人。

我代表"九联"发布了图书联展的实施方案,并由社长代表致辞,参展书店代表致辞,主管部门领导讲话,气氛十分热烈。9 个社共发货 550 多个图书品种,码洋 150 万元,每社一次性投放市场图书码洋 15 万元,在业界产生巨大影响。

展销活动有始有终,1990 年 2 月 15 日至 20 日, 我们再一次在京闽饭店举行"京版九联"图书发行工作研讨会,同时举行"京版九社二十四城市新华书店图书联合展销"活动总结会和看样订货会,邀请了全国 26 个城市57 家新华书店的 110 名书店朋友参加。报到接站那天,北京下大雪,各社到车站接书店朋友的同志冒着严寒,不漏一趟火车。接站的最后一班人员是文联社的黄河和付小吉,他们坚守到晚上 12 点钟北京站最后一趟火车,把每一位书店朋友接到饭店,尽管穿着军大衣,但浑身都快冻成冰棍了。"九联"的热情感动了书店的朋友,书店的朋友说,北京的天气是冰冷的,但"九联"的热情让我们心里温暖。

我代表"九联"对这次联展进行了总结。这次联展非常成功,从已经结算的 17 个书店情况看,发货码洋 1 204 203.19 元;实际销售 806 673.94 元,销售占发货码洋的 67%;存货码洋 397 529.25 元(含发货差错),存货码洋占发货码洋的 33%。北京市王府井新华书店、天津市东北角新华书店、兰州市张掖路新华书店、杭州市新华书店、济南市新华书店、大连市新华书店等率先表示展销的图书全部包销不退,其他各店也表示,原则上不退货,继续留在书店销售。

这次联展其规模、其形式、其成效可以说是前所未有的,是一次可喜的尝试、一次有意义的探索、一次有成效的社店合作,在图书发行界和社会都产生了较好的影响,并产生了五个作用:一是对现行发行管理体制产生了有意义的冲击。联展把原来的订货包销改为出版社主发寄销,对新华书店仓储、门市销售、财务结算等原有制度是一次冲击,迫使书店要进行相应的改革以适应新的情况。二是刺激了市场,增强了销货店的订货信心。展销店门市顾客盈门,销售专柜日销售额超过本店全部日营业额。三是方便了读者,服务了群众。主发送货上门,增加了书店销售品种,满足了读者的需求。四是密切了社店关系,增进了理解与友谊。展销让社店紧密地联系起来,在相互支持中建立了友谊。五是交流了信息,开阔了发行思路。市场销售信息为出版社开拓选题提供了依据;书店了解了出版信息,更便于营业推广。

总结也指出:有的社店联系不畅通,出现发货不齐、发货差错、误发、误收的现象;结算不够及时;这种大规模的联展对社店正常工作带来一定冲击;主发带有一定的盲目性等问题。

会上,"九联"每位社长都对书店讲了话,感谢书店的支持与合作,同时向书店报告了各社新一年出版工作的打算。通过联展和订货会,"九联"与各大中城市书店建立了密切的关系,真正交上了朋友。

"九联"这次会议得到新闻出版署的重视,发行管理司司长吴克明出席了会议,并在发行工作专题座谈会上做了中心发言。

会议期间,"九联"与各城市书店就业务合作进行了广泛的接触交谈,与上海、南京、天津东北角、石家庄、太原、南昌、青岛、大连、武汉武胜路等新华书店达成了举办区域性订货会和展销的协议。

会议用两天时间进行看样订货,成交码洋近 500 万元。各社都拿到了可喜的订货码洋:作家出版社 130 万元,友谊出版公司 80 万元,解放军文艺(昆仑)出版社 70 万元,文联出版社 60 万元,解放军出版社 48 万元,华夏出版社 30 万元,三联书店 15 万元,文化艺术出版社 15 万元,工人出版社 7 万元。

　　"九联"的成功在业内影响巨大,其他兄弟联合体也纷纷效仿行动起来。"社科十联"得知消息后("社科十联"由"社科六联七社"扩展而成,除了原来的人民、人民文学、社会科学、世界知识、中青、中少、法律出版社之外,又加上了新华、中央党校、大百科出版社),王久安和世界知识出版社的关英代表"社科十联"主动前来商量,也想借这机会与这些城市书店的朋友做一次业务交流。只因我们已事先为书店的朋友订好了返程票,无法延长会期,只好作罢。但这种融展销、研讨、订货于一体的业务交流形式,有效地推动了社店的合作。

发展必须创新，创新才能发展

首都图书交易会办到第四届时，已经具有了空前的规模，进入了工人体育馆，展台和样书陈列展示形式初步形成了看样订货的模式，时间也改为每年春天的三月，年初便于书店放心订货。出版社和书店都直接感受到看样订货模式下产销直接见面的优越性，双方都有了参会的积极性，参会出版社达 156 家（中央的社科、科技出版社几乎全部参加），参会订货的书店达 350 家，大会接待住宿代表 1100 人；订货成果达到 8000 万码洋，平均每社拿到了 50 多万码洋的订数，规模与成效都是空前的。

会后的总结与分析发现，出版社之间的成效很不均衡，多的社订几百万码洋，少的只有几万码洋；书店订货也是如此。其中，图书选题质量和出版社的知名度是一个方面，但 3 天时间，社多书多、书店看不过来也是很重要的原因。那时书店订货不退货，看样书非常认真，每本下订数的图书非过目不下笔，一个社一个展位往往要用个把小时时间。因为看不过来，书店就只好找名气大的出版社看。这样的不均衡，造成了订货不足和限制了市场开发的空间。于是，我们"九联"率先在交易会前独立搞联合体的"会前会"，正好是弥补"不足"与开发"空间"的有效举措。

"九联"带头办起了会前订货会，利用首都图书交易会举办的机会，在订货会前两天，邀请新华书店的朋友提前到北京参加会前各种联合体举办的小型会前订货会。举行这样小型的看样订货，省事又省经费。我们"九联"

在国务院二招办了"会前会"之后，引起其他联合体的注意，他们也都效仿办起了"会前会"。由于联合体多、"会前会"多，书店的同志忙不过来，参加了这家就得婉拒那家。为了争夺书店参会人员，有的联合体开始用礼品来吸引各书店的业务人员。

我是首都图书交易会的负责人之一，感到联合体的这种"会前会"这样搞下去，弄得各地书店朋友十分尴尬。都是出版社，都是朋友，答应这个社不答应那个社有碍情面、影响关系；去这个联合体不去那个联合体，不仅得罪人，还容易产生矛盾。再说书店的同志奔忙于各种"会前会"之中，会前订货多了，会上订货必然就少了，势必影响首都图书交易会的效果，不仅对首都图书交易会是个冲击，而且对京外参会出版社更是不公平，尤其是送礼成风，此风若长，影响极坏。

首都图书交易会改革之初就明确规定了"不搞开幕式，不搞闭幕式，不打折扣仗，不请客，不送礼，不参观游玩，开门订货做生意，落幕热情送代表"的清廉会风。面对各家争办"会前会"，以礼品吸引书店人员参会的现象，我当机立断在"九联"理事会上提出：我们不能把目光只盯着订货，要站在总发行的高度，在与各地书店开展广泛的业务合作上下功夫，尤其与各地书店合作搞区域性展销应该是我们工作的重点。首都图书交易会期间，咱们"九联"可以办社店联谊活动，但不一定专门办会前订货会。订货会要像"草原书市"那样走出去，与各地合作办会。只有创新才能有开拓，只有不断创新才能持续发展。我们可以把"九联"的地区性订货会推迟到首都图书交易会之后，在间隔四五个月后的夏秋之间，走出北京，到外地单独举办"京版九联"订货会。这样各社有了新书，期货也成了现货，夏秋之间仍是订货的好时机，选个书店同志都愿意去的地方，效果会更好。我的这一建议，得到了大家的赞同与支持。

经过研究，决定每年的工作抓住三项：一是积极与全国各地书店举办

"九联"或有"九联"参加的图书展销;二是走出京城与当地的出版社联合举办夏秋订货会;三是积极为各地书店来京办理业务服务。

考虑到"九联"十社到外地办会人生地不熟,会议筹备、会务接待有诸多不便,花钱多可能还办不好事,故订货会采用与当地出版社合作的方式办。这样在选住宿宾馆、准备展场、会务接待就有了地方依托,出版社有车有人,与地方政府、宾馆都熟悉,好办事;同时还可根据当地的风俗习惯、自然环境办一些有意义的活动,做起事来非常方便。另一方面这也是考虑到仅以"九联"一个联合体在市场拼搏,力量和影响力还是显小,应该联合其他联合体一起行动。

按照这个思路展开工作,1990年,"九联"分别协助上海市店、南京市店、济南市店、镇江市店、青岛市店、广州市店、长沙市店、苏州市店、常州市店来京召集部分出版社举行小型看样订货活动,为他们的书展准备货源,仅上海就来了4次,仅"九联"社就订了码洋50万元的图书。协助京外各地书店来京办理业务活动收到很好的效果,书店对"九联"的热情接待和积极协助由衷地感谢,他们常挂在嘴边的一句话就是,到北京有事就找"九联"。

以上这些书店的书展,"九联"全部参加,而且都单独打出"京版九联"的招牌给予宣传,书店也对"九联"社参加展销活动发去的图书给予特殊优待,一律都不退货。

除京闽饭店的订货会外,"九联"又与广州图书批销中心、成都新华书店批发书店、南京新华书店批销中心举办了地区性订货会,都收到很好的效果。

在这些订货会活动中,"九联"与陕西省的出版社在西安联合举办的订货会影响较大,效果更好一些。当时,"九联"各社在全国业界有了一定的知名度。天津有部分出版社得知"九联"要在西安办会的消息,主动要求加盟。都是同行,朋友不怕多,我们与陕西的出版社商量,他们尊重我们的意见。

在西安组织九联与津秦两地文艺出版社举办小型订货会（左为作者）

这样就成为"京版九联"与津秦两地出版社共同举办订货会,同时在西安市新华书店举行京津秦出版社图书大汇展,既订货又展销,效果非常喜人。

通过这些业务活动,"九联"在全国建立起以省会城市和计划单列城市新华书店为骨干支撑点的辐射型主渠道发行网,同时又在各大中城市每市选择两到三家结算信誉好、经营能力强,订货数量大的民营书店为批发中盘,形成了全国由百余家书店构成的多渠道发行网。发行网的建立,确保了销售信息反馈及时,新书征订订数回告迅速,发行基数有保证。在西安订货会前,我们社出版的权延赤的《红墙内外——毛泽东生活实录》开机就印了20万册;在西安订货会上,一次订货就把20万册图书按网点均匀地部署分销到全国各地。此书发行了65万册,首创我社单本发行量的最高纪录。

"众人拾柴火焰高",联合体依靠各出版社,出版社依靠联合体全国造势布网宽。在合作中,"九联"成员社的心往一处想、劲往一处使、力往一处出,凝聚力越来越强,而且都以联合体大局为重,自觉地服从联合体的需要,维护联合体的声誉。

　　1990年、1991年、1992年这3年，我都是按照这一思路开展"九联"工作。在实践中，工人出版社的张金元多次给我建议：不应该只是吸引其他联合体的出版社参加活动，应该联合"社科十联"共同开拓市场。我听取了他的意见。那时"社科十联"组织机构已完成了新老交接，王久安、施茂仙等一批老同志退休离职，由社会科学出版社的纪宏、世界知识出版社的关英、人民出版社的王德树、人民文学出版社的刘国辉等一批年轻人走到第一线。

　　我们主动与"社科十联"商量联合办订货会，一拍即合，他们早有此意。于是，我们策划了1993年的京版"九联""十联"黄山订货会，由我代表"九联"、关英代表"十联"牵头订货会的策划，同时双方各派出两名工作人员参与会务。除了"十联"与"九联"20家出版社之外，有一些与两个联合体关系好的兄弟出版社要求参加，我们也欢迎加入，出版社增加到了40多家。这对各地新华书店和民营书店很具吸引力，全国大中城市新华书店和一些知名的民营书店纷纷前来参会，这届订货会的成效又上了一个档次。

　　事物的发展是不以人的意志为转移的。作为一个单位、一个团体，甚至个人，想要做成事，一个很重要的原则就是遵循规律、顺应市场，而与规律与市场相悖相逆，绝对做不好生意。最好的方法就是与时俱进。我们"九联"开创的联合体订货会就是如此。我们一点都没有拘泥于小团体的利益，而是从整体行业出发，顺势变革，不断前进。

　　黄山订货会之后，我们又策划了1994年7月的"京版九联十联晋版太原市店看样订货会"，这个会扩大到了中央其他联合体和少量外地出版社。从开始的"九联"订货会起步，到"社科十联"加盟，再到太原订货会其他联合体出版社的加入，订货会已经发展成有50多家出版社参加的规模，成为京版订货会的前奏。

　　1995年京版秋季图书交易会正式创办。当时我已经在解放军文艺出版社任总编室主任，又开始创建第二个新部门——总编室，华夏社的老魏、工人社的白渝生等也退居二线,"九联"的事交给了我们社发行部主任张耀宗、工人社主任张金元、解放军社主任马成翼等更年轻的一些人管理。"九联""十联""部委联""经济联""法律联""文教联"六联和北京出版社(简称"六联一社")发起并举办了"京版秋季图书交易会",由"十联"的纪宏、杜跃珊,"九联"的张金元,"部委联"的苏德明、王菲和北京社的郑华等组成核心筹划小组,邀请6个联合体和北京地区的社科出版社参加。这个订货会又进入了一个新的阶段。

当时,我和王久安已经在中国出版工作者协会的经营管理工作委员会担任副主任兼秘书长,举办着北京图书订货会。他们不想把京版图书交易会纳入经营管理委员会的工作,以显示出版社自办的独立性。他们邀请我与王久安作为顾问参与京版秋季图书交易会的活动。

首届秋季京版图书交易会于1995年9月5日至8日在昆明举行,1996年第二届在成都、1997年第三届在庐山相继举办。到第三届,内容又有了扩展,除了订货之外,还发动参与的出版社向江西老区捐赠图书,第一次就捐了36万码洋的图书。我与时任新闻出版署发行司副司长艾立民、社科出版社社长郑文林和广播电视出版社副社长王炳臣4人,带车开赴江西于都,将36万码洋图书捐给了红军长征出发地于都县。

这一趟江西之行做了一件十分有意义的事情。于都举行完图书捐赠仪式后,我们一行4人在省新闻出版局副局长帅雨发同志的陪同下,到瑞金参观了中华苏维埃共和国旧址,当时发现,就在当时毛泽东主席和朱德、周恩来副主席办公楼对面的中央出版局的房屋塌漏得透了顶,里面原陈列的印刷设备、办公设备只能移出,房子成了废屋,而新华社、中国人民银行的旧址都修缮得非常漂亮,成为他们的传统教育基地。据了解,中央出版局的房屋失修主要是因为缺经费。那里的负责人告诉我们,修复中央出版局的房屋大约需要50万元。我和艾立民副司长当时就商定,这是新中国出版事业的发源地,是新中国出版事业的祖屋,回京后应该动员出版社捐赠,来修复中央出版局旧址。

回京后,我先向我们中国版协经营管理委员会的成员说了此事,大家一致认为这事该做。于是由我们经营管理委员会出面,请艾立民副司长也参加,召集了署直出版社联合体、社科十联、京版九联、中央部委联合体、法律八联、艺术八联、科技三十六联、科技十六联、中央文教十二联、北京大学出版社二十五联等11家联合体开会,动员中央出版社为修复苏维埃共和国中央出版局旧址捐款。在我介绍情况后,与会同志一致表示赞同。为把这件事脚踏实地做好,我建议以中央这些联合体会同中国版协经营管理委员会、江西省新闻出版局,一起向全国出版社发出捐款倡议书。大家一致同意,当场就宣读了倡议书。因发倡议单位众多,出版联合体没有印章,通过后决定用中国版协经营管理委员会和江西省新闻出版局两家的印章代为发倡议单位盖章,向全国发出倡议。

艾立民副司长向王俊国司长汇报此事后,王司长也很支持,正式向杨牧之副署长做了汇报。杨牧之副署长也很重视,与王俊国司长一起向新闻出版总署署长办公会做了汇报。署长办公会同意出版社联合发起资助募捐修复原中央出版局旧址的倡议,并责成于永湛、杨牧之两位副署长负责这件事。为此,专门成立了募捐修复瑞金中华苏维埃共和国中央出版局工作小组,拟订了募捐修复中央出版局实施方案。

这项募捐工作于1998年3月4日正式开始发动,中央和全国出版社积极响应,新闻出版署带头捐了10万元,大象出版社也捐了10万元,全国共140个单位出资捐赠共计645 700元。7月5日,在瑞金举行了捐款仪式,经营管理委员会副主任杨永源出席了仪式。中央出版局的修复工程于1999年如期竣工,并举行了修复典礼仪式,经营管理委员会派王久安前往出席了竣工典礼仪式。从此,新闻出版业在瑞金也有了自己的传统教育基地。

京版秋季图书交易会在策划第四届时,我已经任解放军文艺出版社副社长。中国青年出版社社长助理兼发行处处长徐迎新找到我,传达了"社科十联"社长会精神——"十联"社长形成意见,京版秋季图书交易会若要继续办下去,必须请我出来主持主办,不能再这样以几个发行部主任临时凑个班子办下去。我同王久安同志商量,还是把京版秋季图书交易会收归由经营管理委员会来主办比较好,把纪宏他们原来交易会组织班子的主要人员吸收为经营管理委员会的委员,可由他们几个推举两名同志担任经营管理委员会副秘书长;因北京出版社是北京市市属出版社,郑华不宜进经营管理委员会工作,可以参与京版订货会服务班子。

根据这个精神,经营管理委员会请副主任沈炳麟老先生出面与他们商谈,意见达成一致,除郑华外,纪宏、杜跃珊、苏德明、张金元吸收为经营管理委员会委员,并推举杜跃珊和苏德明担任经营管理委员会副秘书长。

在各地城市新华书店建立特约经销关系

在经营管理委员会的主持下，京版秋季图书交易会此后一年一次相继在贵州、内蒙古、重庆、桂林、长春、深圳、厦门等城市举办。2003 年的京版秋季图书交易会计划在太原举行，该年是太原市建城 2500 年纪念。为了给这个富有纪念意义的活动增添文化色彩，版协经管委和全国文艺图书出版社发行联合体联手拟于 5 月 15 日在太原举办京版和文艺图书订货会。这项活动得到了山西省新闻出版局和山西省新华书店集团的大力支持，招展工作、会议住宿、展场等一切工作全部就绪。然而，由于非典的肆虐，最后只能取消，成为一件令人遗憾的事情。

进入 21 世纪之后，我国图书进销合作形式已全面实行经销包退制，实际是寄销制，图书供货已不再订货，全都由出版社主发，订货已名存实亡，订货会的功能已经终结。因此，2003 年在重庆举行时便将名称改为百家名社名店联谊会，2004 年在深圳书城南山城举行时又更名为京版图书推荐会，2005 年在厦门与首届海峡两岸图书交易会、全国文艺出版社图书发行联合体订货会一起举行。此后我们决定，给京版图书交易会画上历史性句号，再搞就要犯劳民伤财的错误。

京版秋季图书交易会所走过的历程，就是一个不断创新、不断开拓、不断前进、不断成功的过程，即使终止，也是遵循规律，与时俱进。它记载了这一代发行人的工作历程和奋斗精神，也闪耀着当代出版人的思想与品质。

第三辑

诚之者，人之道

新时期出版人改革亲历丛书

做生意必须讲诚信

营销对 20 世纪的中国人来说,是个十分陌生的词汇。在 1985 年之前,这个字眼在中国的媒体上几乎见不到,因为那时中国的经济体制是计划经济。

计划经济也可以说是产品经济。计划经济是与市场经济相对应的概念,产品经济是与商品经济相对应的概念。市场经济(商品经济)是通过自发的市场调节,实现国民经济各部门、各地区和社会再生产各环节之间的经济联系。市场经济是以交换为目的的经济制度,生产的是为市场交换所需的一切商品,即在社会分工的条件下,通过相互交换满足不同所有者之间的需求而生产的劳动产品。计划经济(产品经济)是在生产资料公有制基础上,根据国民经济发展的客观要求,有计划地分配社会劳动,有计划地调节生产,是统一的计划领导和计划管理的经济制度。计划经济下的社会是个大企业、大工厂,每个生产单位只是其中的车间,不同行业的不同单位只是不同生产流程中的某个生产环节。各流程生产出来的产品最终交给政府,由政府部门按各方面的需求计划分配给社会的各部门,再由各个部门按计划分配给每一个人。

在计划经济制度下,可以说一切经济活动都是在计划的框架下进行的,生产按计划,产品流通按计划,产品分配按计划,那时候的国家计划委员会跟现如今的纪律检查委员会一样忙。全国虽然有商店,但销售都是按计划凭票证供应，即使是生活必需品也是按计划凭票证供应。那时我国只有产品，几乎没有商品。没有商品就没有经营，没有经营就无所谓营销。

1984 年 10 月，党的十二届三中全会通过了《关于经济体制改革的决定》，首次提出在公有制基础上施行有计划的商品经济的概念。《决定》明确指出，我国的社会主义经济是在公有制基础上的有计划的商品经济。在当时的历史条件下，这是相当大的突破，是对马克思主义政治经济学的一个重大发展，突破了把计划经济同商品经济对立起来的传统观点。这个提法为后来社会主义市场经济理论的提出做了铺垫。

可以说，我国的图书发行体制改革与经济体制改革是同步的。国家经济体制的变化对图书发行体制改革提出了客观要求。"一主三多一少"和"三放一联"的提出与实施，让图书名正言顺地以商品的属性进入市场调节。之前，图书早在计划经济体制时就以少有的商品之一进入市场，但我们的观念与实际管理却不把它当作商品，而看作是精神食粮和精神产品，商品经济的提出才使图书真正成为名副其实的商品。

"一主三多一少"方针的提出，是针对图书总发行权回归出版社而言。出版社开始自办总发行，其性质就由单纯生产型转入生产经营型。搞经营，不研究、不讲营销，那就只能停留在低级程度上做买卖。中国人对营销陌生，但"生意经"大家还是知道一些，说白了，营销学就是生意经。

我也许是受爷爷和父亲的影响。爷爷一辈子做牛生意，我们家乡这一行的人叫牛头，其实就是经纪人，做买牛人与卖牛人的中间人。买卖双方都到集市上碰面，北方叫集，我们宜兴叫落（luò），按农历逢二、五、八，或三、六、九，或一、四、七开市。小时候，我看爷爷每天奔忙于高塍、和桥、屺亭 3 个镇的集市。卖方要多少钱才肯卖，买方花多少钱才愿买，把底数都告诉我爷爷，爷爷就根据牛的岁口和实际状态，在心里确定一个公允价，再分别与双方协商。有时一次就成；有时也有碰上做事死板的，固执而不谦让，要反复协商几次,双方才认同成交;也有协商不成的,有一方特别固执,爷爷就不再浪费时间,让他们另找别家。

父亲是做小猪生意的。在我记忆中,浙江、安徽两地与我们宜兴交界相邻的农户只养肉猪,不养母猪,小猪崽都是我们江苏宜兴向他们供应的。父亲在中华人民共和国成立前就在镇上的猪行里当雇员,收购了小猪崽,数量多就雇人用船运送,数量少则用肩挑送往浙江长兴、安徽广德。我小时候常见母亲用最好的饭菜招待浙江、安徽生意上的客人朋友。

爷爷、父亲做了一辈子生意,留给我3个非常深的印象:一是只有别人欠他们的钱,他们从来没有欠过别人的钱。二是爷爷和父亲都有许多好朋友,父亲的朋友至今我都记得:丁蜀镇的朱定元,这是前往浙江长兴、安徽广德的必经之地,肩挑送小猪,都要在他那里住夜歇脚;高塍镇的沈银荣,与父亲兄弟一般,沈伯伯待我总像待自己的孩子一样,而他年老病重时不是儿女陪他、服侍他,是我父亲陪他3个月为他送终;还有浙江的汉山,他人高马大、腰圆膀粗,挑200多斤小猪行走如跑。家里有什么事,父亲的朋友都会帮忙。三是从没见爷爷和父亲跟别人吵过架。这些无形中在我心里成了家规祖训,为人处世要忠厚诚实。我的处世原则是"宁可人负我,我决不负人",就是受爷爷和父亲的影响。

到了解放军文艺出版社,在第一次新华书店总店举办的秦皇岛订货会上,我发现有的出版社把码洋大的订单悄悄地藏起来,不交给总店发行所,而拿回社里自己直发。我非常不接受这种做法,也看不起这样为人的人。人家总店花钱牵头组织订货会,图的就是中盘供货的两个折扣,你把大数拿走,人家还有什么利?所以总店的订货会成了沙锅子捣蒜——一锤子买卖,他们再没有组织这种订货会,据说办这次订货会赔了不少钱。

在订货会上,我也不接受那种说空话的业务人员,声嘶力竭地吆喝好书招徕书店业务人员,他们社的书每本书都是好书畅销书,人家问他写的是什么,他却什么都说不上来,让人家自己看,纯粹一个空吆喝,瞎忽悠,这种人怎么能做生意。

我新入行,当然无法去指责人家,但对这两种行为我给自己的手下讲了,我强调,发行图书就是卖书,你就是卖书郎,是做生意,做生意第一重要的是要讲诚信。做人不诚实,说话不讲信誉,本事再大,最终都做不好生意。

《礼记·大学》里说:"与国人交,止于信。"意思是说,与国民交往,起码要达到讲信义的前提。《礼记·中庸》里说:"诚者,天之道也;诚之者,人之道也。"又说:"诚者,物之终始,不诚无物。"意思是说,诚实守信,是天地的客观规律要求;使自己诚实守信,是做人的道德原则要求。诚实守信,是万物的终结和开始;要是不诚实守信,便什么东西都不能拥有。

古往今来,人们一直把诚信看作为人的基本道德,也作为人修身养性的基本内容,同时也作为与人交往、做人处事的基本原则。在市场经济高度发达、经济生活成为人们日常生活的中心事务的今天,更是如此。人要立名创业,先要讲诚信;企业要发展兴旺,必须讲诚信;行业要和谐繁荣,更要讲诚信。诚信对个人来说,是道德思想修养;对企业、行业来说,是立业的职业道德之本。

积极支持各地新华书店的订货会与书展

上海流行甲肝，别人不去咱去

1988 年，上海举办了第一个全国性订货会，是由上海出版社经营管理委员会举办的第二届上海图书交易会，这个会同时也叫"首届全国图书（上海）交易会"。这是上海出版界首次向全国开放，首次邀请全国的出版社到上海参加交易会的订货与展销活动，时间确定在 3 月 26 日至 4 月 4 日，这个会后来就成为现在的上海书展。

天有不测风云，人有旦夕祸福，突如其来的意外事情发生了，1 月，上海出现了流行性甲肝。

1987 年年底，江苏省启东县（现启东市）毛蚶大丰收。启东人民第一个想到的就是会享受美食的上海人民，其实他们更看重的是上海这个大市场。毛蚶一船接一船送进上海菜市场。谁也没料到，这好事竟会变成坏事。事前没有一个人注意到，启东近海水域，毛蚶密集积淀达到一米多厚，而那里的水域长期被城市粪便污染。上海人民怎么也没有想到，这味美的海鲜竟会给他们带来一场灾难。

先是 1987 年年底，上海多家医院看腹泻的病人突然增多，市卫生局局长王道民立即走访了好几家医院。上海的医院有一个比较好的制度：凡是患有腹泻的病人，看病时都要被查问并登记其可疑的饮食史及有无同时发病的患者。从登记中发现，绝大多数病人都吃过毛蚶。从流行病学的角度确认，是受到污染的毛蚶引起了痢疾流行。医院对病人粪便细菌培养得到的结果进一步证实了这个判断。痢疾是通过粪便传染的,这表明人们食用的毛蚶受到了粪便的污染,由毛蚶传播了菌痢。

医务人员的警惕性很高,立即想到这些毛蚶会不会传播甲肝? 因为邻近上海的江苏启东是甲肝高发区,在 1983 年,上海市居民曾有 4 万余人食用毛蚶后患上甲肝。菌痢的潜伏期短,可以在 24 小时内发病,但甲肝的潜伏期则是两周至一个半月。因此,由受污染毛蚶导致的菌痢流行后,有可能会有甲肝流行。王道民意识到,痢疾的流行也许是甲肝流行的先兆,上海很可能会在两周以后出现甲肝流行。

他们立即做了两件事:一是把毛蚶送检,检测其是否携带甲肝病毒;二是通知各家医院把床位逐步腾出,做好收住甲肝病人的准备。送检 1 个月后,毛蚶病毒检验报告出来了:有甲肝病毒颗粒。

1988 年 1 月 18 日,唐家湾医院来的最多的就是上吐下泻的病人,共 43 例。一天后,人数迅速上升,速度之快超出想象,达到 134 例。和唐家湾医院一样,上海的其他医院也有大量患者涌进,他们大多伴有身体发热、呕吐、厌食、乏力、脸色发黄等症状。这种病被证实是急性病毒性甲型肝炎(甲肝)。与乙肝主要通过血液途径传播不同,甲肝病毒主要通过饮食和饮用水传播,食用被污染的食物也可感染。感染甲肝后,症状主要有发热、恶心、呕吐、肝区痛、全身乏力、肝大等临床表现,可伴有黄疸症状。

上海人吃毛蚶的方法是:用开水把毛蚶泡一下,然后用硬币把壳撬开,在半生半熟的毛蚶肉上加点调料,味道特别鲜美。这种生食毛蚶的方法,就让毛蚶腮上所吸附的大量细菌和甲肝病毒轻而易举地经人的口腔侵入消化道及肝脏,导致疾病的发生。

患者人数急剧攀升,开始每天一两百例病人,接着三四百例,后来是每天一两千例。至 1 月底,每天新增的甲肝病人已上升到 1 万例左右,2 月 1 日那天,病人数量更是惊人地超过了 19 000 例。各家医院都有大量的病人涌进来，很多人天没亮就来排队等待诊治。有的怕传染家人，医院没有空床位就自带折叠床、被褥，来到医院后要求立即住院。在随后的短短 1 个月时间里，上海市区就有 30 多万人传染上了甲肝，大部分是青壮年，其中 11 人死亡。一时间，人们"谈肝色变"。那时的公共汽车站和公共食堂很少看到拥挤的情景，人们排队打饭或上车时会主动保持一定的距离；没人再敢吸别人递来的烟，递烟也被看作是不识时务的举动；小区里晒被子的人很多，而卖阳春面、豆浆、油条等的小吃摊都生意萧条，更多的人选择在家做饭吃，以尽量避免感染细菌的机会。

甲肝感染者超过 35 万人，死亡 47 人。这场突发的甲肝大流行，打乱了上海这座大都市的正常生活，政府发出一个口号，动员全市人民行动起来，打一场防治甲肝的人民战争。

一时间，兄弟省市对上海人和经上海来的人开始回避，认为上海人和经上海来的人就是甲肝病毒携带者，就是甲肝传播源。上海生产的食品被封存，上海运出的蔬菜被扣留，民航飞机上一些标有"上海生产"的食品，都会被乘客当作垃圾扔掉。上海人在外地住旅馆，迎接他们的往往是"客满"；上海人出差在外，上馆子吃饭，服务员连连谢绝；上海人到北京开会，会场要给他们单独划定区域。工作人员看见上海人，就好像看见甲肝病毒似的。

上海被扣上了"瘟疫"的帽子，没有人愿意到上海出差。

上海图书交易会迫在眉睫，在这种情况下派人到上海参加订货和展销活动，风险实在太大。与几家兄弟出版社联系，许多社的领导态度十分明确，不去参加，不能为了单位的生意拿员工的生命当儿戏。作为领导，这么想可以理解，谁敢让手下冒着感染甲肝的风险去为社里做业务呢？

我的态度也很明确，别人不去，我们一定去。手下要不愿意去，我一个人去。我是想，书业界的朋友彼此间不只是生意上的合作伙伴，我们是同一条战壕里的战友，要相互真诚支持，相互真诚关心，才会成为真正的朋友。

我们是军队出版社，应该有部队的战斗作风，一点传染病算得了什么，只要我们不去吃毛蚶，不去接触患者，生活上注意，不可能出现问题。再说，我们要讲信誉，既然已经报名参加，上海方面也决定如期举行活动，我们就得去。什么叫朋友，朋友就是在他最困难的时候给予最大的支持。另外，上海是我国的大都市，发生这种传染病，肯定会采取科学有效的措施控制病情扩散，这么大的活动，肯定要报市政府批准，既然组织者决定仍然如期举行活动，他们肯定会有相应的保障措施，要不然我们这么多新书怎么推向市场？

决心已下，我决定亲自去上海参加他们的交易会。发行统计顾晶没去过上海，她愿意跟我一起去，这很好，我就带着小顾乘火车前往上海，参加了上海的图书交易会。

上海对这次交易会和书展十分重视，他们在邀请出版社和书店参展方面下了功夫。全国到会的出版社 130 多家，书店 300 多家，规模超过了我们在北京劳动人民文化宫举行的全国图书交易会。上海举办方对展场、住宿宾馆和就餐都做了精心安排，餐饮严格实行分餐，要求参会人员不要随意到街上饭店、餐馆吃东西。这不用他们说，上海城隍庙的小吃全国有名，我们都不敢前去享用。甲肝倒没给我带来什么麻烦，夜里睡觉我却遭了 3 夜的罪。与我一个房间的书业朋友打呼噜水平实在太高，各种睡姿都能打出接近超驴叫水平的呼噜，搞得我彻夜难以入眠。没办法，我只好天天抱着被子到房间外大厅的沙发上打盹，3 夜下来，我的两眼充满血丝。

上海出版界的同人对我们参会支持表示真诚的感谢，我们成了知心朋友，建立了密切关系，为后来北京图书订货会的合作支持打下了良好的基础。

会场与展场虽然比往常显得冷清萧条，但出版社、书店之间少了许多以往那样的应酬，谈起生意来倒不必那么急促而匆忙，反而一家一家、一本书一本书商谈得十分细致。我们带去的重点新书《性格·智力·情爱》订得非常好，还有《志愿军战俘纪实》《南京大屠杀》《兴安岭大山火》《人体秘语》，再有西村寿行的《不归的复仇者》，特别是黎汝清的长篇小说《皖南事变》，我们做了重点宣传。责任编辑项小米对这部作品很重视，她认为这是黎汝清最好的长篇小说。她4次读书稿，4次与作者商讨，让作者四易其稿，希望他这部作品有新的突破，倾注了一个年轻编辑对老作家的作品的一腔热情，体现了编辑对文学的真诚和对作者作品的负责与尊重。但作者有点疲惫，再改下去的决心不大，他想先拿到上海《小说界》发表。当时我社同意先在杂志发表，但要求不能给其他出版社出书，不能一稿两投。可作者没有完全信守合同，等于一稿两投。不仅杂志发表，上海一家出版社也先我们出版图书并投放了市场。当时我国还没有加入伯尔尼公约，版权意识还没有那么强，我们也没为这事与作者和出版社多计较，睁一只眼闭一只眼就过去了。但上海的版本是未改定稿，我们社的版本是在责编的协助下又进行了一次修改的，比上海的版本要多10万字。凑巧我们社的展位与这家出版社的展位紧挨着，我就想让市场来检验，功夫是不是会负有心人。我向书店的朋友重点介绍了我社的《皖南事变》的特点在哪里，效果非常不错，开机印5万册，没有给我们增加库存。我们在会上共计拿到了码洋35万元的订单，收获很不小。

上海之行，除了给上海出版界同人以支持、表现我们社讲诚信、获得良好的订货效果外，还有一个很大的收获——我们在上海建了一个非常好的军事图书发行点。

事情是上海《书讯报》的桑静老师牵的线。上海警备区在延安路办了一家军事书店，《书讯报》参与支持，经理是刚退休的警备区政治部宣传处长毕高明，他们很想得到军队出版社的支持。在交易会上我们见了面，之后我与解放军出版社的杨副社长一起去了军事书店，发现地段非常好，而且是部队办的军事专业书店，是我们平常想建点都找不着的好的合作单位。

我们当场与毕经理谈,我们两个社一定会把上海军事书店当作自己的窗口来支持,我们的书会全品种供货,可以按寄销的办法定期结算,定期退货或换货,让他们享受特约经销店的优惠折扣。同时,希望他们除了门店对社会开放销售外,还能想办法把书店的业务直接延伸到部队去,为我们两社开展部队图书馆代征订和为部队代购图书的业务。毕经理也非常高兴,在书店挂上我们两社特约经销的招牌,为我们两社在门店里设专柜全品种展示。这是事先没有想到的收获,这无论对我社图书在上海社会和部队的销售,还是对上海军事书店的建设,都是有益的。

此后,我们的合作关系越来越密切。桑静老师从《书讯报》退休后,也到军事书店工作,每年她都与毕高明经理参加首都图书交易会。军事书店也越办越好,以至到现在仍是上海一家有特色的专业书店,一直在为军地读者服务。

诚实守信是最强的公关能力

参加完上海图书交易会,与上海军事书店商定好合作计划,我便带着顾晶转道去了郑州。郑州要举办第一届中原书市,时间与上海图书交易会正好衔接,我们就直接从上海乘火车到了郑州。

这也是我的第一次郑州之行,我对郑州乃至河南了解甚少,好在书市安排接站,下了火车就直接随接站车到了宾馆,记得是住省政府的招待所。那时中国还不那么富裕,普通的招待所房间,餐厅和大食堂一个样。

省里对这届书市相当重视。书市由省新闻出版局联合省新华书店与出版社共同举办,有销售和看样订货两项大活动。我们主要参加订货活动,销售由郑州市新华书店统一组织,之前他们已经到北京进了货。

参加中原书市的出版社比上海还多,有 167 家;书店比上海交易会少,只有 172 家。有相当一部分出版社和书店也是直接从上海来到郑州。订货会一共 3 天,我们白天盯摊介绍推荐图书,与书店洽谈订货业务,晚上吃过晚饭复核收回的订单。

每天复核订单是必须做的工作,一是计算一下每张订单的码洋,大会要统计,我们自己也要掌握;二是查看订货单位的信息是否齐全,包括单位名称、详细地址、邮政编码、发货到站,更重要的是开户银行、账号是否齐全。那时候出版社与新华书店的业务交易是订货经销不退货,订单就等同于协议,确定订货后就发货,发货一两个月就收款。当时工商银行对书业还没有反感和歧视，与其他行业一样，接受卖方委托划收。因此，订单上的开户银行与账号绝对不能少，也不能错，少了错了，这张订单就是废单。所以每天晚上我们顾不上休息，先得复核当天收回的订单，一旦发现信息差错、缺项，第二天赶紧找书店补上。

我复核订单比一般人要多一项注意，不只是简单地算个码洋，查看一下信息，我要看这个书店的订货情况，他们订了我们哪些书，订量是多少。我认为有不合适的，会挑出放一边，待第二天到会上遇到他们时再做商量。

那是订货的第二天，收到的订单比较多，我们两个复核完订单都快晚上九点了。我拿上我挑出的订单，对顾晶说，咱们得去找一找江西上饶市店的马经理。顾晶问，有急事啊，明天到那会上找不行吗？我说，明天是最后一天订货，会有很多事要做，还是趁晚上去找他一下好。

我们先到大会接待处查到马经理住的房号，他叫马致远，与元代写《天净沙·秋思》"枯藤老树昏鸦，小桥流水人家，古道西风瘦马。夕阳西下，断肠人在天涯"的著名诗人同名同姓。

我们找到马经理的房间已经九点多了，我轻轻地敲了敲门。一会儿，马经理开了门，他已经洗完澡，准备边看电视边休息了。之前我们并不熟悉，他问有什么事。我说我们是解放军文艺（昆仑）出版社的。他反应很快，说你们的货我已经订了，订了不少，单子已经交给你们啦。我说，我就是为了订单的事来打扰你的。马经理有点不解，问，订单怎么啦？我说，我看了你们的订单，觉得订得不太合适，所以特意来打扰你。他更不解了，不合适？嫌订少了？我说，不是，不是订少了，是订多了。他有点莫名其妙地看着我，看我们似乎很执意，他就请我们进了他的房间。进房间后，我拿出订单，把我的意见说给他听。我说，你看，《南京大屠杀》你们订了500册，这个订数若是南京市新华书店，远远不够，他们可以订5000册。但是，你们上饶市不是事件发生地，也不是大城市店，是地区店，500册就多了。他问，你觉得订多少合适。我说,我觉得订200册就可以了。

马经理这时才真正明白我的来意,十分感激地说,那赶紧改过来。我让他自己把500册改成了200册。

改完后,我说,马经理,这种书是订多了,销不出就成库存占用你们的周转资金,但是我们还有几本好书你们没有订。马经理有点信任我了,问什么书没订。

我就向他介绍了《性格·智力·情爱》,建议他们订200册;又重点介绍了《皖南事变》,这个事件全国人民都知道,会有人关注,建议他们店订100册;还有《志愿军战俘纪实》影响很大,我国对那些热爱祖国、浴血奋战的战俘的不公正待遇值得反思,建议他们订200册……

马经理觉得我说得有道理,都一一填了订数。这样我主动要求减少了300册书,却又添了800册没订的书。我对马经理说,不是书店订我们的货越多越好,订多了卖不出去,增加你们的库存,占用你们的资金,影响你们的利润,也影响我们出版社的声誉。我们对自己出的书比你们了解,所以我们要实话实说,实事求是,尽量让书店下订数做到适量,这样我们才能双赢。

马经理一点没有因我们的打搅而不高兴。改好订单,我们立即告辞,马经理把我们送出屋子。我说咱们已经有联系方式,有什么问题可随时电话联系,我们就这样交上了朋友。

在回住处的路上我对小顾说,出版社和新华书店做生意,不是一次性买卖,而是长久的合作,做生意必须先交朋友,交朋友必须真诚守信,真诚守信才能交上真正的朋友。朋友多了,就有了渠道,大凡渠道都需要维护,不维护就会干涸、断裂、堵塞。我们与书店之间的渠道靠什么维护?靠服务与诚信,这是维护发行渠道的根本。最强的公关能力不是同人家耍嘴皮子,而是实事求是,真诚相待。

来年在首都图书交易会上,马经理带着业务科长和业务员,一进展厅就找我，找到我像见了久别的老朋友一样兴奋喜悦。他说，你给我推荐订的那些书全都卖掉了，一本都没剩。今年你们社有什么新书好书，我不看了，你给我们添吧。

我知道他说的是真心话，我也就没把他当外人，像自己人一样帮他填订了我们社的新书。他还让我帮他推荐其他社的书。我当然不能信口雌黄，只能把我知道而且有把握的兄弟社的好书告诉他，他高高兴兴地领着业务人员去了其他出版社的展位。

从此，我们成了好朋友，每次订货会他都会来找我，让我给他推荐这届订货会的畅销书。诚实守信是最强的公关能力，这绝不是一句即兴冲动的空话，这是我搞图书发行工作多年的真切体会。

越是好朋友越不能透过

西安天德书屋的左军，在图书发行界也是小有名气的人物。在民营书业中，他是西北的大腕级人物。他与山西太原的靳小文、甘肃兰州的文群，从毛头小伙时就开始从事图书发行工作。他们志趣相投，所见略同，为人同道，所以他们在业界的朋友也是共有共享的，我称他们是西北书界的"三剑客"。

左军创办经营的天德书屋，最红火的时候，在西安有 7 个分店。后来他做少儿图书。现在市场不好做，他又转入了卡通。

我们之间的友谊与交情，可以说是打出来的。

20 世纪 80 年代中期，他刚踏入书业时，在西安的轻工书店张煜那里做业务主管。因张煜原来在西安轻工部门工作，他下海办店就想办个轻工书店，挂靠到中国轻工出版社名下，算是中国轻工出版社在西安的一个窗口。张煜为人很坦诚，做事实在，我们一见如故，很快就成了朋友，那时我们的畅销书在西安市场几乎都由他一家包发。

那年我们出版了《红墙内外——毛泽东生活实录》，首印 20 万册，就是在西安"九联"订货会上首发。西安这边，我们仍然让轻工书店独家包发，当时我和张煜商定首发 1 万册。

在西安订货会上，左军也见了我。他已经离开轻工书店自立门户，创办了天德书屋。我很理解他，他是有理想有追求的人。他也想要发这本书。我对他做了解释，都是朋友，给张煜、给他都可以，都信得过。但事情总有个先后，跟张煜已经打交道几年，畅销书突然不给他而给左军，无论从道义还是情面上，都说不过去。我让他慢慢来。

当时畅销书的发行方式都是找一家信得过的批发店独家包销当地。出版社对书店的要求是数量，既然是独家，一定要有保证覆盖当地市场的数量；书店对出版社的要求是全国同时发货，必须保证当地独家批发。为什么特别强调独家？20世纪80年代末90年代初，各地的图书批发市场基本集中在一个城市的一条街，比如湖南长沙的黄泥街，四川成都的西玉龙街、忠烈寺街，上海的文庙，西安的西七路等，若两家在同一城市同一条街批发同一种书，容易引发折扣战。为了争夺客户，抢占市场，增大批发量，你70%折扣批，我68%折扣批；你68%折扣批，我66%批。这么打乱仗，一本书就能把批发市场秩序搞乱，小店小摊自然是多赚一个是一个，专等着你降折扣再拿货。这样不仅直接损害当地批发书店的利益，而且会波及出版社的利益。这么打折扣战不仅批发量上不去，反而会影响销售量；搞来搞去出版社就丧失了依靠的渠道，批发书店没信心包发，也无法包发，只能大家进一点试试。所以双方都愿意搞独家包销。

《红墙内外——毛泽东的生活实录》统一快件发货后，第二天张煜就打来电话，说西安已经有人在批发这本书。我不相信，告诉他，西安绝对没发第二家，而且全国是统一快件发货，相互调拨也不会这么快。我问他是哪个店在批发这本书。他说是左军。

我非常生气，左军怎么能这么干呢？大家都是朋友，而且你在张煜那里一块儿共过事，你与我们也是朋友，为了一点蝇头小利就不要朋友啦？那时还没有手机，打长途也不是那么容易。我只能告诉张煜，这事我来查问一下。同时劝他，不要着急，左军即使有书也不会多，可能是他新开店，想用畅销书撑撑门面，几个小时就过去了，你该怎么批发还怎么批发，不用管他，有问题及时反馈。

果不然,左军是通过北京的朋友拿了几百本书,表示全国的畅销书我店都有。为这,我还是很不高兴,朋友之间,怎么能做这种事。我停下手里的活,特意亲笔给他写了一封长信,以兄长的身份,与他进行了一次长谈。信我没有复印保留,说的核心意思是,假如你对书业只是一时兴趣,做一做玩,显示一下自己的某种能力,你可以随心所欲地做,可以置着气做,可以不顾周围人感受去做,可以不计后果去做,做好了,做坏了,做砸了,无所谓,因为你只是玩而已,爱怎么做就怎么做。假如你有志于书业,想把它作为自己追求的一项事业来做,就应该立长志,不是做一件或做一次痛快的事,而是要打算做一辈子。

把自己从事的事当事业来做,就必须真诚以待,诚实守信是根本。这就不能凭意气行事,更不能见利忘义做损害别人的事,多行不义必自毙。何况你做的这事有悖于人之常情,你原来在轻工书店与张煜共过事,他是老板,是你的师傅。中国的传统美德是一日为师终身为父,滴水之恩当涌泉相报,你却以怨报德,这实在不应该。这样,不仅伤了张煜的感情,也让我们很不高兴,为一点小利伤害朋友,值得吗?

信的另一层意思是,说他还年轻,我写这封信是把他当作朋友才这么说这么写,假如不把他当朋友,我就不写不说了。希望他自重。

事情虽然对轻工书店这笔业务没造成多大冲击,但发生了这种事,尤其是朋友之间发生这种事,还是令人很不愉快。

我每年都在组织北京图书订货会,左军也每次都来参加订货会,但他有两年没见我。后来轻工书店还是关门转了行,张煜做书毕竟还是外行,当初搞得好,与左军在他那里做业务有直接关系。两年后,左军又见了我,依旧是好朋友。他当时离开轻工书店独立办店,就是因为自己有追求有理想,不甘跟着别人混日子,于是他冒着风险,白手起家,创办了天德书屋。

　　以天德为店名，他是用了心思的。何谓天德？我理解，天德即天道，"天行有常，不为尧存，不为桀亡"，这就是天道。就是说，天道运行有它自身恒久不变的规律，它并不因为唐尧圣明才存在，也不会因为夏桀残暴而消亡。不管是恶是善，也不论是美是丑，老天都不偏不倚，不亲不疏，顺其自然，一视同仁。有了这份心态，事业才得以长久延续发展。

　　他在实践中成熟了。他和靳小文、文群每次参加订货会，都是一头扎在展场，社科、文学艺术、少儿出版社他们一个都不放过，总是一个社一个社、一个展位一个展位地看样书，商量订数。四五天订货会，他们忙到顾不得吃饭，顾不得会朋友，全部精力都用在选书订书上。正由于有了这份用心，有了这股拼劲，他们才坚持下来，他们才不畏艰难、不避风险、不懈努力、不断创新，他们才三十年如一日，把自己的店做成当地最好、最有代表性的书店，我们也成为终身的朋友。每次到西安，我们总要在一起喝杯小酒。他不领我去什么豪华酒店，而总是要带我一起去品尝最地道的西安小吃。吃小吃，喝酒不是主要，主要的是叙友情。我要了解他的情况，他要了解书业界的情况，我们总有说不完的话，讲不完的事。

经营不是把书推销出去就万事大吉

我并不认识广州的伍纶杰，是武汉的罗元介绍他来北京找我的。

1989 年，我们社出版了记述彭德怀命运的《国防部长浮沉记》，罗元给我打电话，说广州有个书店朋友，想在广东独家包销《国防部长浮沉记》。我问他打算包多少。罗元说，可能是两万册，因为那人不认识你，所以请我帮忙介绍，若可以，他直接来北京见你，此人叫伍纶杰。我说可以来谈，但一个提前是，因为没有打过交道，这么一笔不小的生意，你罗元也担保不了，必须款到发货。

伍纶杰的书店在广州并没有什么名气，他是广州一个艺术团体的工作人员下海搞的书店，我不认识他，也没有过业务往来。要包销两万册书，我们欢迎，但就凭罗元一个电话介绍，包销这么大量的书，这事还得谨慎从事。

伍纶杰带着妻子一起来到我社，双方把情况介绍后，我同意他独家包销，也可以快件发货，但做生意不能感情用事，第一次交往，必须款到才能发货，希望他理解。他提出先付一半款，收货后再打其余一半款。我没有同意。我看他先打全款有一定困难，于是劝他减数，包销 1 万册，我们同样保证广东他是独家包销，这样对双方都比较合适。他与妻子商量，还是决心要包两万册。我理解，新店开张，他想用畅销书打开市场。

他又提出，先预付 3000 元发货行不行？因为他们带的银行卡上只有

3000元。当时我的工资也就200多元钱,还是第一次见到银行卡,看样子他们是有点钱。但做生意不能想当然,预付3000元签协议可以,我们做发货准备,但书必须付全款后才能发货。他说,他明天回广州就汇款,让我们赶紧报站做发货准备。意见一致后,双方签了协议。考虑到他们路途上要开销,我没有要他预付书款,让他回广州后再一次性汇款。

我们这边立即通知库房打包,同时向北京站报发货计划,做发货准备。他回广州第二天就打电话告诉款已电汇,并且发来了汇款凭证的传真。按正常情况,接到汇款传真凭证,账号准确无误,可以确认对方已付款,发货计划也已经批准,可以上站发货。但我还是告诫自己谨慎为好,考虑到是初次打交道,更不知道罗元与他熟悉到什么程度。我让负责发货的王晓笛还是等一下,待书款到账后再上站发货。

按说电汇最多48小时款就应该到账,但第三天,财务告诉我款没有到账。伍纶杰一天两次电话催着发货,我明确告诉款不到账不能上站。结果三天过去款没到账,不知是什么原因,已经批准的发运计划只好作废。对方再来电话催促时,我如实向他说明情况,请他到银行查询,会不会是银行手续或其他方面出了差错。其实,我这么说只是替他找一个理由做解释,传真的电汇凭证我看了,户名、开户银行、账号都没有问题,问题还是在他们那边,不好猜测究竟是什么原因,以往业内有过电汇办手续后,数小时内可以更改。我无法判断是伍纶杰做了手脚,还是银行的原因,我让他自己去查核是尊重他。

一周之后,书款重新汇出并如期到账,我们立即快件将货发出。

书发出后,我特意给伍纶杰打了电话,告诉他货已发出,提货单也传真给他,请他及时与车站联系取货。我还告诉他,生意已经做了,我们不会把书发出就撒手不管,有需要我们在广州配合的,我们能做的尽力做,有什么情况及时联系。说不清什么原因,我预感这两万册书他会有困难。

果然,一个多月之后,伍纶杰给我来了电话,说书有积压,能不能退一部分货。我问他积压多少。他说5000册左右。我说货款已经结清,我们社目前还有库存,货不好退,但我可以想办法联系外地朋友,尽量帮你调拨外地一部分,书款由外地朋友与他直接结算,出版社不再插手。

有协约在先,我们与他的生意已经结束,本可以不管,存货由他自己解决是顺理成章的事。但社店合作应该相互体谅、相互帮助,我们在这笔生意上,让对方承担的风险确实很大,书款一次付清,而且数量较大,他有困难理当尽力帮助。

我当即与各地朋友联系,四川、武汉、上海、杭州、西安等地都不缺货,都还有一定库存。最后我找到了福州仓山书局的金能仁经理,他们专门在《中国青年报》做广告搞全国邮购,单本量做得相当可观,比较畅销的书一般都会有两三千册,多的有四五千册。我社的《国防部长浮沉记》他们没有进货,因为他们还没做广告。

老金很爽快,听我说明情况并请他帮忙后,他当即答应,他们正好要在《中国青年报》上做一期征订。按说他完全可以先要样书,征订后根据征订数再要书。但他看我的面子,听我介绍后,觉得这书会有一定的量,就不等征订,一口答应帮忙解决3000册。我非常感激,告诉他调拨的方法,书款由他们与广州伍纶杰直接结算,折扣按我社给仓山书局的折扣计算。谈妥后,我通知了广州的伍纶杰。他没想到我会这么负责地帮他联系调货,十分感谢。他说,这样就帮他解决了大问题,剩下的一两千册,他在广东能够解决。

这事就皆大欢喜地解决了。几方配合,各得其所,做了生意,也交了朋友,增进了友谊。这可能对每个人来说,都会成为难忘的往事。

中国书业的中国特色

社会主义在中国进行到改革开放时期进入了一个新的阶段,这个阶段有了一个新的定语,叫中国特色。强调中国特色没有什么不对,说白一点,强调中国特色实际是强调因地制宜,这是尊重客观、尊重规律的进步。我国几十年的社会主义建设,许多时候不重视也不讲因地制宜,不尊重客观规律,照搬教条的时候多,主观冒进的时候也不少,这个口号是总结众多教训后提出来的。

国家建设强调中国特色、强调因地制宜,那么出版业自然也不例外。就我国图书发行体制而言,"一主三多一少"和"三放一联"改革方针的制定与实施,就是强调中国特色、强调因地制宜的体现。

中国的图书市场与外国的图书市场有诸多不一样,前面说的"两多、两散、两难"是就地理环境、机构、流通方式来说的,从书业机制与实际经营情况来说,也有与外国很不一样的地方。

我国的出版社是审批制而不是登记制,出版社的整体数量并不多,但转企之前,都是全民所有制事业单位,每个社的规模虽不一,但都"五脏齐全",不像外国和港台地区,一个家庭、两三个同人都可以注册一个出版社,今天高兴了注册办社,明天不高兴了说关门就关了,这在中国大陆是不可思议的事情。中国大陆办出版社是审批制,真正拥有出版权的出版社都必须经过国家主管部门批准方能成立,而且都是全民所有制事业单位,转企后也是全民所有制企业。出版社总体数量严格控制,对于中央各部委、全国性社团组织,原则上控制一部委一团体办一社一报一刊,改革开放初的1979年,全国出版社只有170多家,到现在也只有570家左右。中国大陆出版社数量不多,但出书量却是世界第一,近几年来每年出书都在40万种以上,一直占世界出书量的约十分之一。出书量多,质量却平平,有价值的精品、经典、畅销图书占的比例小得可怜;编校、装帧质量也平平,"无错不成书"是中国读者对中国大陆出版业的评价。

再说书店,改革开放之前,中国大陆的图书经营基本是唯新华书店一家,别无分店。1982年"一主三多一少"提出之后,才逐步有专业书店、集体书店、个体书店建立。但因有了那个"一主"的方针,新华书店成了主要发行渠道,那么新华书店之外的其他书店就都成了次要渠道。因而中国大陆出现独具特色的称呼:主渠道与二渠道。在政策上(包括批发权、销售权)两者是有差异的,不是所有书店都一视同仁,享受的也不是同等权利,说垄断也好、不平等也好、不公正也好,这是历史客观现实。

从20世纪80年代末开始的实际市场表现又是如何呢?

当时在出版社发行人员中流行这样的说法:长(常)销书靠新华书店主渠道,确保全品种图书进入市场不断线;畅销书靠民营书店二渠道,让单品种图书覆盖整个市场实现最大销售量。

为什么新华书店不能把畅销书的发行量做大呢?这是由体制和书店的机制决定的。

体制是国家决定的。新华书店是事业单位,员工端的是铁饭碗,坐的是铁交椅,得的是铁工资,这"三铁"旱涝保收,十分稳定;正因为是"铁",所以就牢固。牢固有它的好处,稳定,饭碗端到手,不用担心会摔破,但也有它的弊端,稳定是稳定,太稳定了就很"死",铁板一块,平均主义。铁板一块,也可以说是死板一块,难有活力。铁板、死板,那是国家的事,国家愿意这个样,谁也没办法,反正穷,大家都穷,公平;公平,心里就没有不平衡,就能自我安慰,心理平衡。

机制是单位决定的。虽是铁的单位体制,但如果机制能搞活,也还能出现不同的状况。只是事业单位的领导是有官衔级别的,他们首先考虑的是自己的前途命运待遇,先要保证不出事,保住自己的"乌纱帽",再考虑如何创造业绩寻找提拔升迁的机会。通常流行的当官之道是:不求有功,但求无过;不作为没有事,多作为多出事;不出事可以论资排辈,一出事组织对你否决就有理由依据。所以,冲锋陷阵、大刀阔斧主动去改革的人不是没有,却很少,因为改革势必要破旧立新、推陈出新,旧的就要被破被废,这样容易得罪人,往往得不到好结果。所以,一般领导都是随大流,领导不创新改革,员工就跟着领导吃大锅饭。大锅饭吃不好,但饿不死,好不好大家一样,就心安理得。于是,这个系统各单位的基本状况是"多干少干一个样,干好干坏一个样,干与不干一个样",一切都"活"不起来。这种大锅饭机制,单位经营好坏与本人关系不是很大,赚再多钱也不能分,至多拿点奖金;亏了赔了,个人却要承担责任。这样就迫使员工宁可做少做小,也不要做多做大担风险。

20世纪80年代末,是我国图书批发搞得最红火的时候,但很少见新华书店向哪个出版社一种书一次订一两万册的,都是几十册、几百册,上千册就相当惊人了。

所以,出版社与新华书店做生意不叫做生意,叫工作,一切都是公事公办。客观上新华书店有几十年的历史,一直是在系统组织下经营,业务科负责订货进货,再给基层书店配货、供货、转货,几乎没有批发,也根本不和书贩、书摊这些个体经营者打交道。门店只顾销售,销得了就销,销不了就回库房存着,反正也不影响个人工资。后来发现二渠道批发量很大,新华书店才逐步建起批发书店,但体制所限,"活"不起来,批发市场几乎让二渠道抢占。

二渠道因为是个人开店或承包经营,个人投资,个人经营,个人担风险,个人得收益,经营得好坏与他们自己的生存有直接关系。他们想得更多的是风险与利润,没那么多传统要继承,没那么多清规戒律的约束,也没太多的义务要承担,只要在政策许可的范围内,只要有利,怎么能赚钱怎么干,怎么能做大怎么干。他们的批发折扣也活,长期客户与新客户不一样,一次进多进少不一样,现款与赊账不一样。有的畅销书一天就能批出一万册,还有的畅销杂志都有提前收款预订。所以,他们看准了的畅销书,就一万册、两万册地独家包发。

但是,二渠道毕竟没有组织,没有系统,一盘散沙,尤其是个体书店,水浑人杂,资金也不雄厚,经营风险很大。生意红火了能守信,生意萧条或经营失败了,人走店关,书款就成了呆账、死账、烂账。

这就是中国图书发行两个渠道的现状:依靠新华书店主渠道,却不能依赖;扶植民营书店二渠道,却不能信赖。

面对这种现状,作为总发行的出版社怎么办? 常言道,一个篱笆三个桩,一个好汉三个帮。无论是主渠道还是二渠道,我都要依靠;国家的政策虽然有区别,但在我这里都是朋友。无论新华书店还是民营书业,进入 20世纪 80 年代,他们都面临着新体制、新格局、新业态的挑战。新华书店在进行旧体制、旧机制的改革,新体制、新机制的组建;民营书店则是从无到有,白手起家,艰苦创业。我对他们一视同仁。

对新华书店,我抱的是求助心态,从意识到经营我完全依靠他们,尽我所能,配合他们、支持他们。对二渠道,我抱的是帮助心态,他们面临的困难与出版社自办发行的经营与渠道开拓有某些相似,我能体会到他们的艰辛和艰难,真诚地尽力关心他们、体谅他们、支持他们。倒不是我站得有多高,看得有多远,也不是我胸怀有多宽广,而是我在实际工作中感受到,出版社搞自办发行离不开这两个渠道,出版社的长销书要新华书店去征订,去铺设全国的网点,只有他们才能让全品种图书进入市场,进入全国的各类图书馆;出版社的畅销书要依靠二渠道扩大发行量,创造市场奇迹,实现最大销售量。在"求助"与"帮助"两种心态的作用下,在与这两个渠道的合作、交往中,我结交了许多朋友,结下了深厚的友谊与情义,留下了许多难忘的美好回忆。

新华书店是靠山，干工作做生意都得先交朋友

说起来，出版社与新华书店当时都是事业单位，社店之间的业务是单位与单位之间的生意，与个人没有多少直接利益关系。但是，单位的生意是双方的业务人员做的，是由双方各自分工的具体的人在做，与书店的交往，对个人来说是工作，对单位来说还是生意。生意做大做小，经营搞好搞坏，与这些具体的人之间的相互关系有直接联系。所以，单位的生意要做好，也得先认识人，先交朋友。

国家明文规定新华书店为全国图书发行的主要渠道，这不是凭空想象，也不是某个领导的主观意志，是历史和实际功能所形成的。新华书店有悠久的历史，于1937年诞生在延安清凉山万佛洞两个窑洞中，毛泽东主席亲自为新华书店题写店名，而且题了3次，两次"新华书店"，一次"新华书店总店"。这个题名一直沿用至今。

新华书店有一套实行了几十年的管理制度与经营制度，有一大批经营经验丰富的人才，有遍布全国各县的市场体系，而且各地都在本地闹市最好的地段建有门市店面，还有良好的信誉与结算诚信，把新华书店作为图书发行的主要渠道是必然的，除此，再没有能与之相竞争的渠道，即使国家没有这一明文规定，各出版社也会自觉地依靠新华书店这个渠道，也会自发地这么做。

我从事图书发行工作这些年，依靠新华书店主渠道这一点从来没有动摇过。我在书业界交朋友，也是先从新华书店开始。

上海市新华书店的朋友结识最早

京外新华书店,我最早接触、业务量做得最大的是上海市新华书店。从他们的老供应科科长张金福、申屠杰开始,到之后的蔡国成、薛苇、王秋海、李启成、袁芳,几茬人更替,关系一直持久地保持,而且十分融洽,情义很深。上海市新华书店的业务工作具体体现在南京东路新华书店,从他们的老经理陈致远、张金福到陈木林,还有业务科科长王成龙,大家都是好哥们。

记得 1990 年第三届全国书市由上海市新华书店承办,而前两届都是在北京办,这是全国书市首次走出北京到外地举办。在上海办全国书市,南京东路新华书店是核心主角,上海市店及其供应科领导和带着南京东路新华书店的陈木林、王成龙一帮领导和业务人员提前赶到北京订货。为了确保书市货源,把最新最好的图书投放书市,王成龙先后 4 次带业务人员来京订货添货。我们"九联"积极协助配合,热情接待,帮他们安排工作计划。为了既节省时间,又能达到良好选货订货的效果,便以联合体形式分别进行订货。"京版九联""社科十联""中央科技联""艺术八联",仅北京,王成龙就下笔为书市订了码洋500 多万元的图书,为书市准备了充足的货源。

上海人做事精细、扎实、周到,每一家出版社的书都是精心挑选。那一年,我社的选题比较丰富,有王宏甲的《无极之路》、洪学智的《抗美援朝战争回忆》,有《缅甸,中日大角逐》《秘密出兵亚热丛林》《八十年代十大战争》《将师落难记》《神农架之野》等一批纪实文学新书,还有周涛的新诗集《稀世之鸟》和马丽华的长篇散文《藏北游历》,仅我们解放军文艺出版社,他们就订了码洋20多万元的书。

上海搞活动策划非常精心:形式多样、内容别致、新颖多彩、意识超前、媒体配合积极，这方面其他地方只有学的份。在这届书市上，我们社搞了《无极之路》的作品研讨会和作者现场签名售书。我们刚到宾馆住下，《文学报》的记者就赶来找作者做专题采访，第二天就以整版的篇幅见报。书市的展销厅设有有线广播，可现场向读者推荐新书。我记得推荐《无极之路》的广播稿我是这么写的："亲爱的读者，《无极之路》这部书，书名和装帧不太惹人注意，请您在解放军文艺（昆仑）出版社的展架前稍留步，只要您用几分钟时间看上两页，你肯定再放不下这本书……"播音员的推荐在展厅里反复广播数遍，我们社的展架前马上就涌满了人。

　　外地人都说上海人生活精细，饮食特讲究品位与味道，请客都是小碟子小碗，不喜欢铺张，外地人适应不了这讲究。但王成龙却有北方人的豪爽，他不只身材高大魁梧长得像北方人，交朋友也是如此。上海人很少请朋友到家里做客，一般也都是出版社请书店的客，王成龙却专门在家里设宴招待过我们这些出版社的朋友。让我印象很深的是，嫂子做了一桌美味可口的菜，而且都是大盘子大碗，十几个菜摆了满满一桌子，我和王磊几个酒喝得要醉了，菜也吃得撑了。

　　直到上海新华书店集团成立，我与哈九如、陈木林、李斌勇、蔡国成、薛苇、袁芳等各层领导都始终保持着密切的关系。即便王秋海、李启成后来离开了新华书店，也都还是作为朋友交往着。记得他们在进行重大体制改革、各层机构重组前，因为需要清库，订货会订的一大批图书未能上架销售，连包都没拆，要原件退回出版社，然后再结算清账，重新订货添货进货，对此众多的出版社意见很大。他们领导带着业务人员专程赶来北京，我帮他们协调了各个联合体，分别与各联合体的出版社进行沟通，对账、清货、结算，一一妥善解决。新体制调整好后，他们又重新进货，打通渠道，开始新的合作。

广州购书中心的信誉最好

　　"社科六联一社"的开创性工作是与广州市新华书店建立特约经销关系，"九联"的开创性工作是跟广州市新华书店的广州图书批销中心搞展销订货会。广州图书批销中心的经理戈易非是我的好朋友，也是"九联"各社发行部主任的好朋友，还是全国出版社的好朋友。这个朋友好，不只好在书店经营——既是经营图书的行家里手，又善于研究探索经营理论，他更好在为人真诚。

　　广州图书批销中心成立时，我们"九联"十社带着样书前去祝贺，此外还有连环画出版社、国际广播出版社、语文出版社等也随我们一同前往，共同举行了"广州图书批销中心成立暨北京二十家出版社图书展销"活动。老戈把珠江三角洲新华书店的业务人员都请来了，还有一些民营书店的朋友；所订的图书我们全部发给广州图书批销中心，由他们转批给各店。这效果非常好，给社店双方都带来实效。老戈同时与我们"九联"十社及业务关系密切的花山文艺、春风文艺、山东文艺、长江文艺、河北美术、广西教育和北京出版社等建立了特约经销关系，在书店门外挂上了这些出版社特约经销处的牌子。

　　那时新华书店搞批发书店、批销中心的不是很多，在全国影响大的除了他们广州图书批销中心，再就是成都市新华书店赵学峰经营的批发书店。他们既是新华书店的主渠道，搞的又是面向全社会书店的批发业务，信誉不用担忧，销量又大，每次在首都图书交易会上，都成了各社追逐的香饽饽。在展厅里，他们几乎没法看样书订货，只能收集各出版社的书目，看一看重点新书的样书，然后躲到房间里再与业务人员细致地看各社的书目，商量确定订数。于是，每次交易会都搞得他们筋疲力尽，忙得他们每天要到凌晨一两点钟才能休息。

老戈做业务向来有板有眼，而且十分注意发行理论研究探索，每一次交易会再忙、再累，他总要挤出时间，哪怕是一晚上，邀我和赵学峰几个单独聊聊年度书业的情况与市场的发展趋势。

我记得那是第六届首都图书交易会，因亚运村 K 楼出售给香港老板，交易会失去了合适的举办地，后在中央党校出版社社长刘忠礼的帮助下，交易会顺利转移到中央党校举办。展会结束，那时还没有手机，老戈让赵学峰找我，说几天交易会下来大家都挺累，老戈要请我到安慧桥南的潮福源吃饭，顺便聊聊书业的事。

那晚聚会只我、学峰和老戈 3 个人，我有生以来第一次听说"龙虾三吃"。老戈说，这几天没白没黑地忙太辛苦了，咱们给自己补一补。3 个人一边吃饭一边聊，收获良多。

1994 年，广州市新华书店组建了大型的图书零售企业——广州购书中心，任命戈易非担任购书中心总经理。11 月 23 日开业典礼，我们"九联"和北京众多的出版社都前往参加祝贺，广州购书中心被誉为"神州第一书城"，成为全国具有相当影响力的大型图书文化企业。

有了广州购书中心，我们几乎年年要去广州搞展销活动。老戈再到北京来参加首都图书交易会，也不是带几个人，而是要带一个小团来订货，社科、文学艺术、科技、少儿、科普、生活，各门类的业务主管都要来看样订货，他就更忙更累。在他主持下的广州购书中心，无论是销售还是结算信誉，都受到全国出版社的交口称赞，夸他们是信誉最好的书店。在中国出版工作者协会与中国书刊发行业协会举办的几届"诚信经营、优质服务"的社店互评中，广州购书中心几次都名列前茅。

老戈退休前，迎来了广州购书中心开业 10 周年店庆，中共中央政治局委员、广东省委书记谢非 10 年前为广州购书中心题写的"建设购书中心，羊城日日书市"的题词,被刻成纪念碑矗立在购书中心。10 年来,他们创造了瞩目的文化奇迹:成为国内首家全开放式的大型图书商厦;世界上第一个面积最大的书店;全国第一家以股份制形式建立的书店;在国内率先建成的大型图书卖场;在国内图书发行业界中第一个进入所在城市零售商业 20 强的书店等。

11 月 22 日,在广州购书中心举行了"开业 10 周年店庆联谊研讨会"。研讨会以"与时俱进开创未来——中国图书出版、发行的现状和未来"为主题,共邀请了 300 余名出版社和书店的相关人士参加。研讨会采用访谈形式,由戈易非与时任《中国图书商报》社总编辑的程三国主持,十几位业界资深人士和新锐力量作为嘉宾,从体制改革、图书营销、渠道整合、大书城经营等多个方面、多个角度,详细探讨了中国书业所面临的困难和问题,并提出了一些建设性意见。开放式的聊天形式,加上主持提问、嘉宾即兴演讲以及台上台下互动等方法,整个研讨会气氛活跃,充满睿智的问答互动碰撞出许多精彩的思想、理念火花。

为了充分展示广州购书中心 10 年来的发展,书店决定将 2004 年作为"店庆年"、11 月为"店庆月",并加强了与出版单位和业外单位的合作。10 周年庆典活动与营销活动的有机结合,不仅使广州购书中心的业绩成果得到更广泛的宣传与认同,同时也使参与活动的单位在宣传企业经营理念和企业形象等方面都得到不同程度的收获和提高。这是戈易非最辉煌的一个成就。

深圳市新华书店的朋友最"铁"

与深圳市新华书店的交往,实际是与陈锦涛的交往;与深圳市新华书店的友谊,实际也是与陈锦涛的友谊。陈锦涛原来是出版社的同行,他在清华大学读的是建筑工程系。1981 年年底,在建筑工业出版社当编辑的陈锦涛第一次去了刚刚出现在中国版图上的"深圳市",目的是参加博雅公司举办的全国进口图书书市。那时深圳作为特区正处起步阶段,还没有那么多霓虹闪烁、流光溢彩,而在一个空前的建筑热潮之中,到处是工地,没有多少书店,建筑方面的书籍更少。他回京后,力劝领导开拓深圳市场。1982 年,中国建筑工业出版社在深圳成立了办事处,陈锦涛被任命为主任,他喜欢干有挑战性的工作,深圳又是一个富有挑战的地方。两年后,建工出版社与深圳市新华书店、中国海外建筑有限公司合作成立了中国建筑书店,陈锦涛出任总经理。这是中国第一家建筑书店,当时轰动一时。陈锦涛就这样进了深圳市新华书店,从此一待就是十几年……

1992 年,陈锦涛有机会回京任建工出版社副社长,与此同时,新的机会也找到了他——深圳书城罗湖城选址深南大道蔡屋围路段,时任深圳市新华书店总经理的汪顺安向陈锦涛发出了邀请,请他负责书城建设。陈锦涛一看市政府拿出这么一块黄金地段用作书城建设,认定大有希望,于是他再一次选择了深圳。

我们的交往太多,已经记不清第一次是在什么场合相识。

在我的印象中,锦涛是个喜欢做大事的人。作为城市新华书店经理,他做了两件别人难以做到的事:一件是把全国书市提升到市委、市政府一层的中心工作;另一件是把深圳发行集团的级别提升到厅局级。这两件事,就是省会城市新华书店的经理只怕也难以做到。

陈锦涛在深圳做了许多影响全国的大事,第一件是做大了全国书市。第七届之前,全国书市并不火,第一届于 1980 年举办,间隔了 9 年,1989 年才办第二届。1992 年第五届在成都举办之后,又停了一年,1994 年在武汉举办,之后又停了一年。1996 年,深圳市新华书店主动申请承办了第七届全国书市,之前第四届已经在广州举办,一个省办两次全国书市还从来没有过。陈锦涛借深圳市委"文化建市"方针的东风,把全国书市办成了市委与市政府一时的中心工作。订货厅面积 4800 平方米,设 169 个订货摊位,参加订货的有来自全国各省、市、自治区的 34 个代表团,共计 500 余家出版社(含音像)、1500 余家发行单位,展销大厅面积 1 万平方米,陈列图书品种约 10 万种,码洋总计逾 6000 万元人民币。整个书市期间,订货总额达 3.2 亿元人民币,国内版图书零售额 2117 万元,规模和成效都达到空前。

第二件事是"深圳读书月"活动。2004 年深圳发行集团成立,承担起"深圳读书月"总承办的任务,每年都会举办 300 多项主题活动,基本覆盖到了所有深圳市民,包括外来建设者在内各个层面的需求。2006 年,"深圳读书月"当选深圳"市民喜爱的深圳十大文化品牌",已经成为深圳的文化名片,广获赞誉,并被全国数十个城市借鉴,至今仍一年一度举行着,而且越搞越火。我有幸 2 次参加他们的读书月活动,《深圳商报》还用整版的版面刊登了我与陈之善教授为深圳市民打开读书之门的彩色照片。

第三件事是开发巴颜喀拉出版在线软件,建立了网上图书信息发布平台和网上书城信息管理平台。当时他带着他的博士工程师来北京找我时,干这种高科技项目的在书业界还没有其他人。他喜欢挑战,致力于开发创造,所以特别重视提高经营的科技水平,尤其是信息化水平。他成功开发了 DMS、POPS 2000 系统软件;投资电子出版业,成功开发了多媒体科普读物《十万个为什么》。这些与他高度重视企业文化建设、网点建设以及其具有的业态创新与升级的发展思路密不可分。为此,我也帮他鼓与呼。

第四件事是 2007 年与海天出版社整合组建深圳出版发行集团。书店并购出版社,他也是第一家。重组海天出版社领导班子时,他采用全国公开招聘的办法,请我和电子工业出版社社长敖然去当他们招聘小组的评审专家。后来的总编,他用的就是我们认定的对象。

第五件事是创建深圳书城中心城。2006 年书城正式开业,成为世界单店经营面积最大(4.2 万余平方米)的零售书店,集团"体验式书城"的构想得到成功实践。在陈锦涛的设想中,书城将致力于构建一个富有情趣、功能完备、环境适宜、充满时尚气质的阅读空间,一个人们乐意来、能待得住、来了有收获而且很开心的地方, 可以激发市民特别是青少年的阅读兴趣,让阅读成为一种生活方式。书城特别强调活动策划,开业以来一直保持平均三天举办两项活动的频率,持续保持对读者的吸引力。工作人员还通过组合咖啡与茶、风格餐厅、教育培训等项目,极大地提升了书城的丰富性、趣味性和可逛性,与书业形成良性的人流互动和效益互补。当时我去参加开业典礼,还开玩笑地给他们想了一个户外广告的方案,画面是一对情侣,俊男问美女:"亲爱的,双休日想上哪?"美女答:"中心书城去!"

与深圳新华书店的友谊不只锦涛一人,党委副书记兼纪律检查委员会书记陈向平,副总经理何春华、曹宇、梁卑、王芳,还有下面书城的经理朱德明、舒展以及搞业务的于永凯、孙重文、莫海也都是我的好朋友。我们之间的友谊与交情,更多的还是在业务交往与工作中建立。

2004 年,深圳发行集团成立,他们的第二座书城南山书城也于 7 月开业。当时锦涛找我商量,能不能把京版秋季图书交易会放到深圳举行,给书城开业添点气氛。经经营管理研究委员会研究,大家都认为深圳发行集团是老朋友,多年来给出版社很多帮助,我们理当给予支持。于是,尽管那时订货会的效果已经不太好,我们还是动员中央出版社一起给予支持。这一活动没有再以京版秋季图书交易会的名义举行,而改成了京版图书推介会,锦涛也邀请了大中城市新华书店到会捧场。图书推介会场就设在南山书城,除了推介,同时各社有展位展示样书,达到了宣传的效果。

2006 年,第二届海峡两岸图书交易会在台湾台北市举办,大陆参访团由时任新闻出版总署副署长于永湛任团长,全团共 303 人,是两岸交流活动史上最大的参访团。两岸参展单位 460 家(大陆 196 家,台湾 264 家),展位 330 个(大陆展位 160 个,台湾展位 150 个),共展示图书 13 万种 50 余万册(大陆参展图书 11 万种 35 万册),大陆携码洋 2000 万元的图书参展。当时还没有"三通",300 人要全部绕道到深圳集结,再由深圳到香港乘飞机到台北。要在深圳找一家住 300 多人的宾馆住一晚,晚上还要找一个能容纳 300 多人的会议室开预备会,第二天要租乘载 300 多人的大巴前往香港,这事我只能找锦涛帮忙。锦涛说,新闻出版总署和中国版协组的代表团,他们帮助接待义不容辞,找宾馆、接待、租大巴送香港,一切由他们来协助,另外,当天晚上,他们深圳发行集团要设宴为参访团送行。这样,我们商定预备会就在宾馆的餐厅举行,开完会后吃饭。

我赶到深圳,锦涛他们把一切都安排妥当,找的是福临五星级宾馆,住宿、租大巴、过海关的事都已经联系妥当。晚上,他们准备了 35 桌酒席为参访团送行,餐厅还有现成的主席台,我和外事司司长张福海、港澳台办公室主任谢爱伟召开了赴台预备会。我用 40 分钟通报了参访团赴台参展的全部活动事项、日程安排、注意事项和赴台活动的要求,张司长代表总署讲了赴台参展的意义并提出了要求,同时,请陈锦涛致了送行辞,会议气氛十分轻松热烈,深圳发行集团的慷慨热情给参访团每个人都留下了深刻的印象。

中国(深圳)国际文化产业博览交易会不同于其他省市的文博会,它是由中华人民共和国文化部、国家广播电影电视总局、中华人民共和国新闻出版总署、广东省人民政府和深圳市人民政府联合主办,由深圳报业集团、深圳广播电影电视集团、深圳出版发行集团公司、深圳国际文化产业博览会有限公司承办的唯一国家级文化产业博览交易盛会,每年 5 月在深圳举行。这是中国唯一一个国家级、国际化、综合性的文化产业博览交易会,以博览和交易为核心,全力打造中国文化产品与项目交易平台,促进和拉动中国文化产业发展,积极推动中国文化产品走向世界。

2008 年第四届文博会筹备时,组委会决定增设新闻出版馆,安排在 8 号馆(面积 7500 平方米),由深圳发行集团负责组织项目实施。锦涛打电话找我,要我帮他一起考虑策划一下,搞什么项目合适。不久他带着何春华、曹宇副总经理一起来到北京商量。开始他提出能不能搞图书订货会,而我考虑图书销售都已由出版社主发寄销,订货会的订货功能已经丧失,一年有一次北京图书订货会供业内聚会交流就够了,再在深圳搞订货会意义不大,吸引力也不行。我提出邀请出版社和图书馆采购中盘商一起搞图书现货采购,让全国出版社认订图书采购陈列展架,以当年新书为主,兼顾重点品种,可请 5 家左右图采中盘商带图书馆客户来采购。基本方式是,为消除出版社结算顾虑,出版社直接给中盘商供货,书款待供货 3 个月后,经中盘商确认,全部由深圳发行集团直接与出版社结算,深圳发行集团再与中盘商结算。

这一方式得到了出版社和中盘商的认可与欢迎。为此,我特地赶去深圳,召集了人天、儒林、三星、大音等 6 家图采中盘商协商合作并签约。筹备工作一切都较顺利,213 家出版社参加认图采展架,5 家中盘商携近 800 个图书馆参加现场采购,采购码洋 4800 万元;另有 142 家出版社携 3 万多种图书,参加了“2008 年全国优秀出版社新书展销”,以 7.9 折优惠现场销售;还有 7 项文化主题展览,12 个主题书展, 数百种新书首发, 展示了中国最新、最优质的出版成果,吸引了万名读者。

2007 年,深圳发行集团并购海天出版社, 成立了深圳出版发行集团。2008 年的北京订货,陈锦涛率近 40 人的团队前来参加。报到当天晚上,“九联”“十联”和“部委联”3 个联合体一起宴请深圳出版发行集团,为他们接风。中央近 60 家出版社在全国新华书店都参加的北京图书订货会上,不请别家,单请深圳出版发行集团,确实没有先例,深圳的朋友们十分感动,这应该是我们之间深厚友谊的相互表达。所以说,深圳新华书店的朋友最铁,一点也不为过。

成都市新华书店去得最多

"九联""十联"与成都市新华书店关系密切,并不是始于1992年的第五届全国书市。那届书市由成都市新华书店承办,办得并不算好。从广州第四届全国书市开始,全国书市也增加了订货项目。但是,缺乏经验,组织不力,效果很差。不只订货场地小,展位只有一张课桌,更糟糕的是储运收货管理混乱,把订货的样书、展柜的展品与参加销售的图书混到一起,连他们库房的管理人员自己都找不到。更要命的是,有些社订货的样书被当作工作用书送到组委会,作为礼品送给了值勤的武警部队,让不少出版社交了会务费,却只能守空摊,一无收获;还有的出版社的重点图书展示柜,每个展柜收了1800元费用,到现场却连展柜都找不到,有的社找到了展柜,却找不到展品样书,也与销售图书混到一起被拿去卖了,出版社意见不少。

我们这些社与成都市新华书店关系密切都是因为赵学峰。那时,赵学峰在市店批发书做业务,一年订货会下来就跟"九联""十联"的出版社搞得火热。他需要这些出版社提供畅销书做大书店业务,出版社也要依靠他打开成都图书批发市场,互相依靠,互相支持,合作得十分愉快。当时稍好销一点的图书,他都是3000册5000册地要,而且没有退货。那几年,出版社的发行人员一年之中几乎是带着样书全国跑,参加各地的各种书市与订货会,凡全国性的会,赵学峰必去,一年之中要碰好几次面;即使不见面,有什么新书好书要发,给他打个电话,他就订了货,一年到头订货添货从不间断。

每年我们都要结伴去成都,有了赵学峰这个朋友,我们又结识了他们的经理龚次敏。

我对龚次敏的评价是"无为而治"。平时几乎看不到他在什么全国性论坛上发表长篇演讲，国内的大型书业活动也很少见他的身影，成都市新华书店也很少搞什么大的庆典和大型活动，但成都市新华书店在全国出版业内的影响却比省新华书店要大得多。他把功夫都用在了决策与用人上，这是做企业老板的真功夫。

我们不只是参加成都市新华书店举办的所有书展，还两次在成都举办京版图书交易会。一次是1996年在成都望江宾馆，这原来是成都军区第四招待所，宾馆别墅区中的"芙蓉宫"是闻名而又神秘的"林彪行宫"，外面称"林彪别墅"。其实林彪始终未能到成都视察，我们倒是在这里举行了热闹异常的京版秋季图书交易会，活动虽然名义上是与省新华书店联合举办，但其实选择宾馆展厅和邀请各地书店朋友这些实质性工作，都是赵学峰在协助我们。

第二次是1999年，当时图书的看样订货功能日显萎缩，如何扩大订货、拓展市场出现了瓶颈，我们策划了京沪图书发行工作研讨会，同时举办京沪版图书交易会。京版图书与沪版图书，可以说代表了中国出版业的出版方向与水平，京沪版联手研究市场、探索改革、开拓市场，应该具有吸引力。这次京沪图书发行工作研讨会，首次让京沪出版社的同人与全国城市新华书店和民营书店的朋友坐到一起，认真研究探讨"新世纪新时代如何以新举措开创图书市场的新局面"这一课题。京版与沪版统一思想后，决定与成都市新华书店联合举办，龚次敏总经理全力支持，地点就在他们建在灌县的培训基地欧罗巴。3天的会议收获颇多，不只拿到了一定订数的订货单，同时就如何以新的多种渠道、多种形式满足市场与读者需求做了有益的探讨。

说起朋友感情来，我喝酒也是让龚次敏和赵学峰开的戒。我原来在胶东部队喝酒伤过胃，在医生的劝导下戒了酒。到北京后这10多年中我一直不喝酒,圈子里的朋友也都以为我不会喝酒。那次参加完重庆书城的开业仪式,李晓峰携夫人送我们一行到成都,龚总就在欧罗巴为我们接风。李晓峰滴酒不沾,夫人倒是能豪饮。龚总见我不喝酒,没情绪,说男人没有不会喝酒的。在众友劝说和激将下,实在推不过去,我就开了戒,一口气同大家喝了十几小杯,从此再躲不了酒。

工作生意总有完结的时候,但朋友的情义是永久的。退休好多年了,但与学峰和龚总仍没断联系,每年的订货会,总要找机会见见面,没时间也会带瓶酒慰问一下,这种真正的朋友之情在今天是十分可贵的。

江苏省新华书店的朋友最亲

我老家是江苏宜兴。一入书业这一行,江苏老家书业界的人很快便知道了。从江苏省新华书店总经理张佩清、副总经理金国华,到南京市店的老经理董庆吉、经理朱学东、业务科老科长冯祺璋,后来的许世荣、陈建国,以及沈永波、杭瑛、秦俊俊、汤年华,无锡市店的邵仕伟、吴建国,常州市店的任祖钧及业务科的史科长、张仪、钱俊,后来的顾亚萍,苏州市店的柳鹤鸣,镇江市店的贺卫东等,见了面真如亲人相逢,有一种特殊的亲切和亲近感。

给家乡书店办点业务是理所当然的事,他们也把我当自家人来对待,一点也用不着客气。宜兴县(那时还没改市)的经理岑细华是我的战友,转业回老家后当了书店经理,他给我来电话,说商务印书馆的《现代汉语词典》供不应求,他们找商务印书馆订不上货,要我帮忙向商务印书馆订点《现代汉语词典》。我问他想要多少。他说当然是越多越好,能搞3000册就能解决大问题。这种忙自然要帮。我找了商务印书馆的时任发行部主任刘正培和发行科科长丁东说了这事,他们非常给面子,爽快帮了我的忙,当即给宜兴县新华书店发去了 3000 册《现代汉语词典》。

常州是我回老家的必经之路，那时宜兴还没通火车，我都是在常州下火车，常州市店便成了我的中转落脚点。

1994 年 4 月初，常州市新华书店经理任祖钧带着张仪等业务人员到北京找我，有两件事需要我协助帮忙。第一件事是他们打算在五一劳动节之后搞一次书展，同时举行订货会，要我协调请"九联""社科十联"和中央部分出版社参加，计划 5 月 4 日报到，5 月 8 日离会。他们负责把江苏省内的新华书店和上海及周边的书店请来参会，所订的图书不能直发的由他们中转，不收中转费用；每社一块广告牌，介绍 10～20 种重点图书，收 1000 元宣传费；每人 300 元会务费。第二件事是常州市店要盖一座 18 层 2 万平方米的图书大楼，图纸已经确定，现在正在拆迁。出版社资助不了钱，可以捐赠一些图书，码洋5 万元为基数。他们给出版社的回报是图书大楼落成之后，给出版社免费设专柜专架展销图书，书柜书架数量根据捐赠图书的数量确定。

我分别与"九联""社科十联""科技联"等联合体打电话联系，以联合体为单位分别开会。事情办得非常顺利，各联合体分别召集成员社带本社样书开会，我出面张罗；常州市店介绍两件事，以征询表的形式征求各社意见，确定参会与否和捐赠图书数量；最后常州市店添货订货。每个联合体一天时间，落实了参会出版社和捐赠图书的数量，任总经理一行满意而回。

南京市新华书店头一个到社里来找我看我的是业务科老科长冯祺璋，那是 1988 年 5 月，不巧我有事没在社里。他后来给我提意见，说我们还解放军呢，待人太不热情，不请吃饭也就算了，连杯水都不给倒。我只好给他解释，不是我们的小伙子不热情，是我们发行部刚刚筹建，真不好意思说，连个公用的喝水杯都没有，请他谅解。

冯科长找我是南京市新华书店想办一个军事书店。南京军区司政后机

首次组织中央出版社京版展团参加在南京举行的第十一届全国书市

关都在南京,还有南京陆军指挥学院、炮兵学院、外语学院、政治学院等许多军队院校,军事图书的需求量很大,办一个专业军事书店很有必要。这是南京市新华书店为部队建设服务,也是为我们军队出版社服务,我当然积极支持。我首先与解放军出版社周世华处长沟通,他也非常赞成,然后再扩大到两个社的领导,领导自然也支持。

军事书店的地点选在南京市中山东路130号,店名请南京军区政委杜平题写,计划6月10日开业。我们解放军文艺出版社和解放军出版社提供1986年以来出版的图书的全部品种,每种5册,作为铺店样书,以代销寄销形式合作,半年结算一次,为赶时间,快件发货,折扣按75折结算。此后其余的新书,按经销形式合作,享受特约经销店72折的优惠折扣,出版社可以全品种主发,品种要全,单本数量要少。两社还提供一些宣传品,在店内做装饰。第一批图书,争取6月5日前发到。开业前,两社在5月、6月各自的《解放军文艺》《昆仑》《解放军歌曲》和《解放军生活》等刊物上做广告宣传,争取《解放军报》发了一个消息。南京市新华书店的军事书店就这样顺利地办了起来。

我真正给家乡书店帮上忙是第十一届全国书市。

全国书市原来一直是一项单纯的图书销售活动，尽管从第三届开始走出首都由各地承办，但在当地并没有引起政府多大的重视与关注。是深圳新华书店经理陈锦涛把第七届做火的，他把这项单纯的图书销售活动推到了市委、市政府一时的中心工作位置上。陈锦涛之所以有这能量，得益于他借助深圳市委提出"文化建市"口号的东风，以繁荣发展深圳文化的实际行动来改变全国人民视深圳为文化沙漠的看法。市委、市政府把这届全国书市当作"文化建市"的具体举措来抓。这届书市规模与成效空前，订货与销售展示大厅面积近1.5万平方米。据说，由于市委、市政府的重视，政府的各部门都调动起来为书市服务、为读书宣传造势，整个书市拉动当地旅游、住宿、购物等消费近8亿元。此后，全国书市才引起了各地领导的重视，出现竞相争办全国书市的局面。

第十届全国书市在湖南长沙举行，新闻出版署副署长杨牧之察看展厅时，发现各省、市、自治区参展团展位已成规模，装修非常气派，有了与国际书展媲美的气氛。但是，他没有看到中央出版社的展位。当时中央出版社没有统一组织参会，由各社自发自愿自由参加，都零散分布在各个角落，一共加起来才近80个展位。杨副署长觉得这是个问题，全国书市中央出版社怎么可以缺席呢！他指示发行管理司，下一届全国书市，中央出版社一定要统一组团参展，要展示中央出版社的出版成果和形象。

第十一届全国书市在南京举办，由江苏省新闻出版局承办。张佩清是省新闻出版局副局长兼省新华书店总经理，由她具体负责书市的一切筹备工作。

杨副署长的指示最后落实到了我和关英的头上，我代表中国版协，她代表中国发协，由我们两个协会负责中央出版社参加第十一届全国书市的招展组团工作。家乡的事，我当然要尽力而为，关英和江苏省新华书店的关系也很好,张佩清总经理全力支持我们两个人的工作。

我们商定中央出版社以京版展团的名称参加全国书市,具体合作方案与张佩清总经理协商达成了一致意见。京版展团由两个协会出面替组委会招展组团,包括收费、展位分配、布展、安排住宿、组织展订。京版展团组建一个由10个人组成的工作班子。两个协会不再另外让参展出版社交参展组团费用,而由全国书市组委会给京版展团提供10万元工作经费,这笔费用主要用于京版展团工作人员两次参加预备会和正式参加书市共3次往返的差旅费与伙食、劳务补贴。京版展团各社的600元宣传费全部交给组委会,组委会负责给京版展团升两个气球,做一个拱门;京版展团的展位肯定是全国最多,由京版展团先挑选展场位置,组委会帮助京版展团在展区内悬挂"京版展区"的标识。尽量动员中央出版社联合体和大社名社特装展位,以展现中央出版社的形象。招展、确定住宿宾馆、参展、接待、安排住宿、展会期间的活动组织等一切工作都由京版展团自己负责组织实施,组委会只需给京版展团两名联络员。这些费用我认真测算后列出明细预算,张佩清总经理完全同意,我们签署了备忘录。

组织京版展团参加天津全国书博会

中央出版社招展非常令人满意,一共招了 280 多个展位,出乎他们的意料,给书市扩大了规模,增加了图书品种,提高了参展图书的质量与层次,也提高了全国书市的档次。第一次组织京版展团参加全国书市,达到了总署领导、参展出版社和江苏承办方三方都满意的效果。

这届书市我还有一个个人额外的收获,人民文学出版社出版了我的长篇小说"日子三部曲"的第二部《乡谣》,南京市新华书店许世荣科长热情地邀我在书市上签名售书。《乡谣》写的就是家乡的生活,被人称为中国农民的心灵史,其主人公汪二祥被称作"鲁迅之后 90 年的当代阿 Q"。没想到签售效果还不错,签售出近 300 册书,有一些同乡战友还闻讯赶来找我,在书市上相会。

在书业界工作这些年,朋友遍布全国各个城市,每个城市新华书店的业务经理和业务科长基本上都能叫上名来,都有一段说不完的交往与友谊。像重庆市新华书店宋支前、彭正伟、李晓峰、龚爱萍,山东省和济南市店刘强总经理、业务科长徐静、张军,青岛市店宋晓波、业务科长崔立群、孙波,烟台市店刘文田经理,浙江省和杭州市新华书店周立伟、徐冲、老科长徐科长、吴东宿,江西省店总经理涂华、包建国,福州市新华书店吕赣明、黄忠荣、林义良,海南的凌琳,西安市店业务翟小龙,武汉市店熊双等,我们之间都有许多难忘的友谊与故事。他们帮我,我帮他们,一同为出版业的繁荣默默地合作着、工作着,那份情义让人终生难忘。

民营书店也是同人，
一样真诚相助

　　20世纪80年代中期，是专业书店、集体书店和个体书店的初创时期，他们所经受的艰难与惨淡经营的状况，今天书业界的朋友是想象不到的，真有点开天辟地的意味。新中国成立后，几十年来，过惯了社会主义共同富裕、共同贫穷的大集体、大锅饭日子，批透了资本主义私有制的这一代人，忽然要拨乱反正了，为个人牟私、赚钱不再是资本主义了，可以个人办企业、个人做生意、个人当老板了！这是几年前想都不敢想的事情。那份新鲜、那种兴奋、那股冲动，没经历过的人难以体会。那些有铁饭碗却不甘寂寞的、那些即使有地位却不得志的、那些有铁工资却过得不舒服的、那些本来就找不着工作的无业者，还有那些已经退休或即将退休身体却很棒的精力旺盛者，一窝蜂争先恐后地下了海，其中不少人下的是书海。

　　沉静的书业界突然热闹沸腾起来，有了一种时势造人才、乱世出英雄的态势。这种新的经济成分的出现，给市场增添了活力，让这台古老而有点锈蚀的机器快速运转起来。尽管这些创业者们没有经验，没有专业知识，没有更多的资本，但他们是新一代弄潮儿，他们敢干，他们敢闯，他们给出版社带了一种希望与渴望。

　　我曾分别在两次民营书业会上讲过不同的话。

　　第一次是1991年4月在昆明民营书业联谊会上，我说，二渠道是我国图书发行不可缺少的渠道，民营书业中不乏英雄豪杰，是我国图书发行业不可缺少的一支力量。那一批民营书店的经营者，大多是返乡知青，有的是各行各业的下海者，他们基本上是被耽误的一代，没有很高的文化，也缺乏专业知识；但他们中有不少有抱负的有志者，比如成都希望书店的周六炎、哈尔滨学府书店的陈阳夫妇、昆明新知书店的李勇等。但是，那时我只能说他们中有英雄豪杰。虽然当时民营书业中不乏有义有胆的人，但书业经营还是初学者，处在初级阶段，里面很多人只是凭着一股热情、一股勇气、一身义气在创业。

第二次是 2005 年 11 月 22 日，中国书刊发行业协会非国有书业工作委员会在第三极书局举办第三期"书业观察论坛——中国书业看德国书业流通业"，到会的都是非国有书店的老板，论坛由北京龙之媒广告文化书店有限公司董事长、中国书刊发行业协会非国有书业工作委员会秘书长徐智明主持。他们特地邀请我参加，那时，我在中国版协兼任副秘书长。

会上，我先看了非国有书业工作委员会组织的中国民营书业参展团在法兰克福书展上的活动，其中有一个研讨交流会，代表团的程三国、广州学而优的陈定芳等几个人在会上演讲，全不用翻译，都是一口流利的英语直接向外国书业同行发表演说，这场面非常令人兴奋。

于是我在这次会上的发言中说，中国的民营书业已经成为我国民族出版事业不可或缺的一支力量，民营书业这支队伍中不乏精英，是我国图书出版业不可忽视的生力军。这支队伍已不是十几年前的状态，其中有相当多接受过高等教育、出国留学的文化精英人才，像当当的李国庆，第三极书局的欧阳旭，万胜书屋的刘苏里，北京龙之媒广告文化书店董事长徐智明，风入松书店的王炜，学而优书店的陈定芳等，一大批有知识、有智慧、有胆识、有理想追求的知识分子进入了民营书业，而且带着独特个性，凭借个人的独到见解，独立思考创业，许多理念和经营思想是新华书店乃至出版社所不及的。这是后话。

想当年民营书业的起步创业者，如我前面所说，是一批凭着一股热情、一股勇气、一身义气闯荡的弄潮儿。他们创业所面临的最大困难是：二渠道还没有建立起信誉，得不到出版社的信任。所以，我在昆明那次民营书业研讨会上向他们发出呼吁，二渠道的信誉哪儿来？靠自己建立。我希望他们建立一个民营书业的商会团体组织，发一个宣言，吸收经营信誉好、有经营能力和经营实力的民营书店为会员，每个会员交3万～5万元信誉保证金，由这个商会组织向出版社担保信誉，让这些会员书店享受与新华书店同等的权利。后来就有了非国有书业工作委员会和非国有书业商会这些组织。但当时，他们多么需要这种组织啊！为此，我一直视他们为书业同人朋友，尽我所能，给他们支持与帮助。

我只想保护他，没想打击谁

他叫韩芬，是昆明时代风采书刊发行部的经理。听名字会以为他是位女性，可他实际是个高高大大、粗粗壮壮的云南汉子，操一口浓重的云南方言。

同韩芬是在首都图书交易会上认识的，他说话、做事、为人都豪爽，大嗓门，一开口全展厅都能听到他的声音。第一次订我们的货，每种书他下笔就是500册，身上背着个大包包，里面装着现金，签完订单就从包里掏出一沓钱，说先交1万元定金，会完了就给我先发货哟！书发到一个月就打给你们全款，你们尽管放心，我这么大个人跑不掉，欠谁也不能欠解放军的钱！

那大大咧咧的样子，我一眼就看出他是个实诚人。这交易会上有几百家出版社呢，这么牛哄哄地做生意可不行。我把他拉到一边，问他这次来带了多少现金，他说20万元。我问他一共想进多少货，他说进到定金花完了为止。我再问他们公司擅长销售批发哪类图书,他说主要批发文学、社科和少儿图书。我再问他,打算与哪些出版社建立业务关系,他说没考虑。

我坦诚地跟他说,你这样做生意不行,这点现金找 20 家出版社就完了。你要先做个计划,文学图书找哪几家出版社,社科图书找哪几家出版社,少儿图书找哪几家出版社,这次交易会,一共打算进多少码洋的书,然后计划一家出版社大体进多少码洋的货,做好计划,然后按计划找预先设定的出版社看样书订货。

韩芬笑了,呵呵,你想得比我想得还细呢!你给我当顾问吧。我就认识你和解放军出版社的周世华,其他出版社我还不熟悉,这个计划做不了啊!于是,我根据自己掌握的情况给他推荐,文学艺术图书可以找"京版九联"的出版社,社科图书可以找"社科十联"的出版社,少儿图书可以找中国少年儿童出版社、和平出版社、世界图书公司,"九联"和"十联"的综合性出版社也有少儿图书。我把这些出版社列了一个名单,让他按名单去找。另外我告诉他,定金一个社不要付 10 000 元,一个社付 3000 元就行,这样可以与 60 家出版社建立关系。

韩芬很高兴,说,老黄,我就交你这个朋友了!然后,他就按我提供的名单去找其他出版社订货。这就是我和他第一次打交道。

韩芬原来在邮局工作,允许私人办书店公司后,他就辞职办了这个公司,挂靠在《时代风采》杂志社下面。他生性爽快,有江湖义气,在民营书业界结交了许多朋友,有点做行业里老大的气魄和豪爽。1991 年的民营书业研讨会就是由他做东发起的,他邀请了全国近百家民营书店参加,此外还邀请了几家出版社的朋友。韩芬给我打电话,要我一定参加。当时我还真有事,有个会要参加,即使去,也参加不完他们这个会。但韩芬一再要求我去,而且希望我在会上讲话。盛情难却,我也想去看看他的公司,就答应了,让他帮我买好提前回北京的车票。

到了昆明,除了开会,我让韩芬抽空领我去看看他们的库房。因为那时他已经开始欠出版社的书款。会议安排得很紧凑,报到后只在昆明住一晚,第二天一早就乘车去西双版纳,要赶上那里的泼水节。韩芬没能抽出时间领我去看他们的库房,我问他有多少库存,他笑着说,库存图书码洋只怕就有上千万元。

我在西双版纳只待了两天就提前返昆明回京,韩芬专门要了一辆武警的车直接送我回昆明。临走那天,我单独与韩芬聊了两件事。

一件是,搞书业不能光讲江湖义气,交酒肉朋友,天下四方都是客人,朋友来了招待一顿也就够了,天天张罗着喝酒吃饭,做这种老大有什么意思呢?还是要在做业务上下功夫,多想一点、多做一点生意上的事。

另一件是立即处理库存图书。出版社的书款欠着,直接影响业务的拓展。我让他采取3种方式把库存减下去。一是确定批不动、不好卖的图书,给出版社写一封信,如实解释,求得出版社的理解,把书退给他们;二是把可销能销的书编出书目,请各地民营书业的朋友帮忙调剂一部分,调剂的数量请他们自己确定;三是把留下销售的书在《中国青年报》上分期做邮购广告,以最优惠的折扣邮购,在昆明也同样做广告。只有把库存压下去,你才可能有周转资金开展新的业务。

这两件事我又和周世华处长沟通,他也同意我的意见和做法。他还不离开,于是我让他也再同韩芬说说,否则,他会经营不下去。许多出版社是我给他介绍的,他要经营不好,欠出版社的书款,我也对不起那些出版社。

再在北京见到韩芬时,他的心情不太好。他说发生了两件事:一是一个儿子由于吸毒而缺钱,偷自家仓库的书去卖,于是把他送进了戒毒所。二是一次请朋友吃饭,他订餐时给老板娘预付了3000元钱,他没要收条,结账时,老板娘矢口否认预付过钱,韩芬一气之下抽了老板娘一记耳光。这家餐馆同派出所的关系铁,一个电话找来了两个警察,把韩芬拘留起来,韩芬损失了钱还受窝囊气。

我劝他改行,做书需要有文化,还要有经营知识和理念,这不是他的长项。我让他开一家低档一点的大众餐馆,可能比做书业省事。他说他喜欢书业。

有两年没见韩芬,一天要下班了,周世华处长给我来电话,说韩芬来北京了,要见你,晚上一起吃饭。

韩芬出了事,他包销了别人的一本《翡翠鉴赏》,我一看样书,作者是我熟悉的原昆明军区创作员徐军。因为书滞销,他拖欠书款,人家起诉了他,法院判韩芬败诉,赔款 120 万元,再过一周,法院要强制执行,他跑来北京求助。

我看样书,出版社是四川的。我问他,他是直接与四川出版社签协议包销,还是与中间商包销。他说不是与出版社直接包销,书是买书号出的。买书号的那一家是珠宝商,他们没有书刊经营执照,于是找他签约包销。

我当场给四川那家出版社打了电话,询问了此事。出版社的朋友告诉我,这是 5 年前的合作,早就结束了。我问他,去年他们重印,社里知道不知道,他说出版社不知道,那珠宝商也没和出版社联系或打招呼。我简单说了一下情况,请他们出具证明,证明去年重印的这一版是珠宝商背着出版社偷偷印的。他说可以。

打完电话,我对韩芬说,这事还有救,可以想办法撤销原判。我让韩芬做两件事:第一,明天立即去成都,找这家出版社,出具这一版书属于偷印的证明。第二,回昆明找省新闻出版局发行处或市场管理处,把四川出版社的证明连同样书交给发行处,同时出具原合同,证明这家买书号出书的单位不是书刊经营单位,让省发行处下文,宣布《翡翠鉴赏》是非法出版物,然后拿着省发行处的文件,找法院撤销判决,非法出版物怎么能销售?

韩芬一听笑了,他说和发行处经常打交道,都认识。我没带纸和笔,向餐厅借了纸笔,当场起草了出版社的证明和发行处宣布非法出版物的文件草稿,供他们参考。

借这机会,我再一次劝韩芬改行,韩芬只是笑。

判决不出所料地撤销了,韩芬通报了消息。也许几次挫折让他感受到了书业谋生的艰难,也许他真的听了我的劝,此后,韩芬慢慢地淡出了书业,我再也没见到他。

她让我敬佩,也让我同情

认识郝秉勤是在云南韩芬组织的民营书店研讨会上。她大高个儿,短头发,不穿红戴绿,做事风风火火,不让须眉,是位东北女汉子。

她也是被"文革"耽误的一代。这一代人谁都是一本书,是奋发的一代,是有理想追求的一代,是有责任心的一代,是自强不息的一代。

她不屈服于命运,走出农村,到沈阳当保姆。到沈阳当保姆不是她的人生目标,她也并不只是想找个事做、挣口饭吃,她到城市是要寻找自己的梦,是要追求自己的理想。她不想虚度年华,她一边当保姆,一边坚持自学英语,后来终于考上了师范学校,毕业后当上了英语教师。

郝秉勤不只是做事为人具有男子汉的魄力,她内心更有一个不屈不饶大干一番事业的抱负。她没有安于教师这个岗位。她爱读书,经常到书店、书摊淘书。她看到一些个体书摊上摆满了花花绿绿、低级庸俗的书刊,心里很不自在。她想,这些低级庸俗的书刊,让青少年看了能有什么益处呢? 这种忧虑时时在她心头萦绕,于是她萌生了开店卖书的念头。

书店不是想开就能开的,需要店面,需要资金,需要申请执照,这些她都没有。但心念一产生,她就有了一种责任感,书贩小摊那些低级庸俗的杂志让她心里无法踏实,她决定辞职,先从书摊做起。办了书摊执照后,她固定在一处卖起了书,所进的书都是全国正规文学艺术、社科出版社的图书。

没多久,她发觉书摊不比书店,书的品种少,若在一处固定着,销量有限,应该让更多的年轻人来读这些好书。于是,她置了一辆"倒骑驴"(三轮车),开始流动售书,火车站、汽车站、商场,天天起早摸黑,哪儿人多就到哪儿去卖书,其辛苦不言而喻。我在长篇小说《街谣》里写华芝兰骑三轮车到车站流动售书这一情节,原型就是郝秉勤。

1984年,辽宁省政协在沈阳市和平区北五经街一条僻静的小巷里,创办了集体所有制小书店,店名叫辽宁文史书店,营业面积近30平方米,经营效果不是很好,他们决定招标承包经营。郝秉勤得知消息后,赶去投标,承包下了这个书店。

她的愿望是给读书人提供更多的好书。她进书十分慎重,对读者有害无益的书坚决不进,对读者无益无害的正式出版物,她也一本不进。她认为:"图书市场黄色书刊泛滥,非法出版商和唯利是图的出版社要负主要责任,二级批发单位也有不可推卸的责任。个体书摊上的书刊,大部分是二级批发单位批出去的。如果批发单位把住关,不进不批坏书,黄色浊流就不会流入市场去害人。"她是这么想,自己也是这么做的。即使能"畅销",而且给40折的优惠折扣,直接送货上门,代销先卖后结账,她还是坚持对来路不明、内容不健康的坏书,给多少利也不干。承包书店3年,她坚持守法经营,文明经营,在全市30多家二级批发单位中,成为市场管理部门信得过的书店之一。

她先后与人民文学、上海文艺、湖南文艺、湖北人民等全国20多家出版社建立了稳固的业务联系,进货渠道越走越宽,进的书也越来越适销对路。1991年进的《雅舍菁华》(梁实秋著)5500册、《谁最会享受人生》4900册、《人生大策略》(胡适著)3000册、《罗兰小语》(上下)3000册、《世界大思想家》800册、《小学词语手册》1000册等,都在到货半个月左右销售一空。

她店里还有《马恩列斯毛著作大词典》《大不列颠百科全书》《西方思想宝库》《中华思想宝库》《资治通鉴》《中国新文学大系》《鲁迅醒世语》等一些社会科学书籍和工具书。

虽为深巷小店,但是每日登门的购书者络绎不绝,年销售额达100多万元,经常到她店里批书的个体书刊发行业者有150多个。有时赶上了新书,闻讯而来的书刊从业者要在门外排队等候。一个小小的批发书店,为何能有这么大的销售能力?一是书好,二是服务好。郝秉勤经常教育本店职工:一定要热情、周到地接待每一位顾客,尤其是对初次来批书的书摊、小贩,一定要热情、诚恳、体贴,让他们有亲近感。她还坚持,凡是她自己主动给人推荐的书,如果销不掉,可以拿回来退换。这为书摊小贩解除了后顾之忧,进货也放心大胆了,经营也灵活起来。别的书店批发书,一种书最少要10本才享受批发折扣,但她这里没这要求,三本两本都可以批。这样口口相传,文史书店名声越来越大,对书刊从业者的吸引力也越来越强。为此,沈阳市书刊发行业协会发出通知,号召全市二级批发书店向辽宁文史书店学习。

那年在沈阳市新华书店举办订货会期间,她邀我和成都古旧书店的朋友到她家里做客,她想请我帮她组织一个饭局,请北京中央出版社的朋友在沈阳聚一次,一是感谢各社对她书店的支持,二是进一步密切关系,加强今后的合作。

到了她家我才知道,她还是单身。房子是她自己挣钱买的,两室一厅。当时家里还比较简朴,她自己下厨房做饭招待我们。我很快发现单身女人过日子的难。先是上卫生间,我听到了老式抽水马桶墙上水箱往下漏水的滴水声,为了减弱那滴水声的动静,她在厕所的地上放了一块毛巾。看来水箱漏水已不是一天两天了,她也不知道该怎么修;或许书店的事太忙,她也顾不得找人修。

我从客厅里搬把椅子进厨房,站在椅子上拉开电灯看了看,不是水箱破裂渗水,而是水箱的水位开关定得过高,水箱盛水太满,水顺着凹槽往下滴漏。这我会修,只要把水箱里的塑料浮漂球往里收一点,降低水箱里水位开关定位就可以。我站在椅子上把塑料浮漂球往里收了收,调低了水箱里的水位,冲厕所试了一下,管用,水箱不再滴水,我收起了铺在地上的毛巾。然后,我把她叫过来,告诉了她滴水的原因和修理调整的方法。她有点不好意思,但可以看出她内心的感激。

她做好一个菜后,我们在客厅帮她打开折叠桌,准备放菜时,又出现了一个问题,折叠桌的交叉桌腿支不住桌面,一支开桌,它就一点一点往下塌。我往桌子底下看,原来桌腿上那块挡腿的铁板长期受压变形已向外张了,别不住桌腿,支不住桌面。

我没说什么,只问她家里有没有锤子。她说没有,只有一把老虎钳。我就用老虎钳子,连扳带敲,把那块挡桌腿的铁板恢复到原先位置。她在厨房听到敲和砸的声音,出来看到我在修桌,又有点不好意思,又有点感激。

从两件生活中的小事我发现,女同志单身过日子,真不容易。从此,她一直叫我黄兄。

饭局如期举行,我替她请了近50位朋友。原来认识的就更加熟悉,原来不认识的交换了名片,交了朋友。饭局开始前,我帮她张罗了一下。我说,她叫郝秉勤,秉性勤奋,所以她的文史书店越办越好。她是个有品位、有追求、有理想、有责任感的民营书店经理,希望大家认识她,帮助支持她。我让她讲话,她没有说什么,只是感谢,感谢过去的支持关心,感谢今后的关心支持,薄酒一杯,聊表谢意。

有志者事竟成。因为她有抱负与志向,所以她的文史书店越做越大。2002年3月,她又创办了创价图书有限公司,注册资金50万元;2011年,她的文史书店扩大成辽宁文史书刊发行有限公司,注册资金100万元。至今,她仍活跃在中国书业界,不赶风潮,不做书、不出书,一直办实体书店,一直默默地为读者服务,为繁荣图书市场做着自己的贡献。

洛阳"三老"让我尊敬，甘愿为他们服务

在那几届首都图书交易会的展厅里，每届都会看到 3 位年过半百的老同志，他们一个展位一个展位翻书看书，一种书一种书慎重地斟酌确定订数，那份认真、那份细心、那份一丝不苟不是一般人能做到的。他们就是有名的"洛阳三老"——段星灿、朱志洪、赵光潜。"三老办书店"成为当时洛阳的一段佳话。

朱志洪是河南省第一个创办个体书店的先行者，当年他 50 多岁。朱志洪与书业很早就结下了缘分，15 岁那年，他到当时的洛阳商务印书馆当学徒。1950 年，他考入三联书店西安分店，坐着马车、走了一星期才赶到西安，在那里一气干了 20 年。1959 年，他作为全国劳模代表受邀去天安门参加了国庆观礼。

1970 年，朱志洪调回洛阳市新华书店工作。1980 年，提前退休的老朱回到了老家原郊区关林镇皂角树村，他常到洛阳八中串门，学校图书馆的刘老师多次谈起购书难的话题，鼓动他办书店。那一年，土地开始包产到户，由此，他萌生了办个体书店的念头。

老朱提出办个体书店，让工商部门、新华书店犯了难。图书经营一直是新华书店独家，是属于意识形态领域里的工作，办个体书店，上面还没有政策，他们没权也不敢给老朱批执照。工商部门便推给新华书店，让新华书店拿意见；新华书店哪有这权，又推给了管区办事处；管区办事处也做不了这主，于是干脆推给了中宣部。

老朱看他们为难，干脆给北京相关单位写信反映了一下自己的难处。结果这事惊动了国家工商总局和新华书店总店，他们商量，改革开放了，个

人应该可以办书店。上面发了话，于是省新华书店专门派人到洛阳协调，老朱终于拿到了营业执照，办起了全省第一家个体书店——龙门书店。

书店办起来了，可进书要钱，老朱每月只有三四十元退休金，不够进一次货。他老伴支持他，把圈里正长膘的两头猪拉到镇上卖了，把300多元交给了老朱。这300多元撑起了龙门书店！那时，图书进货必须走新华书店这一渠道，市区新华书店有时货不齐，只有到周边区县的新华书店调剂，挤长途汽车去进货，路上让小偷偷走了80元书款，他心疼得蹲在汽车站痛哭了一场，觉得对不起老伴儿。

老朱把当年三联书店"好书必进、进必好书"的店规当成自己的店规。他在当地是独家生意，周边学校、农村的人买书都到龙门书店，年销售图书百十万册，每期《故事会》他能批出20万册，成为业界有名的"图书大王"，龙门书店在全国渐有名气。陕西出版社主动给他发来了2万多本图书；结果书卖完一年多，也没人来要钱。老朱就主动上门送钱，原来是这家出版社人员调离，把这单业务忘了。老朱送款上门，龙门书店讲信誉的美名越传越远。

老朱诚信经营、捐资评选"读书成才有为青年"、开办"救助商户110"，先后3次被评为洛阳市季度文明新事，2007年他又被评选为洛阳市"十大道德楷模"。他的书店门前挂着"全国信誉良好书店""诚信标兵""诚信经营示范店"各种匾牌。

老朱开办个体书店后，洛阳的文化名人段星灿、赵光潜也接着办起了文化书店。

段星灿是河南新安人，1925年出生，1944年参加八路军，历任教员、军报编辑干事、华北军政大学政治部宣传助理员、中央军委总政治部组织部助理员、洛阳第二师范学校语文教师，1985年离休。他一生多难，少年时期，读了大量进步书籍，投身八路军，成为华北军政大学著名的才子。在反"右"

运动中,他慷慨陈言,被开除党籍军籍,扣上"右派分子"帽子,发配到山西接受劳动教育。1962 年,段星灿"摘帽"后回到新安县教书;1979 年,被"改错"恢复党籍军籍,后调洛阳幼儿师范学校任教师;退休后,因为一生喜爱读书,他也办起了书店,同时笔耕不辍;2004 年,80 多岁时出版了《风雨萍踪》(上下卷),成为洛阳的传奇人物。

赵光潜是洛阳孟津平乐人,1921 出生,13 岁读完小学,14 岁到洛阳商务印书馆当学徒,20 岁经营书店——新中国书局,1942 年受聘任《大捷日报》营业主任、记者,日寇投降后重操旧业,任洛阳商务印书馆经理,新中国成立后在西安开办龙门书店,1954 年到上海开书店;次年受聘北京中学,任高中文学教师;1957 年被错划"右派","降低工资,保留公职";1958 年举家迁居甘肃陇东平凉;1962 年 8 月"摘帽";1978 年"改正错划"后,任洛阳十中教师;1981 年退休;1983 年重操旧业,创办文化书店。他聪慧勤奋,自幼利用经营书店、接触文化人的便利,刻苦读书,自学成才。著有自选集《书林荆棘》。他说:"一生和书打交道,因书而辨是非,因书而遭横祸,故此集名曰《书林荆棘》。"他很珍重与作家、学界名人商承祚、施蛰存、公刘、钱君匋、王元化、黄裳、黄笃维、陈四益、黄永厚等的交往,长期保存他们的书简,并将他们的手稿置于卷首。

这样 3 位老人,他们对书的热爱,对书业的虔诚,对书店投入的心血,不是常人能理解的。我对他们发自内心地敬佩与尊敬。

自从办起了首都图书交易会,3 位老先生可算找到直接进货的畅通渠道,再不用为货源犯愁。每次交易会发邀请时,我都要督促工作人员给3 位老前辈寄发邀请函。他们每次来京参加交易会,我都会交代接待人员尽量安排方便他们的房间。遇到不熟悉的出版社订货受阻时,他们也会找我,我就直接到出版社的展位,向出版社做介绍,并且出面担保。就这样,我和 3 老结下了很深的情义。段星灿老先生特意送我的少林寺碑拓,我至今保留着。

我没帮过他们什么,只是为他们提供服务

昆明新知书店的李勇、哈尔滨学府书店的陈阳和武汉教育书店的张高顺,我没帮他们做过多少具体的事,但近30多年来,我们一直是朋友。

李勇还没有在昆明建上万平方米的书城前,新知书店的业务就已经做得很大了。在中央党校首都图书交易会上,他的得力业务经理罗莉总带着七八个业务员,而且都是统一着装的漂亮美女,活跃在订货大厅里。每次来京参加订货会,他们总要来近10名业务人员。中央党校住房就3000个床位,李勇报了名总还是不放心,总要亲自给我打电话落实住房。他们是交易会的订货大户,我每次都是重点保障。新知书店的企业形象,可以说就是罗莉和她手下这帮业务姑娘树立起来的,她们就是新知书店的形象代言人。

李勇后来扩大经营,同时搞起了纯净水。他还特意同我商量,是不是由他专门给交易会保障纯净水供应。我觉得这事对他没多少利益,一是路途遥远,把水从昆明运到北京,太远,费用也大;二是交易会已固定在每年的一月初,天气寒冷,用不了多少水。我劝他不必费事。

后来他又扩大经营范围,在云南创建了仙桃基地,培育出了可以出口的仙桃。我吃过他们的仙桃,个儿大,白里透红,真如《西游记》中王母娘娘开蟠桃会的仙桃一般。

李勇是个有思想的企业家,他一边工作,一边积累自己的思想,出版了一本《李勇语录》。我收到他寄来的书后,认真拜读了,全书分企业价值篇、发展战略篇、创新理念篇、管理思想篇、哲学思想篇、人生感情篇、社会责任篇等7部分。"图书事业是人类社会的阳光产业,为了共同的事业和目标,我们走到了一起,成为为繁荣文化教育事业而奋斗的新知人""据说人有去

生、今生和来生,如果真是这样,来生我还选择做图书发行。我是一个执着、认真的人,新知是一个坚守自己文化理想的企业,如果真有图书发行企业消亡的那一天,新知也是最后一个",这些都是他在新知创业与实践中形成的思想与理念,我觉得十分可贵。

在哈尔滨乃至全国,不知道学府书店的人恐怕不多。我和陈阳两口子也是在首都图书交易会上认识的。他们夫妻俩一个脾气,都比较木讷,不只是平时与人交往比较木讷,做生意谈业务也是如此,做得多说得少。我与他们俩头一次接触就感觉到他们人实在,做事踏实。在订货会上,他们也不喜欢搞交际,不吃请,也不请吃,两口子带着业务人员默默地泡在展厅里,开几天会,他们就在展厅里泡几天,一个社一个社看样书下订单,几乎不掺和别人的事,也几乎不参加别人的聚会。他们是全身心地投入书业,所以,他们的业务越做越大,越做越红火,他们在哈尔滨有7个门市部,但他们仍是不声不响,也不在媒体上搞什么宣传。

他们也像李勇一样,每年订货会报名后,总还是不放心,总要给我打个电话,希望关照,保证他们有房间,因为他们每次也是要带一批业务人员来订货,要不完不成任务。

国际书商协会一直表示中国出版业都是国有企业,没有民营企业,总以没有出版自由为由把我国排除在世界书商协会之外。第五届中国版协为此决定扩大常务理事单位,我提议吸收民营书业的代表做常务理事单位,主席办公会讨论同意;我把昆明新知书店李勇、哈尔滨学府书店陈阳和广州学而优书店陈定芳、当当李国庆等都列入了常务理事建议名单,理事会讨论一致通过。陈阳谦虚,让他爱人做了常务理事。

2011年5月,第21届全国图书交易博览会由黑龙江省新闻出版局承办,中央出版社仍然由中国出版协会和中国书刊发行业协会统一组团参展。2010年年底,我去哈尔滨参加书博会的预备会。陈阳听说我开始温习丢了40多年的书法,便要我为他们店写一幅字。我十八九岁时学习过隶书,当兵后没习书的条件，也没习书的时间，就把书法彻底扔了，这一扔就是40多年，到了这把年纪，也算有了一点闲暇的时间，我就想恢复书法爱好。但那时候，自己觉得还拿不出手，陈阳是老朋友，开了口，我就不好拒绝。

给他写什么呢？我用心想了一下，想到郑板桥的诗《竹石》："咬定青山不放松，立根原在破岩中。千磨万击还坚劲，任尔东西南北风。"陈阳他们创业的艰难，与竹子的精神正相吻合，选这首诗最合适不过了。

到了哈尔滨，陈阳打电话，说，这么多年了，还没到店里喝过一口水，这次怎么也得到店里看看。预备会会期很短，活动安排得满满的，根本抽不出时间去学府书店。晚上陈阳到宾馆来看我，我把字给了他。他非常满意，说，也只有我才会理解他们所走过的路。听说我们要到牡丹江去看分会场，顺便要去雪乡，而我还是北京的装束，什么防寒衣具都没准备。陈阳说，你穿这鞋根本进不了雪乡。第二天晚上他给我送来了雪地旅游鞋和滑雪帽。

到雪乡上了山，头一次感受到零下30多摄氏度的寒冷，他们几个人的相机全都冻"死"了，拍不了一张照片，唯我的佳能单反因相机新，还能坚强地继续工作。第二天我们就直接回了北京。至今我仍未能去学府书店看一看，北京的几个同行倒是给我打了电话，说在陈阳的办公室看到了我给他写的字，裱好了挂在办公室的墙上，挺好，要我也给他们写幅字。

武汉教育书店的张高顺是解放军出版社的发行处长周世华介绍给我认识的，他们与张高胜已建立了业务来往，说张高顺原来是中学语文教师，硚口区教育局要发展三产搞书店，他就下了海。他毕竟是语文老师，有他的鉴赏趣味与追求，书店名虽为教育书店，但实际上他几乎没搞教辅类图书，而喜欢搞文学和社科类图书。

我们社的书很对他胃口，像《抗美援朝战争回忆》《缅甸中日大角逐》《秘密出兵亚热丛林》《红墙内外》，每一种他都批了几千册。他对军事图书尤为喜爱，那年我们出的《超限战》，仅他一个店就批了7000多册。

老张做生意像教语文一样严谨，非常讲信用。我把他介绍给了许多兄弟出版社，大家信赖他，他更对朋友负责，从来没欠过出版社的书款。

　　别看他当过语文老师，其实平时很寡言，是个行动多于言说的木讷人。2003年春北京图书订货会上，他一见到我，没有招呼，只是默默地走近我，然后张开双臂紧紧地拥抱了我，一句话都不说。拥抱超过了往常该持续的时间，他那有力的双臂让我突然明白了拥抱的缘由。他是因我终审出版《超限战》受处分而不解，为我难过。我感激地拍拍他的肩膀，对他说，没有什么，我写的终审意见我背不下来，但心里有数。我大体写了3点意见：一、这是一部难得的军事理论创新著述，不只对全军将士提高军事理论水平有意义，而且对专业研究人员也会有启迪；两位作者对新军事理论关注多年，我们社已经出版过他们的《军官素质论》。二、本书不针对任何国家，不涉及周边关系，是一部21世纪未来战争战术想定的纯军事理论研究探讨之作。三、本书不涉及我军机密，没有保密问题。我犯不了什么大错误，处分没什么大不了。我们该吸取的教训是，必须坚定局部服从全局的原则，因为所处的位置不同，思考问题的角度也不同。把一切都交给历史吧，历史总是公正的，它会告诉人们，究竟是谁在犯错误。

　　这就是朋友，真正的朋友。虽然不朝夕相处，也没在一起吃过饭喝过酒，但彼此心性相通，相互以对方荣为荣，以对方辱为辱。人世间还有比这更深、更真的友情吗？

　　民营书店的朋友同样遍布天下，广州学而优书店的陈定芳，还有早期的付友好、向丹阳，厦门树人书店的郑中贵，仓山书局的金能仁，杭州三联书店的叶芳，晓风书屋的朋友，南京九歌书店的黄庆援，安徽儒林书店的王吮原，成都希望书店的周六炎，新大陆书店的郑强，古旧书店已故的蓝绍洲，青岛东方书店的张青……从南到北，胜不胜数。可贵的不只是我同这些朋友结下了深厚的友谊，更难得的，也是值得记忆、值得骄傲的是，我们没有愧对自己的青春，我们共同为中国书业的兴盛，为中华文化的传承与发展，付出了各自的辛劳与贡献。

第四辑

做大才可称强

新时期出版人改革亲历丛书

前面我已说过,图书在中国,除了有商品属性,它还有个精神产品的属性。我国历来把新闻出版纳入意识形态领域,中国的历史传统也非常重视图书的教化功能。图书客观上是知识的载体,但它同时具有引导人们陶冶情操、纯洁心灵、向往崇高的化育功能,尤其是文学艺术和励志思想类图书。因而,做图书发行工作,必须充分认识图书这一本质属性,熟知它的功能与作用,顺应社会发展规律,配合社会主流生活趋势,迎合人们的价值取向,有理有利有节又不失时机地掌握市场动向,以国家、民族、社会和民众的需求为最高目标,适时地将主题内涵与社会主流生活相吻合的图书投放市场,这才是一个图书发行工作者的职责。

　　假如说社会生活是一部波澜壮阔的协奏曲的话,那么社会的主流生活便是这部协奏曲的主旋律,各行各业发出的声音便是这协奏曲总谱的配器分谱,各个分谱只有当它发出的旋律与主旋律相和谐吻合形成和声时,才是那分谱旋律最美妙最动听的最强音。我体会到,图书发行工作,只有当所发图书蕴含的主题价值与时代主旋律相融合吻合时,这项工作才能在社会产生影响,所发图书也就一定能成为最畅销的图书。

我找到了与时代主流吻合的旋律

1989 年,历史一定会记住那一年。

那一年全国性的学潮风波,惊了全国人民的心,至今都让人难忘,叫人反思。

无论从哪个角度来总结评判这场风波,毋庸置疑,也不用讳言,不可否认的一个事实是:这场风波把全国人民的心绪搞乱了。

那年事后,我在思考,面对全国人民纷乱的心绪,作为一个出版人、一个图书发行工作者,我能做些什么呢? 我想,这不平静的一年过去了,历史在前进,社会要发展,我们的国家正在进行改革开放,1990 年,党和国家肯定要开展一个能让全国人民参与、能安定人们心绪、能统一社会价值观的活动。我想到了学雷锋。

过了国庆节,我向凌社长汇报了我的想法,为了配合全国明年的学雷锋活动,我建议重新再版《雷锋日记》与《雷锋的故事》。

凌社长有些犹豫,前两年为了加大为部队服务的力度,他曾组织重印《雷锋日记》,印了 5 万册,到 1989 年仓库里还积压近 3 万册。

我的建议不是重印,而是再版。我已经有了方案:强调解放军文艺出版社再版原版《雷锋日记》《雷锋的故事》,由党和国家领导人题词,由郭沫若题写书名,重新设计封面,开本采用国际畅销书流行本。当时已经有了利华印刷厂,有成套进口的融印刷、折页、装订、烘烤、裁切于一体的自动化印刷设备,一天能印制出书1万册。

社领导开会研究我的意见。社里竟有人把这事当笑话一样私下里传,说我脑子出了问题,要大量印刷《雷锋日记》和《雷锋的故事》。

社长办公会还是同意了我的建议,此事便投入实施操作。因是再版,没有多少编辑的事,也就联系美编重新设计封面,联系出版重新按国际流行本出片这两件事,封面与版式更多的还要听我们发行的意见,出版也就是联系工厂发稿,定价、工厂印刷、出书时间、送书这些事都还是由我们发行去同工厂谈,这事实际上是发行部在牵头协调一切。

事情是我发起的,虽然社领导支持我,决定做这件事,但社里仍有不同意见,这对我来说是一种压力。这两种书究竟有多大市场? 我心里也没有底。我心里清楚,这两种书的市场大小,不在于书本身的价值,而取决于中央的决心和学习活动的声势。中央的决心大,学习声势就大,市场也就大;中央的决心小,学习声势就小,市场也就小。中央的决心大小我无法猜测,所以我对市场大小完全没有把握。准备工作就绪,我被"推上了墙",工厂要定开机印数,究竟印多少合适,这是个要命的难题。印多了造成库存积压,浪费的是钱,钱是社里的,主意是我出的,亏了赔了,社里谁都会有意见,我就成了罪人;印少了,赶这么早,弄这么大动静,印几万册,赚不了钱,只能赚吆喝。

有压力也好,压力往往会变为动力,起码肩上已经有了担子。自己找出来的事,自己当然得负责。俗话说,事在人为,什么事都是人做出来的,既然要做这件事,就尽自己的能力把事情做好。我想,我能做的只有两件事,一是监督工厂把书印好,二是在宣传征订上下功夫。

我第一个找的是新华书店总店北京发行所的高淑晏,我和她说了再版《雷锋日记》和《雷锋的故事》的事,同时说了我的想法,问发行所能要多少书。她开口就给我泼了一盆冷水,说这书现在还有人买吗? 我说,肯定有人买,个人不买,组织系统会买,而且数量不会小。我给她分析宣传了半天,她说这事她一个人不好定,他们得研究一下再说。结果一个礼拜没有回音。我再次电话催她,她才勉强说,他们要 5 万册。我说肯定不够,我给你们准备 15 万册,临时再要增加可能不行,因为印刷厂印不出来,过了 3 月 5 日后,这市场就没有了。

这事我们社同时向总政做了汇报。不久,总政传来了好消息,杨白冰主任指示,《雷锋日记》发给当年入伍的新兵。我们通过有关部门很快得到了准确数字,加上机动数,我们向总政有关部门报告了 30 万册。没多久,上面批复下来,要 29 万册,按分配数直接发往各大军区和军兵种。

我高兴极了,有了这个底数,我不再犯愁。我让出版科通知印刷厂立即开机,从 11 月初开始,我们不说停印,工厂不能停机,因为这开本就只一家能印刷,不停机 1 个月才能印 30 万册。总政下发的 29 万册得印 1 个月,这样我就有了向各地新华书店征订的时间,到时候接着下印数,工厂生产就接上了。为确保按时出书和后续生产不断线,我派王晓笛到印刷厂盯着,不让工厂停机,更不让工厂接其他社的印刷任务。

设计好宣传征订单之后,我没有让人立即下发征订。这两种书征订需要掌握时机,太早了不行,书店会不当回事扔到一边;太晚了,来不及供货,错过了时机。这个时机什么时间最佳? 我认为团中央或中宣部发文件时是最好的时间。我通过各种渠道打听,中宣部不为这事单发文件,而团中央要发文件,在共青团系统掀起学雷锋的新高潮。

我向凌社长汇报,拟在《中国青年报》做一次广告,位置要放在最显眼、最引人注目的《中国青年报》的报眼上,即报名旁边那一块,那位置一般都是刊登党和国家主要领导人会见外宾的照片或消息。我们社《昆仑》杂志编辑叶鹏的爱人谢湘在《中国青年报》,我通过她要下了这块广告版面,报社觉得我们这广告的内容合适,也就同意了,费用 3500 元,时间暂定在 1 月

20 日前后，当时打听到的团中央发文件的时间就是 1 月 20 日左右。

后来团中央确定 1 月 23 日发文件，我查日历是周一。周日和周一都没版面，那位置都有重要消息占着，只有周六有版面，我们就周六（1 月 21 日）在《中国青年报》的报眼上做了"解放军文艺出版社重版原版《雷锋日记》《雷锋的故事》"的广告，强调由党和国家领导人题词，郭沫若题写书名，《雷锋日记》定价 1.70 元，《雷锋的故事》定价 2.90 元。另外请谢湘协调，文件下发的消息刊登时，同时为我社再版《雷锋日记》《雷锋的故事》发一则消息。

团中央下发文件后，其他出版社也行动起来，解放军出版社、湖南人民出版社、学习出版社等也都重印了《学习雷锋好榜样》等书，他们都把《雷锋日记》与《雷锋的故事》合为一本书。

由于我们提前半年开始策划行动，又抓住时机抢在其他社之前在《中国青年报》上做了广告，我们社这两本书的征订效果出人意料的好。首先反馈信息的是发行所的高淑晏，她说 5 万册订少了，要增加订数，说现在就有了近 20 万册的订数。我说幸亏我给你们预留了印数，我先保证供货 15 万册，再想办法让工厂加班，保证给你们 20 万册。接着湖南省新华书店，山东济南、烟台、青岛等地新华书店都直接开卡车到我社来拉书。湖南人民出版社与省新华书店联系推销他们的学习雷锋图书，但省新华书店回答他们，他们要解放军文艺出版社的原版《雷锋日记》和《雷锋的故事》。烟台市新华书店拉书的车遇到问题，我们直接派车给他们把书送了过去。

在 1990 年 1 月至 2 月不到两个月的时间里，我们社实际发行了《雷锋日记》140 万册，回款码洋 238 万元；《雷锋的故事》94 万册，回款码洋 272.6 万元。《雷锋日记》几乎没有剩下库存，《雷锋的故事》剩下 2 万册。据了解，其他闻讯后 1 月份、2 月份才操作的出版社，有的印 5 万册书，只推销出 1 万多册，剩下 3 万多册库存。这真叫先下手为强，后下手遭殃。当时新华书店总店事先只报订了 5 万册，我给他们计划了 15 万册，结果后来各地纷纷通过他们要书,我保障了他们30万册,假如他们早做工作,50万册都出去了。

从策划到印制,到宣传征订,再到供货结算,我们精心计划、精心安排,两本书一切都是由发行部牵头直接操作。《雷锋日记》和《雷锋的故事》是我做发行工作最成功的案例,为我社图书发行工作创造了一个奇迹,策划印制、宣传征订、供货结算等方面都有许多可资后人借鉴的经验。

我们发行部的全体同志像参加会战一样繁忙辛苦,发货来不及,王晓笛、王欢、刘锦昌3个人就分头上车站发货,一天几次跑火车站发货,常常一个人独自装卸一车书。年底,凌社长与社领导商量,破例给了发行部3000元奖金,这是我们社头一次给社里员工发奖金。

发挥优势，
在为部队服务中开拓市场

开展一项新的工作，或展开一项新的业务，实际都是对某一种设想和理念的试验与实践，只能走一步看一步，在试验与实验中不断调整改进，最后达到比较理想的结果。我们做军队图书发行工作也是如此。当初聘请军以上单位的文化干部做我社的特约通讯员，是想在军内建立我社的发行网，请他们协助我社做好本社《解放军文艺》等3个期刊在军内的订阅工作，同时协助我们搞好我社图书在军内图书馆的订购工作。"三刊"征订没有问题，总政文件有明文规定，督促部队按规定订阅"三刊"可以使得上劲，但图书馆购书工作有点老牛掉井里——有劲没处使，实际工作中我发现有许多麻烦。所以，我们及时刹车叫停了这项工作。但是军内这块市场怎么办更好呢？

总结前面的工作，发现原来的做法有3个问题：一是部队干部流动性大，工作很难接替延续；二是图书馆购书量小零散，有的连货都没法发，有点劳民伤财；三是部队军以下单位图书馆没有专项经费，工作难见成效。但是我在作战部队待过18年，而且专管文化工作，我知道，军以上单位，尤其是军区和军兵种总部，经常会拨出专项经费为基层部队购置图书。

鉴于这个情况，我把军内图书发行工作的方向做了调整，工作重点由各军级单位文化处转移到各大军区、各军兵种文化部的文化处。各大军区和军兵种文化部是部队文化系统的领导决策机关，在工作上更具号召力，也有决策权；直接与军区和军兵种文化部联系，工作面缩小，重点突出，联系也方便。

1988年元旦，我们社开始组织新春佳节服务队深入部队服务，到达的第一个单位是北京军区驻石家庄第二十七军机关。袁厚春副社长亲率服务队，人员以发行部、办公室为主，各编辑部也派人参加，拉着本社的书刊到部队做宣传服务。一是向他们图书馆捐赠一部分图书，同时在军营里进行现场优惠销售，既服务了部队，又宣传了本社书刊，扩大了影响，同时还销售了图书，打开了军内市场。自此，这种活动我们每年都搞，后来还走进了北京的大学校园。

1989年11月，杨白冰任中央军委秘书长兼总政治部主任后，特别关心基层部队的文化建设和部队读书活动。1990年，他把自己的主任经费全部拿出来为总政机关解决住房问题，盖机关宿舍楼。同时，他又向总后勤部要了一点机动经费，要为基层部队解决一些文化设施方面的问题。他委托总政办公厅副秘书长和直工部的梁秉治部长召集有关部门开座谈会，征求大家的意见，为基层部队解决点什么问题。杨主任的指示很明确，钱不多，不要撒胡椒面，要重点解决一些部队急需解决的实际问题。

我参加了这个座谈会，会上大家各抒己见，最后集中起来有4个方面的建议：一是给基层配发一些图书，基层部队缺少图书，战士没有书看，这个意见比较集中；二是解决海边防基层部队看不上电视的问题，因为电视差转传输覆盖不到海边防部队；三是解决海边防部队看电影的困难，最好配发放像机；四是基层部队缺少文体活动器材。

最后副秘书长归纳三点统一思想：一、这次经费只能解决专项问题，不能分散，项目太分散了，什么问题都解决不了，也解决不好；二、部队正常文化生活所需活动器材，由正常经费来解决；三、要调动各级各方面的积极性，大家一起来关心解决基层部队文化建设问题。梁部长也认为，这次就只解决重点急需的问题,解决部队实用的问题。

杨主任的指示与举措很快传达到各大单位,根据这个精神,我们加大了与各军区、各军兵种文化部的文化处的联系。各军区和军兵种很快就有了行动,除了解决海边防部队看电视、看电影的问题,许多单位打算为基层部队配购图书。

沈阳军区于 6 月举办了图书工作培训班,我特意赶去参加。第一期培训班有 13 个师 44 个团,共 47 人参加。培训班除了请领导和专家讲课外,还同时进行基层读书活动和图书管理经验交流。工兵 10 团(雷锋生前所在团)、207 团和守备 36 团在会上介绍了图书工作经验。尤其是工兵 10 团,杨白冰主任曾到该团视察,看过他们的文化活动中心和图书馆。第二期培训班是海边防守备部队,共 50 人。沈阳军区根据自身的特点,图书工作培训班突出一个主题,即重点研究在广泛开展读书活动中,如何突出学习雷锋精神这个主题。为此,军区《前进报》开展了"学雷锋精神,做四有新人"的读书专栏征文活动。

在培训班上,各单位也反映了场地设施不足,书源紧张、藏书少,部队看书的人不少但看杂书、闲书的人多,图书管理缺少专业人才,要培养热心人等一些现实问题。

我们还和部队一起开了基层干部座谈会,参加座谈会的有团政治处主任、宣传股长、俱乐部主任和图书管理员。座谈会上除了交流情况,还提了不少很好的建议。358 团政治处主任建议,基层图书馆购书,不要随意在当地购买,应该把购书款交给军区,由军区统一把关,给基层添置图书,这样才能保证图书的质量;他还建议在部队建立文化基地,做好示范。守备 36 团的同志建议,搞一个基层图书馆建设的标准,按照标准来建设;建一个购书网络机构,便于部队购书联系。64 军 570 团的同志建议,部队藏书应该把重点放在团图书馆的建设上,连队不宜藏书,因为副指导员编制没有了,没干部管,连队人员流动性大,管理没有延续性,所以连队图书室的书留下的少、丢失的多。

我在座谈会上和大家谈了我们社为部队读书活动服务的方案,介绍了为部队代购图书的方法,很受大家欢迎。

为积极配合部队的读书活动,我们立即编印了供部队选购的图书目录。书目所选图书不限于我们本社的书,我们请"九联"和"十联"各社提供他们的最新书目,从各社图书中选择适合部队官兵阅读的图书,编入选购书目,名称叫"部队图书馆藏书推荐目录"。书目寄到各大军区、各军兵种的文化处,由军区选购,或由军区转发到各团,由团自由选择,再由军区汇总,与我们联系购书。代购图书业务的基本操作方法是:

1. 由各大单位确定选购图书的标准,包括金额,配购单位的数量,并提供配购单位的收货地址;

2. 由各大单位与本社商定选购书目和每种图书的复本量;

3. 本社图书一律 75 折优惠,其他兄弟社图书 85 折优惠;

4.所购图书,由本社直接发运到接收单位,不通火车的单位,可委托其他单位代收中转。

此种方法效果非常好,1990 年我们先后与南京军区、济南军区、成都军区、兰州军区、第二炮兵、新疆军区、总后勤部接上关系,为他们的部队配购了 241 万元实洋的图书。其中南京军区三批 21 万元,济南军区两批 48 万元,成都军区 21 万元,总后勤部两批 65 万元,还有兰州军区、第二炮兵、新疆军区、西藏军区等。

为部队代购图书的工作是一项比较琐碎的活儿,各部队所选购的图书都是品种多、复本量小,每个大单位下发的单位却很分散,有的几十个,有的上百个,配书包装,就像抓中药一样,先把每种书所需的数量提出来,然后再按分发单,一册、两册、三册地分到每个基层单位,配齐后再按单位依次打包,写上单位名称,编好包号。

　　为了避免差错,我们腾出一间库房做配书工作间,把购书单位的每个基层单位名称按序依次贴到墙上,然后把该单位的图书一本一本分配到名下,配齐后再进行检验包装。每接到一个军区或军兵种的业务,业务人员先按所选购的图书品种和数量采购好外版图书,然后发行部所有人员全力以赴,真可以说是赤膊上阵,突击配书包装,按时发货。

　　这种代购图书业务的开展,真正建起了军内图书发行网,打开了军内图书发行市场。这个业务的开展取得了一举四得的效果:一是为部队文化建设提供了服务;二是把本社图书发行到了部队基层单位,扩大了市场,增加了销售;三是为中央联合体的兄弟出版社提供了帮助,让他们的图书也走进了军营;四是形成了本社为部队服务的工作流程,提高了发行部的业务能力。

　　这项业务成为我社发行部的光荣传统坚持了下来,到我担任副社长后,发行部成立了一个"军营读书服务中心",专门负责为部队代购图书的业务,代购的同时,还在团以上单位开办建立"军营读书俱乐部"的活动,采用本社捐赠 3000 册图书与单位购买相结合的方法解决书源,增加团以上单位图书馆的藏书量,以满足广大指战员的阅读需求。我们首先在北京军区搞了试点,开现场会进行示范。我们的服务口号是:传播高品位军营文化,打造高素质军事人才。由我们定期编印部队图书馆藏书目录,供部队选购。

　　没想到的是,这项工作我们还没有全面铺开,地方的个体书商倒抢先进入了军营办起了流动书屋。我到 38 军下属部队体验生活时,发现有家个体图书公司与各个团合作搞起了流动书屋,开展图书借阅经营。合作方式是:部队提供房子和书架,书商提供书,雇一个当地老百姓或部队的家属管理经营,部队家属不用管食宿,雇当地老百姓由部队免费提供食宿。每个书屋有近上万种图书,几个团的流动书屋定期交换图书。借阅的方法是:每个战士每年交 30 元钱办借书证,凭证借书阅读,一次借一本书,交押金;年底再交 30 元钱办下一年度的借书证。按每个团 2000 个借书证计算,一个点一年可收费 6 万元,而管理员工资每月仅 1000 元,其他没有任何费用。我看了书商的书,近万种图书中没有一本军队出版社出的书,大部分图书是地摊上盗版的各类畅销书。

部队图的是只要提供两间房子和一个人的食宿,用不着花钱就可以为战士解决读书问题,比与我们建"军营读书俱乐部"省事,因为团里没有钱买书。这种形式不是没有可取之处,只是适合部队官兵阅读的书太少。这个问题我曾向总政文化处汇报过,也曾与基层部队探讨过。我们也无法像书商那样雇人到各部队去办流动书屋,这个问题成为我们需要攻克的难题。

借力造势，
把代购图书做成中心工作

1991 年赶上一个好机会，总政决定拨款 2000 万元为全军团以上单位图书馆购书。

听到这一消息，我们非常振奋。凌社长带着我一起去面见了杨白冰主任，请领为全军部队代购图书的任务。杨主任是凌社长的老领导，新中国成立后他一直在成都军区（新中国成立后初期叫西南军区）工作。凌社长在成都军区文化部当文化科科长时，杨白冰任成都军区政治部副主任，直接分管文化部。凌社长对我说："我个人的事从来不找老领导，但为了咱们社的建设和发展，这事我必须去找老领导。"

杨主任亲自接见了我们。凌社长让我把这几年为部队服务、为各军区和军兵种代购图书的具体情况向杨主任做了汇报。凌社长主动要求：把这次为部队配购图书的任务交给我们社来办，我们将在全国出版社范围内编选适合全军指战员阅读的优秀图书目录，供部队挑选；以最优惠的折扣，最优质的服务质量，将书配送到各部队，为总政做好这件加强部队文化建设的大事。

杨主任表扬了我们为部队服务的精神，说用什么方式来办这件为基层部队服务的事，还要研究。他的想法是要尊重基层部队的愿望，不要自上而下配发，而应该自下而上由部队来选择，基层部队的事让基层部队自己来办。他说，编书目很好，要从加强部队全面建设的角度来选择图书，类别可以多一些,范围可以大一些,要把全国最好的图书推荐给部队。书目尽快编好报上来,研究后,可以下发部队。

我立即着手选编部队图书馆藏书参考书目。当时我们考虑,这个书目要以总政的名义下发部队,必须站在全军的高度来考虑部队图书馆建设的需求,从加强和有助于部队思想建设着眼,从提高广大官兵素质出发,为部队提供一个高质量的结构合理、门类齐全、内容丰富、情趣健康、领导满意、官兵喜爱的图书目录。一不能局限于我们本社的图书,也不能只限于中央和北京地区出版社的图书,而应该从全国出版社选书;二要以文学艺术类、思想励志类和军事类图书为重点,兼顾政治、经济、历史、法律、科普、科技知识、生活类图书。

为掌握全国出版社图书出版的基本情况,我们列出全国的重点出版社,分工包干,分头联系搜集各社的书目,同时请各社自己推荐重点优秀图书。在此基础上,我编拟了《旅团图书馆藏书参考书目》和《连队图书室藏书书目》两个书目,分为中外文学名著,现当代优秀文学作品,人物传记和纪实文学,思想励志类读物,军事类读物,政治、经济、历史、法律著作,科技与科普读物,知识工具书,生活实用类图书及其他共十大类近 5000 种图书。书目报给总政文化部之后,我们又听取了文化部领导的意见,对书目做了修改与补充。

总政首长和机关考虑问题的角度自然与我们不同。我们是希望总政领导机关确定一个统一的配发标准,我们根据这个标准的金额,拟定书目,经总政批准后,由我们社采购直接配发到各个部队。这样能做到两个保证,一是保证图书质量,二是保证把领导的关心落实到全军各基层单位。经费可以待全军配购任务完成,经机关到部队验收后,再划拨给我们社,然后我们再与全国相关出版社结算。当然,我们社积极争取这个任务,除了想为部队服务、为机关办事外,也想通过这个配书活动把我们社的图书更多地装备到部队,实现良好的经济效益。就算是帮部队代购其他出版社的图书,我们也可以挣一点发行服务利润。

总政首长和机关考虑的是,这件事是总政直接为基层部队办实事的体现,是领导和机关作风的转变,将经费划入出版社,由出版社统一配发,出版社成了直接服务单位,部队就不能直接感受到总政领导和机关对基层的关心,这自然不合适。另一方面,领导和机关担心,自上而下的配发,反正是上面发的,不花钱,下面不重视、不珍惜,容易出现层层留书的现象,这样首长和机关对部队建设的关怀、关心就要打折扣。

总政最后决定,将2000万元经费按建制分配下拨到各军区、各军兵种政治部,同时要求各大单位也相应拿出部分经费,将经费一起直接下拨至各基层部队,由军区或基层部队自主选购图书。

经过我们努力,总政领导和机关还是同意将我社编印的参考书目下发给部队,供部队选购做参考,这也算是对我社工作的支持,我们就有理由,也方便与各部队进行代购图书业务的联系。

经费下拨和书目下发后,我们把为部队代购图书作为发行部年度的重点工作,分派两名业务人员分别与各军区、各军兵种联系。为了体现我们为部队服务的决心和态度,业务人员统一口径:一、完全尊重部队的意见,由部队自主选购图书;二、选购图书不限于我们所编书目的图书品种,部队可以自主增加书目之外的图书,中央和地方出版社、当地出版社的图书都可以;三、为了方便基层部队统一收货管理,无论是参考书目内还是书目外的图书,建议由我们社统一与相关出版社联系进货,统一配购,当地出版社的图书也可以直接配购到基层部队。总之,一切都尊重各大单位的意见,我们就是提供服务。

得益于原来已经为部队代购过图书,有配书的经验,与各大单位也已经有过业务关系,加上我们的努力,沈阳军区、北京军区、武警部队、海军、成都军区 5 个大单位的任务确定由我们社为他们代购;济南军区由我们支持的军事书店——前卫书店代购;南京军区由新华书店的军事书店代购;其他部队由他们自己找当地的书店合作。

这个工程比较浩大,图书牵涉全国几十家出版社,我们需要先备货,然后按照各单位确定的选购书目进行配书、包装、发运。几个大单位所要图书码洋近 1600 万元,我们从来没有接到过这么大的业务。各大单位确定好书目与数量后,我们立即投入采购工作。

为了完成好这一任务,我们邀请了书目相关的几十家在京兄弟出版社的发行部负责人开会,与他们结为合作伙伴,请各出版社给予配合支持,这也是一项具体的支持军队建设的工作,是一次拥军活动,各社要确保上书目的图书保质保量及时供货。兄弟出版社都认为是我们帮助了他们,积极支持,一致答应按时保质保量送货上门,什么时间要,什么时间送到。

凌社长给全社做动员,要求从领导到编辑,从发行部到办公室,全社的一切工作都要服从为部队代购图书的任务,每一位干部与职工,都要轮流到书库参加配书劳动,确保按时圆满完成这个任务要求。真是辛苦了大家,一些年纪大一点的同志,在书库搬一天书、分发一天书,累得腰酸背痛,晚上睡觉连床都上不去。

1990 年,我们社本版图书年发行码洋超过了 1200 万元,为本社积累了资金,年底还向总政直工部上交了 106 万元;1991 年, 发行码洋超过了 2000 万元,上交了 100 万元以上利润。我们社原来银行存款只有 10 万元的经营家底,到 1992 年,已经有了 480 万元活期存款、640 万元定期存款,一共有了 1100 多万元的资金积累。

准确判断，
用畅销书打开市场

　　市场，在计划经济年代，仅仅是个概念，它呆板得没有一点经济杠杆的活力，因为那时候在那种体制下，在市场流通的不是商品，而是由国家统一定价、统一计划分配、全国统一凭票证供应的产品。市场，只有当它成为商品市场时，才能充分显示其活力与功能。相比较而言，我国图书市场真正显示其商品市场调节功能，是在 20 世纪出版社自办总发行后的 80 年代中后期，从那时候起，出版业才真正体会到，市场是检验商品价值的晴雨表。

　　就图书市场而言，在那一段时间内，读者的阅读取向偏重于纪实，纪实文学类图书成为市场热点。细想起来，那是长达 10 年的"文化大革命"所致。"文革"10 年并非一无是处，全国人民帮助共产党整治党内违背党的原则、败坏党的作风、贪污腐败等种种错误，不畏权威，不讲情面，其狂风暴雨般的气势如风卷残云，势不可挡，从上到下，从南到北，席卷神州大地，无一处遗漏，当时确是大快人心。但全国人民一起参加的群众运动发动起来之后的狂热，谁都无法预料，谁也无力掌舵。江海横流，泥沙俱下，黑白混淆了，是非颠倒了，思想搞乱了，怀疑一切、打倒一切、废除一切成为时代的主流，在打倒牛鬼蛇神假恶丑的同时，把党的好干部、文化精英、真善美也一起丢弃。社会秩序、工农业生产和经济建设遭到破坏仅是一个方面，尤为严重的是让全国人民失去了信仰与敬畏，搞乱了是非标准，把崇高看作虚伪，把真理当作谬论，把真诚比作诡诈，中华民族的道德体系遭到毁灭性破坏。

粉碎"四人帮"结束动乱后,人们的心态沉静下来,"拨乱反正"的运动让人们开始反思,何为乱? 何为正? 在这样一种思潮的作用下,人们都想追求历史的真实,都想知道历史的真实,纪实文学便适应了这种心态与思潮,优秀的纪实文学便一时洛阳纸贵。

先是钱钢的《唐山大地震》,在我们《解放军文艺》杂志的 1986 年 3 月发表。那时社里发行部还没筹建,但社会上已经有了个体书商。有书商想合作出书,社里没人懂图书经营和合作出版该掌握的环节,编辑想试试,为社里挣点钱,结果让书商给骗了,印数隐瞒了几十万册,发现后采取措施,才收缴回来 7 万多册图书。但纪实文学能畅销给了大家启示。

1987 年《志愿军战俘纪实》《南京大屠杀》和 1988 年《毛泽东·尼克松在 1972》的成功,让我们真正尝到了纪实文学的甜头。《志愿军战俘纪实》发行了 21 万册,《南京大屠杀》发行了 15 万册,《毛泽东·尼克松在 1972》发行了 17 万册,这都是我社历史上没有的。

我给丛书编辑部主任吴振录出主意,纪实文学市场大,可以成为畅销书,那么我们就包装纪实文学,让纪实文学成为我们社的一个品牌。现在作者与读者非常关注新中国成立以后发生的重大事件和重要人物,像《志愿军战俘纪实》和《毛泽东·尼克松在 1972》就是如此,我们给这种纪实文学起个丛书名,就叫"新中国纪实丛书",凡描写新中国成立以后重大事件和重要人物的纪实文学,都列入这套丛书里。这样成套打入市场,就可以形成品牌形象。丛书里已经销售的畅销书,能带动后来的书;后来的书再畅销,又可反过来带动前面已经出版、已经销售过的图书。丛书编辑部的编辑都觉得我这主意很好。

1989 年年初,朱传雄像中了彩票一样告诉我,他抓到了空军作家权延赤的一部纪实文学书稿,是写毛泽东的。我听到这消息非常兴奋。

权延赤是我们解放军文艺出版社培养出来的作家。他 1976 年在《山西文学》发表处女作《新来的女大学生》，受到了我们《解放军文艺》和《昆仑》两个杂志的关注，后来进了空军政治部创作室成了专业作家。他的成名作《第三代开天人》以及《老兵》等中短篇小说，都是在我社《解放军文艺》和《昆仑》上发表的，曾4次获得解放军文艺优秀作品一等奖。我们社专门为培养扶植部队青年作家而设立的"昆仑文学丛书"，1984年就给他出版了中短篇小说集《第三代开天人》。

朱传雄告诉我，权延赤手里有三四部写毛泽东的书稿，他答应把最好的一部给我们。老朱一直不停地在联系作者，寻找畅销书稿，权延赤给他透露消息后，老朱更是盯着不放，反复找权延赤，要他一定把最好的书稿给我们。后来朱传雄掌握了他所有书稿的情况，一部是写毛泽东走出神化走入人间社会的，一部是卫队长谈毛泽东的，一部是卫队长发现从不流泪的毛泽东3次流泪的故事，还有一部是毛泽东的生活实录。老朱说他觉得写毛泽东真实生活的这一部最好。他已经同权延赤谈好，沿着毛泽东走下神坛的思路走，写毛泽东平时的日常生活。在重大政治事件、重大社会变革面前，领袖人物往往会在挑战下充分显示才华胆魄，但更多的时候他也要像普通人一样去面对日常生活中的琐碎事情和人与人之间的关系缠绕，他也是血肉之躯，他也有儿女情长，他同样是妻子的丈夫、儿女的父亲，他和常人一样需要跳舞娱乐，可他更多的是在红墙内过着不同于常人的生活，往往高处不胜寒。

老朱确定要这一部，书名叫《红墙内外——毛泽东生活实录》，权延赤也答应把这一部给我们，他正在按老朱的意见做最后的修改。

我非常赞同，关于领袖的各种传奇故事，不适合我们出版，可以放弃，但真实地写毛泽东的生活，很好。因为作为领袖的毛泽东被书写得已经不少，全国人民知道的也不少，但作为丈夫、作为父亲、作为普通男人的毛泽东，大家还不知道，或者知道得很少，这恰恰是广大读者所关注的。

1989 年 4 月，中外文化出版社抢先出版了权延赤的纪实文学《走下神坛的毛泽东》；同在 4 月，求实出版社也推出了权延赤的《领袖泪》。

我们社也加快步伐，于同年 5 月出版了《红墙内外——毛泽东生活实录》，成为我社首部以"新中国纪实丛书"出版的图书。北京出版社与我们几乎是同时出版了权延赤的《卫士长谈毛泽东》，连同前面已出版的两部书，我国图书市场几乎同时出现同一作者写的 4 部毛泽东的纪实文学图书。

这时出版这些书，时间不是特别好，当时学潮正进入高峰，北京实行了戒严，书出版后未能立即掀起销售高潮。

权延赤的书真正在市场轰动起来是在 1989 年的下半年。学潮风波过后，几个社不约而同在全力宣传一个作者，各大报纸连载的连载，发消息的发消息，我们社还专门为书印制了招贴。我们社不只在宣传上下功夫，而且在全国图书市场的批发销售上做了细致的工作。在各省会城市和计划单列城市，均选择了一家有覆盖能力的批发书店独家包销此书，每家进货 5000 ~ 20 000 册。首印 20 万册，一次性铺满全国各大城市书店书摊。几本书相互影响，相互促销，都成为市场最畅销的图书，权延赤也成为全国知名的畅销书作者。我们社的"新中国纪实丛书"也跟着在全国打响。这本书连续数次加印，发行了 65 万册。

接着刘迪云抓到了马辂、马泰泉的《国防部长浮沉记》，也把它纳入了"新中国纪实丛书"，同时把靳大鹰的《志愿军战俘纪实》和陈敦德的《毛泽东·尼克松在 1972》两本书也冠以"新中国纪实丛书"再版重印。这样，丛书就有了 4 种书，而且都很畅销。国防部长彭德怀，也是全国人民爱戴的开国元勋，他的命运挫折受到国人广泛的关注，《国防部长浮沉记》开机也是 10 万册。

"新中国纪实丛书"很快形成了读者群，发行部经常会接到各地读者的咨询电话和来信，他们时刻关注着我社这套丛书的出版情况。有读者说，这套书你们出几本我就买几本,希望你们一直出下去,我好一直有好书看。

发行部不只是一味在卖书发书,还时常关注着社里的选题,不断地给编辑提建议出主意,这样的事很多。董保存编了一本陕西作家冷梦写的《百战将星王近山》,写得非常好,后来的《亮剑》很大程度就是以王近山为原型。这部书,又让我想到一个点子。我找吴振录主任和董保存建议,可以用"百战将星"做一套丛书,就叫"百战将星丛书",因为我军的名将战将太多了,陈赓、许世友、杨得志、杨勇、杨成武、罗瑞卿等大将、上将都可以写传,这套书做起来大有前途。他们又采纳了我的建议,很快推出了"百战将星丛书",市场效果很好。

在 1996 年出版成就展上向中宣部部长丁关根汇报军事题材长篇小说新作丛书的创作编辑情况

就是这些选题为我们社赢得了声誉,吸引了读者,引起了各书店业务人员对我们社的关注,所以我们在各种订货会上订货效果都名列前茅。就是这些畅销图书、优秀图书帮我们做大,让我们称强。

我们这个还没列编的发行部,从 10 万元起家,借 70 万元起步,干到一年回款实洋 400 多万元,6 年下来,社经营账上已有过千万元的资金。而且,我们的库存图书一直控制在 200 万元左右。这些库存书不像如今的积压书，而仅仅是在库周转的动销书，除一本由出版部主任自己抓的《世界战争大全》，因我出差不在社里，他自己拍脑袋印了 5 万册，造成 3 万多册积压外，我们仓库里仅有少量的残破书和销售尾数，基本没有积压图书。6 年来，发行码洋直线提升，库存却一直控制在 200 万元左右。据我所知，这在出版社图书经营中是极少见的，也可以说几乎是做不到的。解放军文艺出版社在我们这个没列编的发行部的牵引下，编、印、发真正走进了市场。

假如按照这个路子继续往前走，我相信，解放军文艺出版社会在全国文学艺术出版社中放出越来越耀眼的光彩。但是，世上的事情并不会顺着个人的意愿往前发展。

1992 年，解放军文艺出版社正在市场中如鱼得水地发展壮大时，没想到，领导的意志却让它的命运发生了转折。一个命令，解放军文艺出版社与解放军出版社合并成八一出版社。可以说，当时两社的人，从领导到每一个干部，没有一个人理解这一决策的意义。可军令如山，理解要执行，不理解也要执行，在执行中慢慢理解。

好比打仗，正在指挥部队冲锋陷阵的指挥员突然接到停止进攻的命令，眼睁睁望着要被歼灭的敌人逃脱，作为军人，他心里该是什么滋味？两社合并，我当时的心情就是如此。

放着师政治部副主任和军区后勤部宣传处长不干，到解放军文艺出版社来卖书，撅着屁股干了 6 年，创建了一个部门，自己竟连个明确的职务都没有。凌社长退休了，他也未能兑现让我干 3 年再搞文学的承诺。冤不冤？有一点，但我无悔。

有好几个业内朋友问我，你怎么不自己开个图书发行公司呢？凭你的人缘和能力，你肯定能做大，发大财。我对朋友的关心与关爱只能报以微笑，我想对他们说的是，我是军人，也许在部队里生活久了，我只想当一辈子职业军人。朋友们的关心关爱涉及价值观的问题。我一直认为,人活着需要钱,要让家庭的日子过得好一些,需要挣一些钱,但人活着不只是为了挣钱,也不需要挣太多的钱。常言道,广厦三千,夜眠仅需六尺;家财万贯,日食不过三餐。搞图书发行公司,建文化工作室,我是有这个能力,也相信自己能做好、能做大。但我从当兵的那天起,就立志要做一辈子军人,到了出版社我已经爱上了出版行业,愿意为这个行业尽一分力。

人的价值可以从多种角度来看,在出版社创业,在书市办公室为行业服务,我是没挣到什么大钱,个人在军队的职务提升也不如在作战部队快,但我学到了一门专业——出版经营与管理,我为行业做了自己该做的事,我在业界的朋友遍天下。这或许是一种自我安慰,但这些也是不可否认的人生价值。不管人家怎么看,我是这么认为的:生命的价值在于创造,我尽力创造了,也有了留在岗位上的业绩,无愧我的人生。

理论是实践的方向

　　我在筹建解放军文艺出版社发行部的实践中深深感到,出版业的改革起步很早,1982 年国家新闻出版署就提出了"一主三多一少"的方针。说早,是这个方针直接涉及体制和国家制度的改变,在意识形态领域里提出这一改革方针,要早于其他行业的国有企业许多年,可谓是英明而有远见。但是这一方针的贯彻执行到落实,进展却十分缓慢。"一主三多一少"是政府代表国家推出的政策法令,可这政策法令怎么执行,由谁来执行,对此没有下文。一主,为什么要以新华书店为主要发行渠道? 如何以新华书店为主要发行渠道? 怎样以新华书店为主要发行渠道? 三多,为什么要实行多种发行渠道? 新华书店之外的渠道谁来建? 谁来批准? 多种经销形式,谁来定? 怎么定? 多种经济成分,怎么审批? 谁审批? 按什么标准审批? 不说理论研究,连媒体解释都没有跟上。仅有一个方针,没有具体的实施细则与办法,也没有舆论宣传,这个方针在一段时间里便成为一纸空文、一句口号。因而,新闻出版改革起了五更,却赶了晚集,远远地滞后于商业、农业甚至工业。细究其原因,除了意识形态领域的特殊性之外,实践与理论结合、理论对实践的指导是一个重要因素。

　　别说牵涉国家某一行业的改革,哪怕只是改变或创新某一件事情陈旧的做事方法,离开了理论与实践的结合,离开了理论的指导,都难以推行。就说书写文字这件事,用电脑输入来替代上千年传承下来的用笔手写习惯，无疑是一种创新与革命性颠覆，方便、快捷、便于修改、高效，这么好的一件事，推行起来却不是那么简单。

接受最快、改变最快的是有文化的年轻人。他们保守思想最少，接受新鲜事物快；他们渴望创新，接受新鲜理论快，理解能力强；他们思维反应快，最讲实际时效。接受最慢，甚至至今拒绝接受的是年纪大而固执的文化人。他们守旧恋旧，习惯的东西不愿意放弃，要改变陈旧的习惯非常艰难；他们思想懒惰，接受新技术新理论慢，内心抵触；他们反应也慢，对新技术新理论学习也慢。有的著名作家，至今都不会使用电脑写作，也不接受电脑写作这种方法。

谋划一个项目，或学一门手艺，关键在做，在学，即实践，离开了实践，愿望永远只能是愿望，技术永远只能是技术。但是，任何事情，任何手艺，在做与学之前，除了应该知道所做事情或所学手艺的整体要求之外，也就是明确任务之外，总还是先要了解事情本身或这门手艺本身所包含的基本内容与具体做法，即基本知识，也可说是基本技术。知道了基本知识、基本技术，人就可以开始做这件事，或开始学这门手艺。然而，想要把这件事情做好、做圆满，想要把这门手艺学会、学精，除了精心地去做和细心地去实践之外，还需要明白做好这件事或学精这门手艺其中的道理，这道理，书面语言叫理论。

这一番啰唆，其实就是想说明白理论与实践的关系，要实践，先接受理论；接受了理论，更需要实践；在实践中，更需要理论的指导。它们之间有这么两层关系：

一、实践是理论的源泉。理论只能从实践中得来，理论是通过思维对实践活动进行系统的总结与概括而获得，换句话说，理论来源于实践。实践越丰富，得到的理论就越丰富；实践越充分，获得的理论就越充分；实践越深入越精细，得到的理论也就越深刻越精确。

二、理论是实践的方向。人做任何事情，一方面受他自身客观条件的支配与制约，另一方面则受他意念和思维的支配与制约。人的意念和思维又受理论的支配与制约，它对人的做事能力与成效起决定性作用。因此，人的实践活动离开了理论的指引，实践就会迷失方向与目标，行动便会陷入盲目或误入歧途。假如人所掌握的理论，是经过诸多实践验证，是诸多实践的结晶，那么这种理论几乎接近真理，用这种理论来指导实践，就可以避免不必要的重复、片面性和盲目性。

德国当代哲学家、美学家、现代哲学解释学和解释学美学的创始人伽达默尔在他的《赞美理论》中提出："理论就是实践的反义词，一切实践的最终含义就是超越实践本身。"（伽达默尔《赞美理论》，三联书店 1988 年）这个论断说明，人类的历史发展过程也就是实践活动的自我超越，即实践既历史地否定已有的实践方式、实践经验和实践成果，又历史地创造新的实践方式、实践经验和实践成果。这一论断的重点不仅仅在于理论的"观念性"和实践的"物质性"，更在于理论的"理想性"和实践的"现实性"。人是现实性的存在，但人又总是不满足于自己存在的现实，而总是要求把现实变成更加理想的现实。

理论不仅规范和引导人们"做什么"，而且规范和引导人们"不做什么"。人们总是以某种理论、观念去观察现实，并用这种理论、观念规范自己所要解决的问题，以及解决问题的途径与方式。

我在筹建发行部时，想给自己的工作找理论依据，找实践经验参考，找成功的模式借鉴，但是没有找到。我还发现许多政府文件中对一些关键性问题界定不清，名不副实，上面下面全都含糊，比如自办发行。所谓自办发行，是针对原先出版社将本社的发行权委托给新华书店代理而言的，本版图书的总发行权过去是委托新华书店代理，现在是由出版社自己办理，自办发行应该是出版社自办总发行。但那时没有人思考这一问题，从上面到下面,当时所认定的自办发行,就是出版社除了新华书店发行渠道之外,自办门市部销售和自己向社会其他渠道发行图书。好长一段时间,在一些全国的发行统计表中都是这么归类。连概念都没搞清,怎么能把工作做好呢?

于是,到 1991 年,当我社发行部已经筹建成功进入正常经营之后,我在工作之外有了余力,便开始关注行业的发展,发现问题、研究问题、思考问题,把自己的所见所思所想写成文章,并见诸报刊,为行业发展抛砖引玉。

从总发行写起

　　我的观察、探索、研究，自然还是从我最熟悉的发行工作开始。我第一篇发表在《新闻出版报》市场专版的"改革笔谈"中的文章，就叫《从"总发行"说起》。

　　图书总发行权由新华书店移交给出版社当时已是历史，但无论上级主管部门还是出版社自身，对"总发行"这个权利与概念认识比较模糊。总发行是出版物发行权利的代名词。每种出版物的版权页若干权利条款中专门设有发行权利的条款，它标明该出版物的发行权利归谁拥有。它的归属不仅仅表明权利归属，更重要的是总发行权归属谁，谁就同时要承担起这种出版物的总储备、总供给、总流通的责任，权利与责任并存。也就是说，总发行权的归属，不仅表明归属谁，谁就拥有该出版物宣传方式、发行渠道、征订方式、销售形式、发货折扣等方方面面的选择与决定权利，同时还必须具备承担和施行这些权利应尽责任的能力。就当时的情况看，出版社真正拥有总发行权，必须具备为全国市场备货和与之相适应的充足周转资金两种能力，从某种意义上讲，总发行权的移交实际意味着库存和周转资金两大包袱的转嫁。

　　当时各出版社对总发行权的理解和实际使用存在很大的差异。

　　有的出版社完全拥有并认真使用着。比如上海辞书出版社，他们成立了发行所，本版图书的发行抛开了原来的现成中盘（即发货店中间环节），全部由自己的发行所直接向全国新华书店和其他书店征订发行;还有花城出版社,也是本社发行部业务人员分片包干,直接向社会各类书店(包括新华书店)征订发行,效果很好。

有一些出版社却放弃自己的总发行权,仍旧委托别人代理,自以为不担风险,利润尚保,殊不知自己的出版物到处脱销,发行码洋和创利仅仅是同类出版社的二分之一左右。

还有相当多的出版社仅仅是拥有总发行权,却没能很好地使用这一权利,内部机制、人力、物力、财力与总发行权所担负的使命完全不相适应,宣传不力,渠道不畅,征订无方,时常呼喊生存困难。

更有一些出版社在出卖这一权利,自己得小利,别人赚大钱,扰乱了市场秩序,败坏了出版社的声誉。

为此我提出,出版社的现状要与总发行的实际职能要求相适应,必须对自身的内部机制、工作程序、渠道建立与维护、仓储运输设备以及资金积累等方面加以调整,当务之急要做好三件事:

一是尽快完成出版社由单纯生产型向生产经营型的转变。这不仅仅是增设机构、增编人员的问题,而是要从社领导到每个出版社成员从思想、工作,到组织、管理的全方位的转变。从理论上讲,编、印、发合为一体,是出版业发展的客观要求和必然趋势,港台及海外出版社早就如此。正是由于我们编印与发行的分离,生产与经营的脱节,才导致全国新华书店发行渠道梗塞的困难局面。编、印、发成一条龙,生产经营一体化,加速信息反馈,缩短周转周期,促进生产经营良性循环这一理论,有待于出版社在转型的实践中加以证实与完善。

二是加强发行职能部门的组织、思想、人才、业务建设,提高发行人员的素质、业务水平与经营能力。健全机构、配备人员容易做到,但培养合格的发行人才是一件迫在眉睫却又难度较大的工作。假若没有一批具有较高的文化素养、一定的公关能力、一定的经营管理知识、相应的专业知识、强烈的责任心和吃苦耐劳精神的称职的发行人员，做好总发行工作将是空谈。

三是突出风格特色创建品牌，建立本版图书的读者群。"山不在高，有仙则名；水不在深，有龙则灵"。一个出版社没有品牌，单靠发行人员鼓噪和一两本好书，难以在读者中树立企业形象。这需要全体编辑人员树立强烈的整体意识、集体观念和创业目标，培养与激发全体人员的创业欲望，上下一致，共同努力，方能见成效、出成果，否则很难在市场竞争中立于不败之地。

此后，我连续在《新闻出版报》市场专版的"改革笔谈"中发表了"繁荣图书市场管见"的系列文章。

系列文章之一是《优化选题、减少品种、提高质量》，发表于 1991 年 10月 21 日《新闻出版报》市场专版"改革笔谈"。文章陈述了出版界的种种不良倾向。1990 年全国出书 80 224 种，占世界的十分之一，品种增长 7.6%，而图书的总印数却下降 2.6%，这种逆差值得出版界深思。那两年出现了两种不良倾向：一是不顾专业分工，跟风抢出热点图书。三联书店蔡志忠的历史名著漫画畅销，十几家出版社一哄而上，争抢出历史名著漫画图书；《渴望》没播完，七八家出版社争相出书占市场。二是知识工具类图书一本万利，著作的编者、出版者纷纷匆忙上阵，编撰、抄摘各显神通。"为什么"系列呈平方状递增，"大全"走进了各种门类，"365"已出现各种书系。急功近利，粗制滥造，造成"大全"不全，专题不专，辞典不可典。图书在市场竞争中取胜的决定因素仍然是质量与价值。首都社科书市 7 天销售，《围城》卖出 3500册，《无极之路》销出近千册，学术著作《中国思维偏向》销售 500 多册，而且都是重版图书，靠的还是书的质量。

选题不优化，品种无控制，受害的还是出版社。"广种"未必能"丰收"，到头来库存增加，利润降低，出版社的牌子也就倒了。

我建议把好选题关，下功夫培育精品；严格分工，履行职责，以经济手段制止超范围出书，严惩非法出版；设立国家畅销书奖和编辑奖，鼓励编好书、出好书、发好书。

系列文章之二是《社店合作、疏通渠道、加速周转》，发表于1991年11月6日《新闻出版报》市场专版"改革笔谈"。文章强调图书只有通过交易才能实现其社会效益和经济效益，反之只能是堆在仓库里的一堆印有文字的废纸。"买书难""卖书难"的问题仍没有得到解决，一边是出版社的库存急剧上升，一边是读者喊买不到想买的书，问题出在流通梗阻，渠道堵塞，图书在市场周转不畅。当时统计，新书在全国新华书店征订的覆盖率仅有10%，一种书在3000家书店征订，添单下订数的只有300家；而且周转太慢，新书从征订到图书上架要半年左右。究其原因：书目征订不敢贸然下数，销货店周转资金有限，责任制以年度为核算，下半年几乎不敢再进货，怕增加库存，影响年终奖金分配；县级基层销货店只靠教材与教辅过日子，发货店只周转不备货，销货店添货难。

要改变这局面，一是出版社要全面提高总发行能力，不应该是出书后被动推销，而应该与编、印、发同步营销；二是出版社积极参与各地各种看样订货会，弥补订货不足；三是社店合作，建立少订勤添的机制，降低经营风险，减少资金压力，加速周转。

系列文章之三是《占领市场、积极诱导、稳定市场》，发表于1991年11月20日《新闻出版报》市场专版"改革笔谈"。文章报告广州第四届全国书市、北京图书节和首都第六届社科书市带来的一个信息，读者的阅读层次在提高，中外名著、纯文学作品、社科学术著作销售在显著上升。人民出版社、人民文学出版社和解放军文艺出版社这3个以出版学术著作、中外名著和纯文学著作为主的出版社在首都社科书市销售名列前3名。而武侠、言情、通俗读物失去了已往的热度,市场出现整顿后的清新景象。

但从整个市场看,混乱并未结束。"盗印""假冒"等非法出版仍很猖獗,"黄源"未断,常有暗流;上面禁销,地下立即盗印;新武侠、八卦通俗读物,随心所欲编个社名和书号就出版;无照批发、无照经营活跃在街头巷尾;书摊、报刊亭依然被格调低俗的通俗杂志占领。这些污浊严重地干扰着市场秩序,冲击着出版事业。

根源在于监管不力,执法不严;出版社不自爱,靠卖书号过日子;综合治理没形成合力;销售店阵地意识差,有的主动放弃市场。

要改变面貌必须加强阵地意识,文化阵地只有占领才能控制;出版社坚守岗位,以优秀的图书引导市场;各行各业相互配合,综合治理改变社会风气。

系列文章之四是《完善制度、挖掘潜力、开拓市场》,发表于1991年12月6日《新闻出版报》市场专版"改革笔谈"。文章表明,市场繁荣取决于个人购买力的增长。在书市获得的信息是:《巴尔扎克选集》每套160元,一位读者一次买了10套,问他是不是给单位图书馆买的,他说是给个人买的,都是朋友托他帮买;第六届首都社科书市开市第一天是星期日,一天销售28万元,星期日几乎没有单位购书,全都是个人读者购买;这届社科书市销售270万元,单位图书馆仅有20万元,250多万元都是个人购书。这表明图书市场潜力很大,有待于我们开发。

如何让书店像书市一样销售红火,是个值得研究的课题。据调查,一个省会城市新华书店的中心门市部,年销售200万元,品种近25 000种,按平均定价4元一册计算,该店每种书平均只进20册,这20册书,有14～16册是单位团体预订,那么真正上架供读者个人购买的仅4～6册。另一个调查,一个省会城市新华书店的中心门市部,社科新书目年度征订图书品种在达1万种之前,订货率为70%,此后每期的订货率为20%左右。柜台组长为 40~50 岁的,一种图书门店销售断货后会及时添货,30 岁以下的柜台组长,任何图书销售断货后都不再添货。这种状态表明两个问题:一是书店的经营只能满足单位预订和极少读者的购买需求,无法满足广大读者的实际需求;二是要加强柜台组长的管理与培养,增强业务人员的事业心和工作责任心,热爱书店工作,树立为读者服务的良好敬业精神。

要解决这些问题,一要完善书店的经营管理责任制,调动每个业务人员的积极性,加强责任心;二要继续提倡发扬"背篓精神",树立良好的职业道德,竭诚为读者服务;三要继续贯彻"三多一少"方针,重视基层与农村市场的开发。

为发行体制改革鼓与呼

1992 年,党的十四大根据年初邓小平南方谈话精神,明确提出我国经济体制改革的目标模式是建立社会主义市场经济体制, 这标志着我国经济体制改革从摸着石头过河到逐步走向自觉有序推进的转变, 有力地推动了我国社会主义现代化建设事业的迅猛发展。

从此,我对行业的观察、思考与研究,也开始集中到出版社的管理机制和我国图书的发行体制改革上。

经济体制直接关系到一个国家经济建设发展的方向,企业的管理机制直接关系到这个企业建设发展的方向。改革开放以前的计划经济体制已经被实践证明是阻碍我国经济发展的主要障碍, 若不转变为市场经济体制,我国的经济将陷入困境甚至崩溃。

什么样的经济体制决定什么样的供求关系, 决定什么样的价格体系,决定什么样的流通体系。计划经济体制按计划调节供求关系,人为地设置价格体系,人为地建立和改变流通体系,往往与客观规律和市场需求相悖、相抵触。市场经济体制侧重于市场调节供求关系,由市场决定价格体系,由市场调节流通体系,而不是人为地控制。顺应市场规律,其结果必然极大地促进生产者的积极性,提高生产率,畅通商品流通渠道,竞争机制的杠杆作用还将促使商品空前丰富,促进商品质量提高,推动经营和生产方式多样化。

1991 年年底至 1992 年年初,由王久安、沈炳麟联系新华出版社社长许邦、商务印书馆总经理林尔蔚、中央党校出版社副社长刘忠礼等,商量拟在中国版协下成立一个经营管理研究委员会。这事得到了中国版协秘书长王业康同志的支持,经营管理研究委员会于 1991 年 12 月 24 日在在京出版社社长会议上宣告成立。我开始被推选为常务理事,后为副秘书长,后来又被推选为副主任兼秘书长。

经营管理委员会除了直接代表中国版协主办首都图书交易会外,最多的活动就是举办改革研讨会。经营管理研究委员会成立后在八大处中宣部培训中心举行的头一个研讨会主题就是出版社经营管理机制改革,出版社参会十分踊跃,中宣部和新闻出版署都派人出席了会议。会上各社领导各抒己见,畅所欲言,讲现实,摆困境,出新招,谈设想,会议开得非常热烈。

在研讨的基础上,我又做了一些调查,写了《"百仙"过海　各显奇招》的改革笔谈,发表于 1993 年 2 月 26 日《新闻出版报》市场专版的"改革笔谈"。文章对我国正在进行的出版社内部机制改革进行了透视,副标题为"出版业经营管理改革一瞥",指出坐惯了"铁交椅"、捧惯了"铁饭碗"的出版社被改革大潮卷进了市场经济的海洋。面对激烈竞争的局面,经营管理成为出版社生死存亡的关键,探索创新经营管理机制成为出版社改革的中心,现已出现多种实践模式,给人很多启示。

一是综合目标管理责任制。把编、印、发、行政、后勤各个部门工作实绩的考核目标全部量化,以百分制计算,奖勤罚懒,奖优罚劣。比如编辑部,社会效益为 30 分,以省以上获奖为依据,占所编图书的 15%~20%;经济效益占 30 分,按专业职称来确定创利指标,助理编辑 2 万元,编辑 3 万元,副编审 3.5 万元等;严格按专业分工出书,占 20 分,所编本专业类图书应占 70%~80%;业务工作量占 20 分,具体包括编辑编书的字数和种数。年度考核,若所编图书出现问题,按三审的不同责任扣分。

这种目标管理出发点较全面,各部门虽然分工不同,但都能在同一条起跑线上竞争,量化考核,条款具体,操作方便,有利于管理和加强全面建设。

二是承包责任制。基本有三种承包方式:

1. 利润承包责任制。根据各部门的不同工作制定不同的利润指标。把出版物的利润分成编辑利润、出版利润、发行利润三部分,分别计利;行政后勤部门进行有偿服务,全社内部转账核算,同时精简人员,组织多余人员投入多种经营的开发。年终按利润提成给予奖励。

2. 定额承包责任制。根据不同部门的工作性质,制定不同性质的定额承包指标。编辑部定利润指标,包括编辑字数、册数、获奖指标和利润指标;发行部定发行码洋指标,包括发行码洋、库存码洋限额与回款率;出版部定生产指标,包括出书数量、印装质量和生产成本限定。完成任务,获完成任务奖;超额完成任务,超额部分加超额奖。

3. 经费包干责任制。各部门实行经费包干,不同部门确定不同性质的定额指标。创利的编辑部、发行部和开发部门定利润指标;亏损的学术图书编辑部、纯文学、纯专业学术期刊,定亏损指标;保障人员定工作指标。根据各自的定额指标实行增减奖罚。

三是编、印、发"一条龙"。将出版发行人员分解到各编辑部,组成若干个编印发一体的小机体。社里从选题、质量、财务等方面进行控制,小机体独立进行生产经营,向社里承包创收利润,按利润提成分配和奖励。

四是"半条龙"。编印结合为一体,经营发行由社里统一对外。发行部按内部发行折扣与各编辑构成交易合作关系,实行订数包销。如发行部确定的印数不合编辑部要求,编辑部可自办发行,或委托其他书店发行。

进入 1993 年,我对行业的观察、研究与探索,更集中于我国图书发行体制的改革。说一千道一万,图书没有好的营销体制、好的经销商、好的流通渠道,出版社自身再改革也是白搭。图书市场要搞活,发行体制与市场接轨是关键。

我国图书市场的自然环境和行政区域环境有其不同于其他国家的特点。自然环境就是前面说过的"两多、两散、两难",那么行政区域环境又有什么特点呢?几千年的封建诸侯割据形成了地域文化、地域观念、地域保护观念,形成了种种贸易壁垒,这是谁也无力消除的问题。鉴于这两个特点,我认为,中国的图书发行离不开中盘,每个出版社若想在这么幅员辽阔的市场建全国直供直销的发行网络,几近于做梦,根本不可能,也办不好,只能是耗费各出版社的人力、财力,还不会有好的经营效果。

因此,要改革我国的图书发行体制,关键在把中盘的职能确定好,应该以中盘为中心,围绕中盘来设计我国的图书发行体制产、供、销关系。

1993年,新闻出版署发动机关和直属社团,为全国图书发行体制改革献计献策。王业康秘书长看过我发表在报刊上的许多文章,觉得很不错,给出版社改革支了招。他对我说,现在署里正考虑图书发行体制改革,要求各协会献计献策,能不能做些调查,搞一个图书发行体制改革的建议方案。我愉快地接受了任务,搜集资料,调查分析,写出了《图书发行体制改革建议草案》。

这个草案分三部分内容。一是分析当时图书发行体制问题的症结。国家经济体制转变的外部条件和单位自身管理机制改革的内部因素,客观要求图书发行体制与之相适应,但当时"众多出版社一店经销全国"的发行体制(即当地数十家、中央200家出版的图书都只固定一家发货店经销全国)和我国图书市场"四多一难"[因为这是给新闻出版署提供全国发行体制改革方案,考虑诸多方面利益,我把"两多、两散、两难"改为了"四多一难",即读者多、出版社多(当时是540余家)、图书品种多(当年9万余种)、发行网点多(10.2万处),发运困难]的国情,与市场经济的客观要求形成极大的不适应。造成:一、征订方式单一,订数萎缩(一种书全国订数只有1000多,甚至数百册）；二、周转慢，进货周期长，从征订到上架销售一般在半年以上；三、环节多，效率低，中间环节发货店还要再找中转环节；四、渠道单一，出版社只靠一家发货店经销全国；五、没有竞争，征订仅限于新华书店系统，9万多个集、个体书店被排除在征订系统之外。这些问题形成了四大矛盾：开放式的市场与单一的流通体制的矛盾；自由竞争与垄断经营的矛盾；放开市场与区域封锁的矛盾；自主经营与政企不分的矛盾。下游读者买书难，上游出版社卖书难。

其次，草案提出体制改革的构想方案。改革建议案的核心条款为：一、改变省级发货店的收供关系，变收当地出版社的图书经销全国为收全国出版社的图书经销本行政区域，搞集团化区域连锁经营，省级店成为本区域内集团经营的龙头。二、出版社自办发行是自办总发行，而不是除新华书店之外的业务推销。各出版社直接与各省级发货店结成区域代理的业务关系，形成多渠道、多中盘的经营体制。三、各省级店把教材与一般图书分开，成立教材中心，不进入一般图书的经营渠道。四、新华书店总店发行所撤销，因各省连锁经营后总店已失去可控市场。除业务协调指导外，扩大储运公司，为中央200多家出版社提供代储代运、代收代发、代收代运等不同方式的储运服务。发行所业务人员除加强储运公司业务人员外，可输送支援署直和中央出版社发行部。五、建立发展多种经济形式的区域图书发行公司，在本区域内自由竞争。六、出版社以联合集团的形式，在全国各地建立区域性代理机构，实行区域代理发行。或出版社统一造货，分区供货；或分区造货，就地供货。

最后，对新的中间环节提出了七方面的客观要求：一、有多种征订方式的能力，除书目征订外，长年能随时组织下属店进行多样的看样订货添货活动。二、有直接供货到所属销货店的能力，无须再找中转环节。三、能够对全社会的书店开展业务。四、总发行是众多渠道发行，不再是独家单一渠道。五、具备企业化管理体制和较强的市场竞争能力。六、现代企业的管理水平和管理设备。七、良好的结算信誉。

草案形成后，王业康秘书长将草案以中国版协的名义上报新闻出版署。署领导和发行司很重视。发行司司长王俊国专门找我做了交谈，肯定草案很有价值，并提出一些具体问题做进一步探讨。时任办公室主任石峰也与我做过交流；桂晓风副署长也看了草案，过问了这事。总体来讲，设想很好，很具超前意识，也符合我国国情，但力度有些过大，尤其是总店发行所撤销、教材与一般图书分开，做起来矛盾太大。

后来没见下文，我便将草案写成文章《解放思想、找准症结、调整机制》，于 1993 年发表于《新闻出版报》，报社还加了编后："这篇文章对改革现行图书发行体制提出了自己的构想。我们欢迎有发行战绩的有识之士开动脑筋，积极探索，为发行改革献计献策。"

1994 年，我又为此写了《中间环节——图书发行体制改革的突破点》，于 5 月 27 日发表于《新闻出版报》市场专版的"改革笔谈"，再一次对"发行体制改革关键是中间环节的改革"这一改革思路做了充分论述。强调的核心是，以省级新华书店为区域中盘，改变收当地出版社的图书发行全国的现行体制，各省级改全国出版社的中盘，收全国出版社的图书，搞本区域内的连锁经营，即把"多社一店发全国"的体制，改变为"多社多店发当地"的体制。在文章中，我恢复了我国图书市场"两多（读者多、图书品种多）、两散（读者面分布散、零售店分散）、两难（图书征订难、发运难）"的观点，解决了"单一式的体制与开放式的市场"之间的矛盾，排除了"新华书店经营方向上的困惑"，再一次论述了市场对中间环节的七方面客观要求。

两篇文章都被人大报刊资料中心转载，在业内产生了影响。

20 多年去了，回过头来看看，省级发货店的体制改革正与我的草案和文章思路相吻合，草案中的许多设想已经被应用为现实。我不知道是我的草案与文章思路启发了决策人,还是英雄所见略同,但我个人感觉没为行业操错心。今天我不禁想,新华书店总店若是接受我的建议,撤销了发行所,扩大储运公司为中央200多家出版社搞仓储物流,或许不会陷入今天的困境,榆树庄的西南物流中心也不会拥有150多家出版社客户。当时,他们对我的文章抵触情绪很大,主要领导还传话要与我对话。我表示欢迎并随时恭候。我当时说,如果总店领导不意识到自己今后所面临的危机,市场规律将会给予无情的制裁。现实证实了我的预见,证明我的意见切中了要害,符合我国的国情和市场规律。

前前后后,我写了有20余万字的研究性文章,其中有许多文章被人大报刊资料中心收辑,也有的被新华社和其他汇编性书刊收录,1992年我获得新闻出版研究所人才库证书。那一年中国书籍出版社有意想出版我的经营管理论文集,书名定为《海与舟——书业经营之道初探》,签约时,出版社要求我包销2000册。这何苦呢,我写小说都挤不出时间,为这书去搞推销不值得,我主动放弃了。可惜的不是没有出这本书,而是我把整理好的书稿不知扔哪去了,至今没找着。当时整理时费了不少劲,现在有些文章已无法找到。

人能弘道，非道弘人

《论语·卫灵公》中有句名言："人能弘道，非道弘人。"儒家这话表明了儒家的志向，意思是说人能够弘扬光大"道"，但是"道"不是来帮人获取名誉富贵的，传道的人与所传的道，未必是互惠的。

传道是文化人的使命，孔子就是以传播文化为使命的典范。孔子比较了夏、商、周三朝的文化，他认为："周监于二代，郁郁乎文哉，吾从周。"(《论语·八佾》)他认为周朝的文化成熟、精深而丰富，值得华夏子孙继承发扬，他自觉地将自己当作周文王事业的继承人。他说："文王既没，文不在兹乎。天之将丧斯文也，后死者不得与于斯文也；天之未丧斯文也，匡人其如予何！"(《论语·子罕》)他说：周文王死了，文化不是掌握在孔丘手里吗？如果老天爷不想要周朝文化，那么就不会安排我继承它。既然老天让我学习继承了周朝文化，说明它不想让我灭亡，我是有文化使命的，匡地的这些人能大过天命吗？所以，为弘道，他周游列国14年，尽管一次又一次地被拒绝，但他不计较个人待遇和前程，为文化、为苍生、为大众，舍己取大义，舍小我而成大我，明知不可为而为之，对优秀文化充满信心，乐观豁达，成为中华文化最优秀的部分。

孔子他不只是看得开，而且看得准、看得远、看得透。他不是看好自己，而是看好周文化，他认为天下需要周文化，所以他非常自信。这种自信来自文化使命感，一个人要想有所作为，就要有使命感、责任感和担当感。

　　我用心观察、思考、研究、探索行业改革发展有了一些感受、产生一些想法之后，感觉仅写文章在报刊上发表还远远不够，应该把自己的感受与想法让更多人知道，让更多人明白，让更多人去实践。于是，我在写文章的同时，还利用各种机会说。

　　我先是在各种研讨会上说，凡是我参加的研讨会，我都会积极发言，把自己的感受与想法与大家交流。时间一长，说多了，传多了，有人就喜欢听我说，媒体也开始关注我说。

　　第一个请我到他们社里做讲座的是中国青年出版社的老社长蔡云。他在一次研讨会上听了我的发言，觉得应该让社里的所有人听我讲一讲。我问他想让我讲什么。他说应该让全社所有人认识一下中国的图书市场。于

在出版协会教育委员会
举办的经营培训班上讲课

为图书发行培训班讲课

是我决定,讲座的名叫"认识市场,参与竞争"。我讲了一个上午,他们感觉很好,很受启发,很有收获。

消息很快传出去,接着北京出版社、海潮出版社、经济联合体的全体出版社、中国版协的教育工作委员会办发行培训班、编辑培训班、军队出版社社长总编培训班,都相继请我去讲课。请的单位多了,我就得更认真对待,认真地进行梳理备课。我准备了三种内容的讲座讲稿。给发行人员讲,我就讲"认识市场,走进市场,参与竞争";给编辑人员讲,我就讲"选题与市场"或者"怎样做一个中国的优秀图书编辑";给社长、总编讲,我就讲"认识市场,调整机制与功能,参与竞争"。

我觉得,这一时期搞得最规范的培训班,是新闻出版署委托人民出版社举办的全国编辑干部培训班。人民出版社的副总编吴道弘负责策划,人民出版社的老编辑陶膺具体组织。陶膺做事非常严谨,也非常敬业。每期30~50人,一般安排出版历史、编辑业务修养、选题与审稿、编辑加工与整理、图书装帧设计、语文修养与写作、图书宣传与评论、印刷工艺知识、编辑与校对工作、版权知识、著作权法和国际版权公约、国外出版概况、计算机排版技术、与国外及港澳台合作出版、书刊发行与体制改革、书刊质量管理工作等12门课另加6个讲座。我从第二期开始为这个培训班担任"图书发行与体制改革"的讲座老师,很受学员们欢迎。开始是讲半天,两期后学员嫌听得不够,想多听,后来改成了讲一天。

军队出版社的社长、总编培训班在南京政治学院举办,我是既当学员,又当老师。总政宣传部新闻出版局召开全军出版社年会,也叫我去介绍年度的市场情况。总政直属单位职工职员岗位职称考试培训,也请我去当老师,除讲出版发行知识,还要负责出试卷考试。

图书发行与出版经营管理在我国是门新课题,没有多少符合我国国情的现成的理论书籍与教材。不久,正式的院校开始来找我讲学。

南京政治学院社长总编集训班既当老师又参加学习
（前排左一为金丽红、左二为吴纪学、左三为作者）

　　第一家找我讲学的是首都职工联合大学。那是 1993 年春，他们要开设出版发行专业学历班，请我为他们开设书刊发行课，学制一年半，大专。我一看学员名单，有不少是我认识的出版社发行部主任、发行科长。一共 40课时，每周 3 课时，半天一起上完。每周讲半天课，可以抽得出来。我答应了他们，自编了教学讲义《社会主义市场经济条件下的图书发行管理》，包括我国现行图书发行体制与方针、图书总发行工作、认识市场走向市场、图书的市场营销、渠道策略与内部责任制、图书发行体制改革的方向与构想等共 9 讲。

　　我带了三届学生，后来因为担任出版社领导而实在应付不过来，我只好辞了，请他们另找老师。

　　第二家来找我讲学的学校是人民大学新闻学院。他们的张子辉老师是在 2003 年北京图书订货会上认识我的，他参加了北京图书订货会新闻发布会。新闻发布会结束后，他找到我，想要一部分订货会的门票，以组织学生到展馆来参观北京图书订货会,接触出版发行行业,了解出版社的选题、图书装帧设计与营销宣传。我给了他帮助,欢迎他组织学生来参观。

2004 年张老师又来找我,说他们新闻学院要扩大招生,增设出版发行专业,要请我当客座教授,为他们开"出版经营与管理"课,而且是必修课,2005 年 9 月开课。我和他都搜索了一下当时的信息,市场上倒是有一些图书营销学的教材,但与现实离得太远,很不实用。张老师动员我自编讲义。我想,这是培养新一代出版发行人才的百年大计,是件十分有意义的事,我理当出力。对出版发行我已经很熟悉,知道应该给他们讲什么,我便答应了他。

用了不到两个月时间,我就编写出了《出版经营与管理》教学讲义大纲,一共 17 章 63 节。

张子辉老师看完讲义后非常满意,和校方商定要请我做他们的客座教授。到具体谈教学实施计划时,我觉得难以承担。我担任着副社长职务,管理着两个图书编辑部和发行部共 3 个部门, 还要负责全社的经营管理、选题论证会、生产协调会,并担任着社中级职称评审小组组长等工作。到人民大学这样的名牌大学去兼职客座教授,教学不能应付,社里的工作也耽误不得,我还要写小说,这样很可能两边工作都做不好。

我只好向张老师说明情况,婉拒了他们的真诚邀请。张老师十分惋惜。但我答应把我编写的《出版经营与管理》教学讲义无偿地提供给学校使用。后来他们请了他们学校出版社的一位领导担任了这门课的老师。教学讲义,我尽了义务,一分钱没有要,这算是我为出版事业出的一分力。

第三家找我的是解放军艺术学院文学系。因为精简整编后,各大军区的创作室撤编,合并到文工团,文学系的毕业生出路受到很大影响。全军有 20 多家出版社,几百家杂志社,文学系考虑学员毕业后的分配去向,特意增设"图书编辑学"这门课,而且是必修课。2008年暑假期间,他们找到我,想请我去担任这门课的老师,做解放军艺术学院文学系的客座教授。那年我已经退居二线,时间上没有问题,另外解放军艺术学院是部队的院校,而且是文学系,为出版行业培养人才,我觉得这是义不容辞的事情,我答应了。

我答应做的事情,必定会用心做好。我发现他们选的教材太陈旧,完全不符合我国进入新世纪后的行业状况,学生即使能把教材背下来,也当不了一名适应时代潮流的合格编辑,于是我决定自己重新编写《图书编辑学》教学讲义。当时正是暑假,时间还来得及。暑假期间,我按现时的出版业状况,重新编写了《图书编辑学》教学讲义,分总论、选题与组稿、审稿、编稿、文艺图书编辑工作、期刊编辑工作、翻译图书编辑工作、装帧设计、编后工作、编辑工作现代化,共10章,大体按照授课题目、教学目的与要求、教学内容及学时分配、教学重点与难点、教学方法与手段、思考题与作业等课程设置要求编写,同时做了PPT课件,教学效果比较理想,毕业的学生至今仍与我保持联系。

自2008年开始,我教了2005届至2010届共6届学生。为了确保教学质量,我按照学校的要求,特制定了《图书编辑学》课程标准,包括课程的性质地位、基本理念、设计思路的概述,课程的总体目标与分类目标,课程的内容标准、学习标准,课程实施的总体方案,课程考核评价,课程资源开发与利用,教学保障条件等意见。

为了便于组织考试,我出了期末考试A、B、C、D、E共5种试卷,供学校训练部每年度选择使用。出于对教学建设的长远考虑,我同时还为文学系建立了《图书编辑学》试题库,其中概念题101题、填空题105题、改错题50题、选择题53题、简答题100题、问答题50题、应用题3题。

到2014年,因招生改革后学员越来越少,自己年龄也一年年加大,加上个人写作任务较重,我辞掉了这一兼职,请他们另选较年轻的老师。我为接替的年轻老师提供了我编选的作业题,希望她把学生教好。这也算尽了我一个老出版人的责任。

第五辑

内功是核心竞争力

新时期出版人改革亲历丛书

不让干活的滋味可真不好受

军队领导的意志往往就是命令,领导的意志可以决定一个单位和这个单位所有人的命运。

1992 年,上级命令解放军文艺出版社和解放军出版社合并。八一出版社的社名有了,社长、政委和 4 个副社长共 6 人组成了社领导班子,但关于两社下属的各部门如何合并以及下设什么部门,哪些人担任中层领导,并没有下文,说是由新领导班子在调查研究的基础上形成建议方案,然后上报审批。连部门编制都还没有,由哪些人来担任部门领导就更是遥远的事情,其合并的仓促可想而知。

社领导们倒是有事可做,他们要组织人搞调研,要拟定部门编制方案,以便尽快上报审批,让这个出版社名副其实地成立起来。但两社其他干部与职员职工加起来有 200 多人,谁也不知道该干什么,也不好干什么。各部门的业务工作戛然中止,两社工作停顿,两个单位的人"放了羊"。

因为八一出版社没有部门编制,新班子召集会议就只好把两社原来各部门的主任叫去参加。当时,解放军文艺出版社在西什库茅屋胡同甲 3 号,解放军出版社在平安里,坐公交车一站多路程,社领导在平安里办公,走过去开会倒是不算远。

我有自知之明,虽然自己创建了解放军文艺出版社的发行部,已经干了 6 年发行经理,社里经营账户也从存款 10 万元增加至 1000 多万元,但我这个发行部还没进入军队序列编制，我只是个名不正言不顺的部门领导，仅仅是负责而已。所以，八一出版社召集主任开会，我不参加，也没有人要求我参加。

凌行正社长退休，社里其他领导基本不知道社里的经营情况，只有我与会计杨家瑞两个人清楚。或许是这种合并的仓促与人为，我预感这个八一出版社办不长。我长了个心眼儿，提醒会计杨家瑞，对外只说账上的流动资金，先不露定期存款。

八一出版社社长是刘绳，他是由北京军区《战友报》社长平调过来任职的。刘社长乐观而且幽默，他很想借八一出版社这个平台干一番事情。刘社长成立了一个调研组，两个出版社一边出4个人参加，平衡也公平，到中央一级的大社、名社走访、调研、学习。我连主任会都不参加，自然不在这个小组之列。

有一天，刘社长打电话找我，问我为什么不参加社里的办公会。我做了解释，一点没有藐视新社领导的意思，说我们的发行部没有列编，我也没有任命，是个只干活没名分的人，参加会议不伦不类，会遭人笑话。刘社长在电话中向我明确提出，从现在起，一要参加主任参加的所有会议，二要参加调研小组。

原来刘社长带着调研小组去各社调研时，没想到我名声在外，人民出版社的刘继文副社长、人民文学出版社的张克明副社长、中国青年出版社的蔡云社长都不约而同地说到我，说我对出版社机构、机制改革很有研究，是这方面的专家，出版社和各种培训班都请我去讲课。

我对刘社长说，到各社调研我就不去了，这些社的基本情况我都了解。我建议他们到中央党校出版社和新华出版社去走访一下。刘社长说，这个调研组有两个任务，在调研的基础上，要搞出两个东西，一个是类似出版社章程一样的建社纲领规划，一个是出版社社内目标管理责任制。他让我也考虑考虑。

调研组调研结束后的小结会我参加了。最后两个任务分工，建社纲领规划由东院（解放军出版社）负责起草，出版社内部管理责任制由西院（解放军文艺出版社）负责起草。我们这边的任务自然落到了我的头上。

没用多少时间，我就起草了《八一出版社综合目标管理责任制暂行方案》，按时交到了刘社长手里。过了几天，刘社长打电话叫我去他办公室，我知道是责任制的方案有了修改意见。

刘社长说这个责任制搞得很不错，吸收了众家出版社之长，也有咱军队出版社的特色，可以直接组织主任一级讨论。他又拿出了东院那一边写的建社纲领规划，说这个东西写得不行，没理解一个军队出版社要怎么来建设，但现在中层班子没定，现有中层领导都有或上或下的问题，此事不便明说。刘社长让我辛苦一下，拿回去悄悄地重写，不要声张，以免产生矛盾。社领导交代的任务，我当然要无条件接受，而且还不能声张，我把这当作任务悄悄地做了。

我对两社合并尽管有想法，但这是上级的决定，军人以服从命令为天职，我已经是八一出版社的成员之一，我就得积极做好自己该做的工作。在1992年10月成都举行的第五届全国书市上，我组织了一个规模相当的新闻发布会，除了媒体之外，还邀请参会的各新华书店和民营书店的代表参加。发布会上，我宣传的主题是"强强联合"，解放军和解放军文艺原来都是在军队编制序列之内的隶属于总政直接领导的出版社，是全军的出版中心，两社合并集中了人才，优势互补，成为全类别、全专业的军队出版社，更有利于为提高部队战斗力服务，也更有利于参与市场竞争。新闻发布会收到很好的效果，全国出版发行界全都知道我们现在叫八一出版社了。

刘社长又组织了一次两社中层领导参加的市场研讨会，让我和解放军出版社的发行处长周世华一起讲图书市场。这个题目我有培训班的现成讲稿，我结合两社情况做了一些调整。我讲了一个半小时，给周世华处长一个小时。

八一出版社中层班子的方案还没定，总政主要领导却换了。不久刘绳社长也被免职调离，八一出版社内部编制还没定，社长却换了。一个将军一个令，新社长的施政方针是，在建制没有定位前，不出书、不出事，就是对上级领导最大的支持。

200多号人不做事，这个社怎么办？军人好说，但职工工资还得自己挣出钱来开啊！本社福利也得自己挣钱搞啊！花钱容易创利难啊！新选题可以停止策划、停止发稿，但已经发排付印的新书总得销售吧。冯抗胜抓了一本《红墙里的桑梓情》，已经开机印了5万册，不能压在库里。我就写了一篇稿子在《新闻出版报》上介绍此书。为写这篇稿子，我真还费了一点心思。用八一出版社不合适，此书用的还不是八一出版社的书号，用的是解放军文艺出版社的书号；再宣传解放军文艺出版社又不合适，现在已经叫八一出版社了。想来想去，我就用了"解放军文艺丛书"推出"红墙系列"的《红墙里的桑梓情》，想借助一下《红墙内外——毛泽东生活实录》《红墙里的瞬间》的市场影响。

结果《新闻出版报》帮了倒忙，他们没征求我的意见，就把"解放军文艺丛书"改成了"解放军文艺出版社"。他们也没有错，因为书的出版者就是解放军文艺出版社。结果新社长打电话找到我，说我主意大得很，这是有意在唱合并的反调，连讽刺带批评。我当然不服，干工作反干出麻烦来了。我拿着原稿去见了他，证实我写的是"解放军文艺丛书"，又让《新闻出版报》的编辑给他打了电话。他还是不满，说不干事可以，但不要干这样的事。我憋了一肚子气，当然不会想到，人家想的和我想的绝对不是一回事，人家是要对职务负责，我是不在其位不知其责。你想创业，人家却不要你干活，这滋味可真不好受。

重新捡起搁下的文学梦

社里有活不让干,有事也不能做,那我就做自己该做的事,重新捡起放下的文学梦。

说起文学梦,这和我从小受说书人的影响分不开。小时候,我们镇上有个茶馆叫黄公祠,离我们高塍小学不到 100 米,出校门过桥下桥就是。上小学四年级时,一放学我就跑到茶馆找公公(爷爷)和父亲,跟着大人听人说书,《七剑十三侠》《白蛇传》《说岳》《杨家将》《薛刚反唐》等,什么都听,而且记性特好,听了就能记住讲给别人听。因为是放学后去听,听不全。我公公只听不会讲,但我们隔壁的盲人太公(太爷爷)却也是说书的高手,他再给我们几个小伙伴讲。或许是受民间文学的熏陶,我特爱听故事,也爱讲故事。书听多了,骨子里生出一股尚武的血性。能看小人书时,我首先看的就是《三国演义》,有 50 多本,2 分钱看一本,之一之二挨着看,然后再看《水浒传》《杨家将》《说岳全传》。我非常崇拜赵子龙、关云长、典韦、陆文龙、岳云、杨文广、杨六郎、林冲、武松这些武士名将,视他们为世上顶天立地的英雄。我把这种崇拜用画像来表达,照着连环画把他们的像画下来,贴满四壁。

上小学时,我就特别喜爱作文课。从小学六年级开始到中学,老师常在课堂上念我的作文。记忆最深的是初中时,我写了一篇作文叫《母亲》,语文老师王焕如上课一进教室就说,先给同学们念篇文章。一听老师念的是我的作文,我脸红心跳。念完后,老师问同学们好不好,同学们异口同声地说好,王老师这才说,这篇文章是咱们班黄国荣写的。真正让我确立文学梦,则是在我们镇文化站听了那次文学讲座后。我们镇上有一位姓陈的高中学生,他叫陈崇生,笔名叫陈出新,在宜兴一中上学时被打成了"右派",几次高考都因此而不予录取。那一年他在《雨花》和《新华日报》上连续发表了两篇小说,我记得其中一篇叫《李百晓跳出迷魂阵》,写的是理发师带女徒弟下乡助农理发的故事。文化站组织了文学讲座,请他谈小说的写作经验。听了他的讲座,我就对自己说,小说就这么写的啊,将来我也能写小说。

也可能是受《三国演义》《水浒传》《杨家将》的影响,在我的意识里,小说与战争是不可分割的,小说就是写战争,战争可以变成小说。于是我的文学梦与军人梦便合成了一个梦——当兵梦。

1965 年,刚满 18 岁的我就报名应征,掌权人却没让我去体检,我躲在家里号啕大哭,似乎终生的愿望就此完结,末日已经降临,一辈子再无出头之日。一个农村青年,既无背景,亦无可攀附的靠山,又能把握自己什么呢?在平淡无味的日子里, 有人却让命运微笑着向我展示了另一种灿烂前景。经大队推荐、公社审核、区县审批,过五关斩六将,我被选进地委社会主义教育工作队。如此前途,我做梦都不敢想,是别人为我安排了这个前途广阔的命运。一边是当兵,一边是职业;一边是命运未卜,一边是知青干部。比较之后,我相当世俗地扔下了当兵梦,不遗余力地投入到登攀仕途台阶的努力之中。我似乎看到了人生路上那一级一级向上台阶上的一把把"荣耀的交椅"在向我招手,并认为我的终生命运之路就这么确定了。可谁能料到中国会发生一场"文化大革命",谁又会料到从上到下一级级党委、政府会顷刻瘫痪。我的仕途梦被粉碎,社教无法进行,回家待业,三五年后到政府机关"做官"的承诺化为泡影,那一把把"荣耀的交椅"化为乌有,这一切都像灾难一样突然得让我瞠目结舌,又无可奈何。

我走了一圈,再一次回到人生仕途的起点。我比原先更沉闷,而且对一切都感到渺茫。意外的是,在我年龄差不多就要失去当兵机会的时候,命运之神再次向我微笑,我摆脱了"运动",走出故乡,当兵来到了蓬莱仙境里的那个坦克自行火炮团。想当兵,不让当;想做官,断了路;放弃了当兵梦,倒当上了特种兵。这就叫命——不以个人的意志为转移。

　　像我这种南方人称之为"中等个"的身材,在坦克部队最适合当坦克驾驶员。但我不愿意当驾驶员,我自认为驾驶员不能算真正的军人职业。穿上军装,头一个让我崇拜的是我们的新兵营营长。见第一面时,我以为他起码是个团长,大块头,高嗓门,站队集合,他喊出的口令和汽笛一样响亮,吓得我们这帮新兵做错了动作都不敢动一下。我敬仰他,当兵嘛! 就该有他这种气派和威势。一打听,他是 1948 年的兵,打过仗,我更崇拜得了不得。当时我就冒出一个念头,当兵要是不操枪弄炮,要是不浴血蹈火,要是不喝令千军万马,这兵当得就没有味道。那时还说不上什么军人意识,可心里有了个主意,要当兵就当一辈子兵,要干就干真正的军事技术。一番自量,觉得将来当个给首长出谋划策、指挥作战的参谋,是件令人心醉的职业。我那个掺和着文学意味的当兵梦便具体成参谋梦。但不敢说出口,一个新兵,新军装的浆子还没洗掉就想当参谋? 我把这"私心杂念"暗暗埋在心里。

　　个人意愿毕竟只能是个人的意愿,就在我倾心军事技术的研练并心怀射击参谋梦默默奋斗时,团政治处的文化干事仲济来改变了我的命运,他让我参加守备区文艺骨干培训班。从此,我便走上了部队文化工作这条路,而且干得不想再干别的。

　　从此,对军事技术我只能暗恋相思,一直未能了却与军事的情结,我只能把这军人的情愫融进我的小说。

　　发行部进入正常运营之后,业务工作已无须再花费更多的精力钻研,工作已经进入驾轻就熟的自由状态,业余时间完全可以供我自己支配。到1991 年,我已经清楚地感受到,在解放军文艺出版社同样不可能有成块的时间供我写小说,我只能坚持业余创作。人到中年,紧迫感十分强烈,年龄和生活都让我不能再等待,用上班时间写作怕是一辈子都等不来。于是我行动起来,把晚上、星期日、节假日充分地运用支配,向文学高地发起了冲刺。

第一个冲刺是搁下 6 年的中篇小说《赤潮》和另外一部中篇小说《小竹岛之恋》,那都是我在长山列岛部队生活的积累。

正巧有到大连疗养的机会,我和丛书编辑部的刘迪云编辑一起去了大连疗养院。年纪轻轻的有什么要疗要养的呢? 我是要这时间。我带着这两部中篇小说的初稿到了疗养院。疗养院就在海边,环境很好,很适宜写作,我全天都投入到写作之中。本可以疗养半个月,但我用了 12 天时间就改完了两部中篇小说,刘迪云也待够了,我们提前 3 天回到了北京。我把《赤潮》交给了《昆仑》编辑部的海波,他是我社的小说大编辑。海波读后,没与我交

在贵州举办全军长篇小说创作笔会(前排右五为作者)

换意见，直接做好了编辑工作，打算在《昆仑》发表。凌社长却没同意，海波让我直接与凌社长沟通。凌社长觉得作品中矛盾写得有点过于尖锐，其中一位领导因未能如愿升迁而拒医死亡和一位不懂军事的木匠工兵参谋被提拔当作战训练处处长这两件事，有让人误解为影射总政机关某领导和嘲讽直属单位某人靠关系升官的可能，劝我不要在本社的刊物发表。我征求海波的意见，他建议把稿子给兰州军区的《西北军事文学》。我把两部中篇小说分别给了《西南军事文学》和《西北军事文学》，1992年，两社合并之际，《西南军事文学》第4期发表了《小竹岛之恋》，《西北军事文学》第6期发表了《赤潮》。

　　真正让社里的人惊奇的是中篇小说《尴尬人》和《平常岁月》的发表，这应该是我对文学的第二个冲刺。杂志的编辑们都知道我是写小说的，但社里其他人，包括图书编辑部的编辑，几乎都不知道我还能写小说。

在各大文学刊物上发表文学作品

　　来到北京后的这一段日子,现实社会矛盾与军队建设这两件事牵挂在我心头。到北京工作后,第一个让我反感的是老北京人的排外,只要你说话带外地口音,在他们眼里你就是二等公民,他哪怕是个蹬三轮的,对你的目光也是居高临下的。地方政府机关那种衙门气味比京外严重得多。北京市书刊市场管理部门要求各社发行部都必须办书刊经营执照,我把这事交给了卢冲。他跑了一个月,连个登记表都没能拿到。我只好亲自出马,总算是拿到了表。填好表后到工商部门办手续,卢冲跑了6趟都没通过。那办事员今天说要房产证明,军产哪有房产证明? 千方百计弄到了,明天再去,又说缺法人任职命令,部队哪能有经营部门法人的任职命令? 我也千方百计弄了,后天再去,又说缺内部管理制度。我来了气,直接去找那个办事员,说了她几句,她让我别耽误她工作。我补充好管理制度,直接再去找她。再去时我做好了准备,让屋里所有的人先办,没人了我再交表。结果她又说,放这儿吧,我看了再说。我忍着气问她,你究竟要我们跑多少趟? 我今天一天都把它跑完,离吃饭还有半个多小时,我今天就在你的亲自指导下,把这表填完整了再走。她瞅了我一眼,发现我眼睛里在往外喷火,她什么话也没再说,从抽屉里拿一份《填表须知》递给了我。我真想抽她一记耳光,我们跑了这么多趟,她才给我们看这须知。

　　再是我爱人和孩子迁京,户口落得很顺利,有文件,有规定,我正团职军官,家人随军调动有明文规定,用不着请示谁。但在爱人的粮食定量上卡了壳,4个月没拿到粮本, 幸亏原来在山东时战友们给了一些全国粮票,要不我们全家得让派出所这粮食办公室饿死。去办粮本时,那女办事员要我开我爱人的粮食定量证明。我回社问办公室,他们说没开过什么定量证明。好歹开了个证明,我去派出所粮食办公室,刚递给她,她看都不看一眼就给我扔了出来。我说,我们单位不知道要什么样的定量证明。她说,连这都不知道还在单位混什么饭吃。她让我找我爱人的工作单位去。我又只好去找爱人的新单位,他们也没开过什么定量证明,也不知道该开什么样的定量证明。好歹也开了一个,结果又被那女办事员扔了出来。我尽量压住火,请她给一个样子看看,她理都不理。我又请求,别管什么定量了,你就按北京市最低的定量标准给她定。她说,这哪行,我们得公平对待每一个人。我来了气,他们娘儿仨来北京三四个月了,定量标准你很负责任,怕亏了她,但三四个月没粮食供应,人会不会饿死你倒不管了,请你给个证明样子看看,累不着你吧。正理论着,里屋出来一个又矮又胖的女领导,一开口嗓门像卡车喇叭一样:谁在叫啊? 叫什么叫?! 我一听就来了火,你说话才算叫呢! 比驴叫还刺耳。她竟说,就你这素质还当军官。我不想和她吵,我建议她,把他们办公室里贴的"为人民服务"的牌子摘下来,把这八项服务态度也撕了,别给共产党、人民政府丢脸了,共产党和人民政府的名誉会让你们这些人给败坏糟蹋了! 你有种,我现在就请你同我打车去市政府,让他们评评究竟谁没理!

他们内部人把这个矮胖领导拉进里屋去了,一个男办事员悄悄走出门来,塞给我一张粮食定量证明。因为爱人的工作单位与我们的住地不是一个区,这定量证明,要拿着我爱人的户口本,到工作单位所在区的粮食局,由那个区的粮食局开具定量证明。这里面的业务关系,外人谁能知道? 那个女办事员就是不告诉你,故意刁难,让你跑冤枉路。

1993 年是我们全社人最闲的一年,反正我来出版社工作也不是为了当官,中层领导让我当就当,不让我当我就做普通编辑,我无须与任何领导拉关系。人家为自己的职位找关系忙活时,我就静下心来写小说。根据这些素材,我写了中篇小说《尴尬人》,写一个京外调京工作的处长所遇到的做人难、做事难、与人相处难的尴尬境地。因为是地方题材,不一定在《昆仑》发,我打算给《十月》,但还是想请海波先看一看,提提意见。他当晚就看了,第二天一上班就找了我。他见面就说,这稿不要给《十月》,咱们自己发,接着他提了修改建议,说现在前半部分比后半部分好,后半部分办公司,为什么不写你熟悉的书业呢?我顿悟,原来我是故意回避书业,怕有人对号入座。他这么一说,我就放心了,把后半部分改成了办书刊发行公司。改好后,海波看了很满意,说后半部分又比前半部分好了。该小说于《昆仑》1994年第1期发表,《小说月报》1994年第5期转载,《兰州晚报》连载,贾平凹主编的《中国当代小说精品》商界小说卷和中国作协创研部胡平主编的《男人辞典》都将其收入,西安电影制片厂黄建新导演亲自赶来北京购买了电影改编版权(后因台湾请他去拍片,未能拍摄)。作品获《昆仑》1993~1994年优秀作品奖。《尴尬人》的成功,才让全社人都知道我还是位小说作家。

中篇小说《平常岁月》写的是和平时期军人如何"引而不发""备而不战",战争年代军人奉献的是生命,和平时期军人奉献的是青春。小说于《昆仑》1995年第6期发表,《中篇小说选刊》1996年第2期转载,获《昆仑》1995~1996年优秀作品奖。另一个中篇小说《晚涛》获《解放军文艺》1993~1994年优秀作品奖。

1997年参加中国作协在大连召开的中年作家会(左一为作者)

　　第三个冲刺是长篇小说《兵谣》和中篇小说《履带》。《兵谣》的人物形象在我心里已经酝酿 10 年之久，这是我在部队生活中感受最深的一个题材，是对部队政治工作长期以来"左"的倾向的揭示，其对军人的影响已经到了让军人失去本真、失去自我的程度，作品十分尖锐与深刻。评论家李准说："《兵谣》所达到的真实和尖锐程度，是非常值得称道的，它走向了一个新的阶段。"著名评论家孟繁华在评论中说："《兵谣》是军旅文学中最优秀的'成长小说'。它否定了'国家寓言'式的成长小说类型的同时，也改写了当下'私语'言说的成长小说类型。更难能可贵的是，《兵谣》是在主流话语的范畴之内展开人物的成长历程的。在个人欲望可以不加掩饰地张扬和释放的今天，《兵谣》对古义宝欲望的否定，也是对今天世俗社会无休止的欲

已经播映的电视剧

望要求的批判和否定。"《兵谣》出版后反响强烈,《小说选刊》长篇小说增刊 1997 年第 1 期缩写推荐,获总政第二届全军文艺新作品奖长篇小说一等奖,团中央世纪读书工程 30 部推荐图书之一,中宣部十四大前表扬的《人间正道》《我是太阳》《车间主任》《兵谣》等 6 部长篇小说之一。我根据《兵谣》改编的 14 集同名电视剧,由中国电视剧制作中心与山东电视电影制作中心联合摄制,2000 年春节期间在央视八套电视剧频道播出,获飞天奖。

　　《履带》是《芙蓉》杂志的谢不周主动约的稿,写的是我当坦克兵的生活,我把自己的军人情结与军事情愫全部融入其中。小说于《芙蓉》1996 年第 6 期发表,《小说月报》1997 年第 1 期头版转载,刘书棋编辑赶到北京约我写了创作谈,贾平凹主编的《中国当代小说精品》军旅小说卷和《小说月报》选编的 20 世纪 90 年代军旅小说卷《梦回吹角连营》都将其选收其中。作品获总政文化部第三届全军文艺新作品奖二等奖。

已经出版的作品

　　第四个冲刺是长篇小说《乡谣》和中篇小说《苍天亦老》。《乡谣》是我儿时的记忆与回顾,二祥这个人物在我心中酝酿了近20年,无论主题、人物、语言还是风物,都体现了吴文化对我人生与心灵的影响。我是带着对阿Q在90年之后的20世纪90年代中国是一种什么状态的思考与中国国民性的追问而写的这部小说。小说所呈现的生活与人物以及它的文化内涵是独特的,又是大众的、民族的,引起了文坛广泛关注,中央人民广播电台小说节目录制播出后,在听众与读者中反响强烈,收到了400多封来信。

中国作协创研部、作家出版社和总政宣传部为"日子三部曲"《兵谣》《乡谣》《街谣》召开研讨会

　　中篇小说《苍天亦老》是1997年到江西于都县捐赠图书时从饭桌上听来的故事。于都是红军长征出发地,晚饭的餐桌上谈起了这段历史,县妇联主任突然泣不成声,当年她14岁的舅舅就是在红军出发的那天晚上失踪了。她舅舅放牛时,牛吃了地主家的麦苗,地主逼着他吃了牛粪,他于是烧了地主家的牛棚随着红军部队离开了家。她外婆一辈子盼儿子回来,盼到

离开人世都没能再见到儿子。这事让我心潮难平,我就以此故事构思创作了《苍天亦老》。

有评论家写文章说《乡谣》比《活着》好,有人称它可与《白鹿原》相媲美。《乡谣》入围了第六届茅盾文学奖终评,获总政第六届全军文艺新作品奖长篇小说一等奖;中篇小说《苍天亦老》获总政第十一届中国人民解放军文艺奖。

此后的长篇小说《城北人》《碑》《极地天使》,中篇小说《走啊走》等作品,均是我对文学孜孜不倦、始终不渝的追求。我担任编剧的 32 集电视剧《沙场点兵》获金鹰奖、2006 年度最佳收视率奖、"五个一工程"奖,《碑》获总政第十二届全军优秀文艺作品奖长篇小说一等奖,《极地天使》获《人民文学》2015 年度"茅台杯"人民文学奖特别奖。

《极地天使》封面立体图

在国际图书博览会上举行新作《极地天使》对谈会

坚持业余写作,最新长篇小说《极地天使》获《人民文学》2015年度茅台杯人民文学特别奖

　　我写小说的原则是,不重复自己,更不重复别人,力争每一部作品都有新的追求与突破。我在《兵谣》《乡谣》《街谣》"日子三部曲"的序言《上帝给的日子》中写过这样一段话:"一部几十万言的书,如果能让当代人读完,作者的语言便有些功夫;如若能让读者读出滋味,甚至品味陶醉其中,作者的语言功夫便修炼到相当的程度。我是作者,也是读者。我以为一部好的小说,它应该让读者随时随地,随便翻到哪一章、哪一节、哪一页,都能够读下去,而且一读很快就能把读者带进小说营造的氛围,让其陶醉其中。这是小说的一种境界,也是我一直追求的境界。"

　　文学创作真不是件好干的活,我在第一本小说集《蓝色的梦》扉页上写了这样一段话:写作是一种无止境的交织着痛苦与欢乐的自我剖析、自我认识、自我征服的自寻烦恼。

"日子三部曲"《兵谣》《乡谣》《街谣》

业余写作只能是业余时间的劳作,作品常常构思酝酿于厕所和晚上入睡之前、清晨醒来之后,写作于晚上和节假日。写作让我不得不放弃许多业余爱好和生活乐趣,家人也感到生活不那么丰富多彩,牺牲了许多天伦之乐,但耕耘后的收获,是那么令人心醉,又那么催人奋进。

在故乡无锡签名售书

治理国家靠法律，
管理单位靠制度

　　违背大众意愿的事终究是不会长久的。1994年年初，八一出版社解体，解放军文艺出版社和解放军出版社分别恢复建制，其后果是，我们账上的480万元流动资金消耗殆尽，还分了近80万元债务，两个社的图书在市场缺位两年多。

　　恢复建制，解放军文艺出版社有了发行部，也有了总编室。新任的解放军文艺出版社社长朱亚南找我谈话，决定让我去创建总编室，并问我发行部主任谁干合适。我推荐了张耀宗，他那时是办公室秘书。我推荐的理由是，他跟着我在发行部干过，后来又去筹建昆仑书店，然后再当办公室秘书。社领导研究同意了我的意见。干了8年发行工作，终于结束，我把发行部交给了张耀宗。我被任命为我社第一任总编室主任，又是白手起家去创建一个新部门。

　　解放军文艺出版社过去没有总编室，只有一个出版发行部。当时的出版发行部主要任务是承担书刊印制业务，名曰出版发行部，其实主要是搞印制，发行方面仅有一个邮购组，总编室的工作只兼做一项图书发稿工作，这项编务工作由主任亲自兼着。工作交接时，只给了我一本社里制作的工作记录本，里面是解放军文艺出版社与昆仑出版社两个社已用书号的登记。

　　任命前领导找我谈话，确定总编室的性质是社党委对全社实施业务领导的办事机构。具体内容有两个：一是总编室的机构设置和人员安排，设主任、副主任各 1 名,编务 1 名,原有的美术编辑室、出版科、校对科、微机房、资料室归到总编室,共 15 人,6 名文职现役军人干部,1 名职员,7 名职工,1 个临时工;二是两大工作任务,即做好总编室自身的管理和所担负的业务工作,协助社领导对全社实施业务领导,协调各部门、各环节的业务生产。

人员好说,尽管副主任、原来的编务和美编室的原主任、几个美编军人年龄都比我大,资格也比我老,但做事有人就行,只要协调好关系,发挥每一个人的优势而不内耗,什么事情都能做好。再说,美编室、出版科、校对科、微机房、资料室原已有机构与人员,只需要新建编务这一机构,建立一个内部工作秩序和相关管理制度就成。难的是协助社领导对全社实施业务领导和协调全社各部门、各环节的业务生产。没有规范的工作流程,没有以往的现成经验与做法,需要从头开始摸索探讨并施行。

新建制,新班子,新领导,自然要有新气象。总编室直接归社长管。朱亚南社长属于部队高政治素质的管理型政工领导干部,他虽然没在出版行业干过,但他当过沈阳军区文化部部长,自己也搞过文艺创作,又管过全军区文化工作和文艺创作,对文学艺术并不陌生。更重要的是,他善于倾听业务人员的意见,工作思路非常清晰,政治意识和大局意识比较强,非常尊重出版规律,尊重专业知识。在他手下当总编室主任,工作起来很好配合,他对社里的建设与管理有章有法。

我向他建议,一个国家的治理靠法律,一个单位的管理靠制度。人管人,随意性大。你再天才,记忆力再好,今天不一定能记住昨天说的话,明天说的话可能又与今天的说法完全不同;张三的事,你这么处理;李四的事,你可能会那么处理;没有制度的律条,凭个人意愿做事、处理事,时间长了,矛盾肯定会此起彼伏。用制度管人,相对可以做到对事不对人,在一定的时间内可以相对稳定,做到相对公平公正。社里的建设确定目标之后,当务之急是要建立一套与之相配套的规章制度。他非常赞同我的意见。

　　在全社宣布干部任职命令的大会上,他发表了就职讲话。他上来就讲业务建设,强调图书要抓主旋律,梳理优化选题,多出好作品;"三刊"努力在提高质量上下功夫,《解放军歌曲》准备改刊;出版发行工作要进一步创新,提高服务保障工作水平。之后,他着重讲了建立完善规章制度的事,提出首先要建立完善目标管理责任制,同时建立一套与之相配套的规章制度,使全社方方面面的工作实现规范化管理。

　　关于目标管理责任制,凌社长在位时,让财务室搞过一个比较简单的计算编辑利润的规定,加上我给原八一出版社起草过《目标管理责任制暂行方案》,有一定的基础。但要搞一个治理全社的根本制度,还是有很大的难度。

　　搞责任制的目的是通过管理出效益,那么,在制定责任制之前必须想清楚,责任制管谁? 管什么? 怎么管?

　　出版社生产的是精神产品,也叫特殊商品,出版社可以称之为为大众生产精神食粮的文化单位,既有事业单位的性质,又要实行企业化管理。体制和工作的特殊性,决定了出版社管理的特殊性。它完全不同于机械化大生产的工业,也不同于市场交换的商业,也不同于公共服务业,也不同于政府机关。这些行业抓生产、抓工作都特别讲时效,时效里面出成果;而出版行业追求的是"双效",即社会效益和经济效益。这两个效益单靠时效未必能实现,它需要个人有过硬的营销策划、文字编辑功夫,需要个人的独立思考,需要独创性,需要个体精细扎实静心工作,方能生产出理想的精神产品。因此,简单地照搬现代工业、商业、服务行业、政府机关那种管理模式来管理出版社,不见得有效果。假如只是用不能这样不能那样、这不行那也不行的条条框框管理出版社的编辑业务人员,则只会约束人的创造力。出版社的管理必须采用管理精神劳动、管理文字工作者的方式,功夫要下在如何提高专业技能基本功,如何提高出版物的编校、印制、装帧质量,如何调动每一个人的工作积极性,如何激发每一个人的创造力上。

出版社责任制管理的基本目标就一个,创造良好的社会效益和良好的经济效益,责任制就是要为实现这两个效益服务。

明确了这一点,基本思路就有了。什么是良好的社会效益和经济效益?主要是两个方面:一是多出好书,要努力策划出版拿全国大奖、全军大奖的优秀出版物;二是要抓畅销书,首先要把日子过下来,即保证出版社正常生存,在过下日子的基础上,再努力争取把日子过得好一些,在确保生存的基础上,把福利搞好,争取多一点的劳务补贴。根据这两个基本点,按不同部门、不同分工,确定不同的责、权、利条款。

责的第一个方面,创利的部门,既要努力争取编辑出版能获奖的出版物,又要编辑出版能创收到确保出版社正常生存所需经费的出版物,其余保障部门、服务部门要全力以赴支持保障一线部门所需的一切,为一线创利部门完成任务创造条件;权和利,即一线创利部门完成基本创收任务后,可以获得应得的报酬和奖励,其他保障服务部门完成该完成的保障服务任务后,也可以获得该得的报酬与奖励。

责的第二个方面,在确保政治安全的前提下,一线创利部门有责任和义务努力争取超额完成创收利润,保障服务部门也有责任和义务为一线部门超额完成创收利润提供所需的一切保障与服务;权和利,即一线创收部门实现了超额完成创收利润后,可以获得应得的奖励,保障服务部门在完成为一线部门实现超额创收利润提供保障服务任务之后,也可以获得应得的奖励。

把日子过下来,让出版社正常生存,就需创收人员工资、福利、办公经费、水电暖消费、营房维修、车辆消耗与维护以及国家税收等所需经费。这笔所需经费,就是一线创收部门年度的基本创利指标,也可以说是年度创利基数。然后,在此基础上再考虑,要想把日子过好一点,全社提高福利待遇、基本建设，改善办公条件和环境，年度大体需要多少经费，以此确定一线创收部门超额创利指标和保障服务大体需要提供什么样的保障与服务。确定好这个大思路，目标就好确定。确定目标后，其他责任条款都是为实现这个目标而制定的责、权、利具体要求。

首先，确定全社基本创利基数。我找财务室了解，本社开门过日子，保证出版社正常生存，一年需要多少钱，把这个保生存的基本保障经费确定为本社年度创利的基本指标，即创利基数。然后，列出本社能直接创利的部门，把本社年度创利基数分解到各部门，再按职称分解到每个编辑，确定基本创利指标，即每个编辑年度创利的基本任务。再按照本社创利基数，推算发行部年度需要实现多少回款实洋，才能确保本社创利基数得以实现。

其次，在保证完成全社创利基数的基础上，再确定超额创利指标及实现超额创利后劳务补贴提取的标准。

根据这个原则，草拟好《目标管理责任制暂行方案》草案后，征求全社各部门意见。我们是军队出版社，军人工资是军费开支，端惯了铁饭碗的人对这种完全企业化的管理模式一时很难理解，更不好接受。全社对这个草案反响很大，有的编辑部主任甚至直接反对。社长和社党委下了决心，理解要执行，不理解也要执行，在执行中慢慢理解。但考虑到军队出版社的特殊性，再考虑到期刊编辑部、图书编辑部、发行部与其他部门工作性质的差异和大家的接受程度，《目标管理责任制暂行方案》第一阶段试行往后退了一步，按"分门别制，统筹管理"的方式试行。图书编辑部、期刊编辑部、发行部、美术摄影工作室实行目标定额责任制，总编室、办公室、出版科实行目标综合考核责任制，校对科、汽车班实行目标计量责任制，书店实行目标利润承包责任制。社里通过分类指导、阶段考核、综合平衡、总量控制等措施进行统筹管理，努力保证总效益稳定增长，各部门责、权、利一体兑现，有奖有罚。实行目标定额创利责任制的一线创收部门，只定基本创利指标，不定超额创利指标,指标只分解到部门,不给定到每个编辑。

这里面有几个关键的环节需要把握:

一是盈利的概念,参与年终考核的盈利是指每个书刊编辑部年度的总收入,扣除直接生产成本和本部门一切生产费用及杂项开支后的剩余资金。

二是图书编辑部与发行部的利润计算,这是一个比较复杂的焦点问题,牵涉两个部门的分配合理与否。根据我自己的实践,选择参照发行渠道中间环节8%流通费率的惯例。我们社确定,一般入库图书,发行部以52%的进货折扣与编辑部构成内部业务关系;为鼓励发行部的积极性,印数1万册以上的图书,双方可一书一议商定折扣,签订协议后报财务备案;库房租金由发行部与编辑分摊;图书增值税由编辑部承担;库存图书提成差价由发行部承担;定向出版图书、外包图书需发行部发运的,收取10%的储运发行费用。

三是期刊编辑部与图书编辑部的平衡问题。3个期刊创利比较困难,即使增长也有限,为此确定期刊编辑部完成任务年终奖励拿图书编辑部的平均劳务补贴;为弥补差距,允许每个期刊编辑部出版5部定向图书,以增加盈利。

四是社领导年终劳务补贴,参照分管部门的劳务补贴情况确定,取所管各部门的平均数,从社利润中支付,社领导应该多干活多操心,但绝不多拿钱。

五是有奖有罚,除了年度任务目标管理之外,为鼓励先进、鼓励创新、鼓励敬业、鼓励贡献,特设:1.策划奖,凡策划的选题,无论担任不担任责任编辑,获全国性、全军性奖或年度创利5万元以上者给予策划者奖励;2.编辑奖,所编图书、文章、刊物获国家级或全军性大奖者给予奖励;3.宣传奖,宣传本社书刊成绩突出者给予奖励,凡写文章评价宣传本社书刊者,一经发表,社内另发稿费;4.先进奖,立功和受总政、地方政府评为先进人物者给予奖励;5.贡献奖,本职工作之外额外创利、开源节流者根据不同成效给予不同奖励。

另外设 6 项处罚:1.违规违纪受到纪律处分者,扣除全年劳务补贴;2.所编书刊遭总政和国家主管部门查处的,根据不同程度处以不同程度扣发劳务补贴;3.完不成基本创利指标者，差额按 2% 处罚;4.因疏忽造成差错而经济受损失者，按损失的 2% 处罚;5.社每 4 个月检查一次书刊编校质量,不合格者不计利润、不提编辑费和校对费;6.连续两年不能完成基本定额任务和连续两年编校检查不合格的要做人事处理。

责任制不是一个简单的分利办法,它是出版社进行现代化企业管理,调动每一个成员的积极性、创造性,实现良好的社会效益与经济效益的重要措施。在此,必须首先确立基本原则。我们的基本原则是:坚持社会效益第一,提倡无私奉献,鼓励创优争先,实行"两个倾斜"(即向编印发一线倾斜,向军事题材重点作品倾斜)。

试行两年,全社基本适应了岗位责任制的管理后,对《目标管理责任制暂行方案》又进行了重新修订,修改的重点在 3 个方面:

一是把责、权、利具体分解到每个部门的每个人,图书以单本书立账核算。编辑盈利基本任务:助理编辑 2 万元,编辑 3 万元,副编审 4 万元,编审 5 万元,担任编辑部主任职务的任务降一个档次。

二是发行部与编辑部不再以折扣形式构成业务关系，实行经费包干,参照新华书店中盘所占 8% 的发行费率，发行部提取当年回款实洋折合码洋的 7% 包干(军队下发图书和定向图书发运提 10% 储运管理费)。包干经费包括的开支项目:本部门职员职工工资、福利、运费、包装费、差旅费、公杂费、电话费、加班劳务费、招待费、征订费、库房租金(1/4)、库存图书提成差价(50%)、油料费、司机工资、广告宣传费及年度劳务补贴等。

三是责、权、利从社长、政委开始,落实到每一个人,无论社长还是司机,无论主任还是编辑,每人按各自的责、权、利进行工作,享受权益。

围绕《目标管理责任制暂行方案》,我为社里起草并经社党委办公会讨论通过,向全社颁布了《解放军文艺出版社图书出版工作流程》《解放军文艺出版社稿酬暂行规定》《关于优化图书选题的若干意见》《关于加强书刊宣传工作的意见》《解放军文艺出版社发行奖励的办法》《关于开展优秀编校、优秀装帧设计评奖的意见》《关于加强版权和资料管理的意见》等16个制度。这些规定、办法规范了工作生产秩序,做到了事事有规可依、有章可循,有效地推动了社里的全面建设。尤其是《目标管理责任制暂行方案》成为本社管理、工作、建设的大法,实行几年后,全社人员都熟悉理解了责任制的内容,既明确了自己的责任,同时也知道了自己的权力和利益,每个社内成员自觉行动,全社像一台机器高速运转起来,即使社领导一个月两个月不在位,社里的工作、业务、生产也照样正常运转。每个人都明确了自己的职责、权利与利益,即使没有人督促,也知道自己该做什么,不该做什么。

规划才能让出版社建设进轨道上档次

　　解放军文艺出版社是隶属总政领导的全国唯一的以军事题材为主的综合性文学艺术出版社。根据中央军委〔1993〕军字第 50 号批复和总政的命令、指示，确定我社的基本任务为主办《解放军文艺》月刊、《昆仑》大型文学双月刊和《军营文化天地》月刊，编辑出版文学、文化、体育、艺术、音乐、美术、曲艺、戏剧、外国文学作品等图书，兼及文学艺术类音像制品和电子读物等，以繁荣中华民族的文化艺术事业，提高广大指战员的科学知识和文化素养，丰富部队的精神食粮。

　　为了尽快把我社办成全军乃至全国一流的文学艺术出版社，社党委确定搞一个五年规划的要点，为本社的建设确立目标和档次。

　　我社五年工作规划的总体目标为：圆满完成军委、总政赋予的基本任务，特别要对发展新时期军事文学艺术、"以优秀的作品鼓舞人"做出显著成绩；至 20 世纪末，次弟推出几批代表全军水平的精品，争取 2～4 项获得全国精神文明建设"五个一工程"的入选作品奖或提名作品奖。同时努力实现各项工作的全面加强和协调发展，把我社建设成政治方向端正，主旋律旗帜鲜明，党组织坚强有力，思想作风过硬，业务素质优良，作者阵容整齐，设施先进配套，经济实力雄厚，发行网络覆盖全国、辐射海外，具有很强的服务部队能力和市场竞争能力，在国内国际享有较高声望和信誉的第一流的军队出版社。

　　为此确定:把思想建设摆在各项工作的首位,着力抓好四个重点项目(期刊至少一种获全国优秀期刊奖、图书瞄准"五个一工程"奖,建设一支整体素质好的编辑、出版、发行队伍,形成较强的服务部队和市场竞争能力,抓好技术与设备的"硬件"建设),以有效的手段充分发挥全社人员的积极性与创造性。

　　经过一年实践,在 1995 年年初全社的年终工作总结表彰大会上,朱亚南社长准备了一个与五年规划要点相吻合的社长讲话。这个讲话是他真正的施政纲领演说,目的是要让全社人员明确解放军文艺出版社的历史使命与奋斗目标。讲话分为 7 个方面:

　　一、树立大局观念,突破几个薄弱环节。摆正个人与集团、集体与大局的两个关系,克服涣散离心、分疆裂土的两个不良倾向,增强凝聚力和协同作战的联盟意识,加强全面建设,为实现长远目标持续发展打下坚实的基础。

　　二、突出军队特色,高扬主旋律旗帜。明确历史传统赋予的任务,认清客观形势对我社的要求,找准自身的优势与薄弱环节。做到军委、总政赋予的任务使命不动摇,为部队服务的信念不动摇。真正把我社建设成在军内外出版界、文学界有知名度的名副其实的国家级一流出版社。

　　三、增强团结协作,发挥集团合力作用。克服小作坊、小生产的陋习,确立大生产、大协作的思路,逐步走上集约生产的轨道。

　　四、提高业务素质,打造整体形象。加强学习,防止浅尝辄止,要在政治觉悟、业务技术、进取精神、职业道德 4 个方面实现重大转变,每一个人要做本专业的专家。

　　五、营造良好的工作环境,优化人才培养的机制。人才密集的地方容易忽视人才的培养,文人应该相亲,而不应该相轻;自由主义是破坏团结、制造不和谐因素的恶习,与文人的品格是格格不入的;做人讲品位,相互尊重,人人心情舒畅,工作才能出效率。

六、加强党的建设,发挥支部堡垒作用。开展正常的批评与自我批评,支部才能有战斗作用。

七、1995年基本任务和工作重点。

朱社长的这个报告,对全社震动很大,对《解放军文艺出版社五年工作规划要点》的实施和各项规章制度的贯彻执行是一个很大的推动。经过几年的努力,五年规划的目标如愿以偿。1995年出版的《中国抗日战争纪实丛书》(23部)获第十届中国图书奖、第三届精神文明建设"五个一工程"奖提名奖,1996年出版的《绿色风采丛书》获第三届精神文明建设"五个一工程"奖,1998年出版的长篇小说《走出硝烟的女神》获第七届精神文明建设"五个一工程"奖,1999年出版的《中国文学通典》(4部)获国家图书奖"第三届辞书奖",1995年出版的《中国人民抗日战争纪实丛书》《百战将星》获总政首届中国人民解放军图书奖,1999年出版的长篇小说《仰角》《我在天堂等你》《我的天空》、纪实文学《远东·朝鲜战争》《神山圣域》与理论集《非虚构叙述形态》获总政第九届中国人民解放军文艺奖。

《解放军文艺》杂志获总政首届中国人民解放军期刊奖。

顶住压力,坚持抓根本

我们社恢复建制不久后发生了两件事。一件是新闻出版署组织图书评奖,我们社有一本书因编校质量不合格而被取消参评资格;还有一件是一部引进的外国小说,因翻译和编校质量差,不少读者来信指责,造成此书重新编校印刷。这两件事都是因图书编校质量不合格而产生不良影响,引起了社里的重视。

当时社会对出版界出版的图书质量评价也不高,"无错不成书"成了广大读者批评出版界的口头禅。图书是知识的载体,文学图书是陶冶情操的精神食粮,图书出现编校质量问题和差错,小则影响声誉,大则误人子弟。

我适时地向社长提出进行编校质量检查的意见,一年检查两次,6月份和12月份各一次。第一次检查,由每个图书编辑自荐一部始发稿图书、期刊编辑部自荐一期杂志参加检查,标准执行新闻出版署的规定,每书每刊检查10万字,差错万分之一以内(含万分之一)为合格,两万分之一以内为良好,四万分之一以内为优秀,超过万分之一为不合格。第一次检查自荐书刊,第二次开始由总编室按始发稿要求抽查。

达到合格标准以上(含合格)的分别给予奖励;图书编校不合格者,不计本书利润,不提校对费和编辑费;期刊一期不合格,扣年终平均劳务补贴的十二分之一,两期不合格,扣年终平均劳务补贴的六分之一。

社长赞成,将方案提交社党委会讨论并通过,确定检查由总编室组织实施。为避免检查中有不良现象发生,所有参加检查的图书与期刊,均由总编室请外单位的校对部门进行检查。

第一次检查,期刊都达到了合格标准,但图书的检查合格率不到50%。检查结果一张榜,不合格的编辑脸上挂不住,有的还是编辑部主任,私下里发牢骚,说我为了升官,用整编辑的手段创造业绩。有的人还动了歪心思,让来社里学习帮助工作的部队作者署责任编辑的名,或署外请编辑的名。

编校质量是衡量编辑技能和业务水平的一个重要方面, 文字功底扎实、知识积累丰厚、常识广博是编辑的基本功。抓编校质量没错,这是用制度和奖惩来促进编辑修炼内功的有效措施,绝不能因为有人抵触、有人反对就手软,更不能放弃,这是抓业务抓到了根本。

国家的法律就是为不守法的人制定的,道德高尚、品格优良的人用不着法律来制约个人的行为,他自身的行为准则绝不可能与法律相悖。单位中也是如此,编辑职业道德好、人品好、业务素质好、专业技能强的人,根本用不着制度来管束自己,他本身就会自觉地以严谨、敬业、高品质为事业追求的目标,用不着别人督促就会对自己所编书刊负责,扎实细致地做好书刊编校的案头工作,你检查也如此,不检查也如此。他们会很欢迎这种质量检查工作,一方面他们可以有得奖的机会,另一方面他们会为平时看不惯的那种坐不住、编辑工作粗疏的不负责任作风得到整治而由衷地高兴。只有那些平时工作不严谨、案头工作粗疏、满足于工作数量不求质量的编辑才讨厌制度,把制度看作限制、约束、整人治人的手段。

我顶住这种压力,让编校检查在不同声音中坚持了下来。到1996年,社长我让把这种检查常态化,把检查书刊编校质量工作写进了《目标管理责任制暂行方案》。其中第五项处罚的第五条就明确规定:社里每4个月抽查每个图书编辑的一种图书的编校质量,每年每人抽查3种图书,编校质量检查不合格的图书(责任编辑对原稿负责,责任校对对编辑稿负责,其合格标准为万分之一以内），本书不计利润，不提校对费和编辑费；月刊杂志，每季度抽查一期，双月刊每半年抽查一期；月刊一期不合格扣年终劳务补贴的十二分之一，两期不合格扣年终劳务补贴的六分之一，三期不合格扣年终劳务补贴的四分之一，四期不合格扣年终劳务补贴的三分之一；双月刊一期不合格扣年终劳务补贴的六分之一，两期不合格扣年终劳务补贴的三分之一。同时开展"优秀编校质量、优秀装帧设计"评奖活动，奖励编校质量优秀的编辑。

编校质量检查渐渐成为编辑苦练基本功的内在动力，经过几年的坚持，本社所出版的图书和期刊，编校质量再没有出现不合格的现象。

珍惜实践经验，
创立三大品牌

干了8年图书发行工作，我最大的收获是对图书市场有所认识，摸到了一点市场的规律。

进入市场经济后，商品生产完全由市场进行调节。所谓市场调节，从宏观上讲，就是遵照商品经济的客观要求，由供求变化引起价格涨落，调节社会劳动力和生产资料在各个部门的分配，调节生产和流通，比较合理地进行资源配置，使企业的生产经营与市场直接联系起来，促进竞争。从产、供、销的生产商角度讲，就是去掉各种人为的计划因素，按市场的需求来安排生产，也就是说，按市场的需求来调节供需关系。

在市场经济体制下，生产与流通的调节，主动权在买方。产、供、销三方，销售环节是市场需求的晴雨表。商品销量大，零售商就多进货、多添货；商品滞销、销售量小，零售商就少进货或不进货。零售客户的订添货需求，直接调节中盘商的经营；中盘商的经营，则调节商品厂家的生产。

图书作为商品同样不例外，除了一些政治学习书籍和各专业考试类教材教辅图书外，一般图书的生产都直接受市场需求的调节。图书的价格虽然相对稳定，定价大体一致，但也有差异，有的悬殊也较大；图书市场对出版资源的调节体现在出版编辑人才、作者、稿源、印刷材料的配置上，对生产的调节更直接体现在图书出版的数量、印量和发行量等方面。一句话，市场需求决定一切。

做生意难,搞经营难,难在哪儿? 难在市场需求的不可知,难以把握。

就图书而言,左右市场需求的因素很多。图书的认识价值、使用价值,图书的价格,作者的知名度,内容的权威性、实用性、可读性,地域文化差异,习俗爱好等,各种因素都会对需求产生影响。所以,图书市场同样有现实市场与潜在市场之区别。

现实市场好掌握,这是已经发生的交易,在信息时代,很容易获取第一手资料;难的是对潜在市场的把握,它只能凭经验、凭感觉、凭信息预测。出版商要想把握市场,除了要了解、分析、研究现实市场,更需要了解、分析、研究潜在市场。把握潜在市场是一门学问,谁能判断准潜在市场,谁就能掌握主动权。

潜在市场不可知,但有两个基本因素在其中起着重要作用。一是图书的品牌,另一个是读者的阅读取向。作为出版商,能不能把握潜在市场,第一重要的是自身能不能创立满足市场需求、契合读者阅读取向的图书品牌。

从营销的角度看,品牌是给企业直接带来社会效益与经济效益、产生增值的一种无形资产。它是消费者对一个企业及产品、信誉质量、文化价值以及服务的评价和认知,是一种信任。它是一种商品综合品质的体现和标志,融时尚、文化、价值于一体,以强势的产品质量优势、文化创新优势、引领潮流优势而被消费者承认并接受,被市场认可,并产生其市场价值。

品牌一旦形成,便可诱发消费者的消费心理活动。同理,只有那种能诱发消费者消费心理活动的商品,才能称之为品牌。

图书作为商品同样如此。出版社要创立本社的品牌,必须使自己的产品具备以下几个内涵特点:

1. 独创性:这是品牌所必须具备的第一个条件,出版社只有使自己的图书做到题材、主题、视角、内容、语言、结构、装帧独具特色,让自己的产品在市场中与其他出版单位的产品鲜明地区别开来,才能形成品牌。

2. 权威性:这是创造品牌的必要条件,无论什么题材,其著作人及所著内容在本专业、本领域中,需具有绝对的权威性。

3. 认知价值:这是构成品牌的基本要素。即使作品具备了独特性和权威性,但假如没有认知价值吸引潜在顾客,也无法让读者把消费意愿变为消费行为。

4. 时尚性:作品所揭示的主题必须与一个领域或社会的潮流相吻合,作品的含义、价值、文化个性都与时代潮流相合拍,让读者阅读此书成为一种文化时尚。

5. 持续性:品牌图书不同于其他品牌商品,一般商品一旦成为品牌,它是以自己的商标、标记开发升级产品或同门类产品,起品牌作用的是商标与标记。图书品牌除了词典和工具书外,难以一劳永逸,需要不断开发创造新作品,持续不断地让自己的品牌级图书占有市场,才能让出版社的社名产生图书品牌的商标和标记作用。

创立品牌的根本目的,除了积累文化之外,就是扩大销售,增强图书的社会效益和经济效益,这直接关系到一个出版社的生存与发展,确定其在出版界的地位与影响。因此,出版社必须在创立品牌上下苦功夫。

出版物能不能成为品牌,首先取决于选题的优劣,应该从选题抓起。

总编室创立后展开的业务工作,除了起草《图书生产工作流程》和《目标管理责任制暂行方案》之外,重要的工作就是起草《关于优化选题的若干意见》。意见要求全社编辑:

一、明确位置,突出重点。明确解放军文艺出版社是全国全军唯一以出版军事题材文学艺术书刊为主的中央级出版社,推出军事题材文学艺术精品是我社的特色、风格与重点,全社编辑必须为此做不懈的努力。

二、编辑要掌握五方面信息:即时代信息、政策信息、选题信息、出版信息、市场信息。

三、更新三方面知识：即专业知识、军事知识、现代科技知识。

四、尊重规律、完善程序，确定选题严格执行 5 个程序：即搞好市场调研、写好选题可行性报告、编辑部社选题小组两级认证、党委审定、制定实施方案。

依据本社的历史传统，从《苦菜花》《迎春花》《三菊花》《敌后武工队》《晋阳秋》到《红高粱家族》《皖南事变》的畅销长销，以及《志愿军战俘纪实》《南京大屠杀》《红墙内外》《毛泽东尼克松在 1972》《国防部长浮沉记》等纪实文学的畅销，我给社长提出本社确立军事题材长篇小说、军事题材纪实文学和军事文化三大品牌。到 1997 年我担任副社长后，全面负责本社经营管理，组织全社编辑围绕这三大品牌策划组织选题，以这 3 个品牌组织解放军文艺出版社图书的读者群。

经过几年的努力，军事题材长篇小说推出了"军事题材长篇小说新作丛书"，前后出版了近 30 余部军事题材长篇小说，其中《亮剑》《仰角》《我在天堂等你》《兵谣》《美丽人生》《炮群》《音乐会》《楚河汉界》《惊蛰》《中国近卫军》等作品在社会与文学界赢得一致好评，同时也赢得了市场。

军事题材纪实文学继《中国人民抗日战争纪实》丛书后，又策划出版了《中国人民解放军征战纪实》丛书和《百战将星》丛书等，也都获得了可喜的社会效益和经济效益。

军事文化品牌也推出了《古代兵法经典》丛书、《超限战》《网络战争》《点击未来战争》《下一场战争的新型武器》《美国导弹防御系统》等深受军内外读者喜爱的图书，其中《超限战》在海外产生巨大反响，被外国军事院校列为参考教材。

给展会赋予有生命力的灵魂

我是从第三届开始接手北京图书订货会的，那时我建议给它定的名称是首都图书交易会。

北京图书订货会第一届叫社科图书交易会，于 1987 年 5 月与第三届社科书市同时举行，是社科书市新增设的一项业务活动，会场设在劳动人民文化宫的东配殿，参加的出版社有 44 家；第二届于 1988 年 10 月仍与第四届社科书市同时在劳动人民文化宫举行，冠名全国图书交易会，参加的出版社有 94 家。这两届订货会仅仅是社科书市中的一项活动，也仅有中央社科出版社参加，参加的出版社并不多，组织形式带有原始的自发性，其举办时间、组织形式还没认真进行认证、策划与设计，成效并不显著，但意义却非同一般。

当时出版社自办发行刚刚起步，出版社办订货会，新华书店能不能来订货还有疑虑；再说办订货会，没一点经验，只能摸着石头过河，试着干。但这一步为出版社自办总发行、开拓市场迈出了新步子，给出版社自办发行创出了新路子。这一步，在当时是大胆的一步、可喜的一步，是在"一主三多一少"方针的指引下和中国出版工作者协会的支持下才迈出的一步，是图书发行体制改革历史性的一步，可以说是一大创举。

1988 年第二届订货会暨第四届社科书市结束后，我应邀到社科书市办公室当了副主任，并主管订货会。

　　在其位就得谋其政,主管订货会,我就得考虑订货会应该怎么办? 怎样办才能获得更好的效果,怎样办才能长久地发展下去。

　　订货会是新生事物,看样订货的形式对书目征订的方式无疑是一种改进,它最大的功能是减少了"隔山买牛"的盲目性,提高了书店订货的准确性;出版社办订货会,产销直接见面,减少了中间环节,缩短了流通周期,提高了周转速度,完全符合"一主三多一少"的方针,方向绝对正确。

　　任何事物的生命力均取决于事物内在的确定性,也可以说是事物本身的基因,订货会也是如此。那么,订货会的性质是什么呢? 应该赋予它一个什么样的灵魂? 如何给它健康而充满生命力的基因? 筹备第三届订货会时撞上了学潮,劳动人民文化宫地处天安门广场附近,期间不允许举行大型活动订货会,这样我们反而有了充分的策划与准备时间。

　　我首先考虑的是确立订货会的宗旨,摆正主办者的位置。

　　社科书市办公室既不是政府机构,也不是协会组织,纯粹是一些有志于出版事业的志愿者、志同道合的同人临时凑在一起,想为行业,同时也是

第一、第二届订货会在文化宫书市举行,展场在东配殿,出版社自带桌椅、书架,带有原始自发性

为本社、为自己的本职工作做点有意思的事。一项活动，一个平台，必须有一个明确的宗旨，没有宗旨就没有灵魂。当然灵魂是活的，但决定灵魂的基本出发点必须是永恒的。我为北京图书订货会灵魂的基本出发点定了两个字：服务。社科书市办公室办书市、办订货会不是为了谋利，不是想通过办书市、办订货会挣钱，没有这么想，也不可以这么想。假若是为了挣钱，行业也不会答应，也办不下去。也不是为了谋名，是行业的困境与现状逼迫大家自愿自发地走到一起；是行业和自办发行的现实需要创建一个图书交易的平台，大家也想为行业、为本社，也是为自己的工作创建一个平台，一切都是自觉自愿，无所谓名。既不为利，也不为名，那就纯粹是服务。那么，订货会的宗旨就是为行业服务，为出版社与书店的合作交易服务，社科书市办公室就是落实这一宗旨的服务机构。

第二个考虑的是，为谁服务？谁是主人？谁是客人？

订货会要办好，分清主客关系是前提。仅有办会者的服务积极性，而没有参会者被服务的积极性，什么样的会都办不成，勉强办成也注定是短暂的。这个订货会的服务者都来自出版社，出发点很明确，就是要为出版社与书店合作交易服务。根据市场的特点，自图书发行体制改革以来，图书市场一直处于供大于求的买方市场，也就是说，出版社的备货远远大于书店的订货，市场的主动权掌握在书店手里。根据市场的这一特点，我明确地提出，出版社是这个订货会的主人，书店是这个订货会的客户，是被邀请来的客人，我们办会者就是为主客的合作服务。

主客关系一分清，办会方式方法就好确定。因为出版社是订货会的主人，所以出版社参展是招商；书店是客人，所以他们参会是受邀请。那么，作为主人的出版社就必须承担订货会所需的会务经费，甚至要拿出一定的经费招待书店客人；因为书店是客人，他们来参会虽然是受邀请，但不只是来做客，他们来参会是为做生意，做生意就有效益，所以也需要承担自身的一些费用，但不能承担额外的费用。

第三个考虑的是订货会的方式规格，确定服务质量和收费标准。

办会者既然是为出版社与书店合作交易服务，那就需要讲究服务的方式，讲究服务的规格与质量，并根据服务的规格与质量确定收费的标准。我提出，要提高交易会的订货效果，必须把交易会与书市分开举办，看样订货，必须要有专门的展场，要为参展出版社设置展示样书、便于书店看样订货的展台；要有相当规模的宾馆，统一接待安排出版社与书店代表的食宿，让社店在一起吃住，为相互交流和洽谈业务提供方便；年初是订货的好时机，时间应尽量提前到上半年举行。根据这些服务确定收费标准，其基本原则是保证收支基本平衡，不能亏损，略有节余。

收费的依据是：出版社是订货会的主人，除了自己的食宿费外，还应该负担展场、展台的费用，还应适当负担招待书店代表和会务工作经费。书店代表是客人，只负责个人的基本食宿费用。

除此之外，我提出了办会的"八字方针"，即"顺应市场，务实求新"。交易会不搞开幕式，也不搞闭幕式，不送纪念品，不搞变相旅游，开门搞订货，关门送客人。可以邀请主管部门的领导来参观指导，更欢迎出版社的领导和编辑们到会上参观交流。

书市办公室的成员一致同意我这几方面的考虑，意见统一后，我们就着手筹备第三届首都图书交易会。因为当时我在职，工作任务较重，负责起草交易会实施方案。给订货会正式定名"首都图书交易会"是出于两方面考虑：一方面是地理位置，首都是我国的政治、经济、文化中心，也是我国的出版中心，用首都来确定会名，既具有权威性，又具有吸引力；另一方面，当时参会的出版社还仅限于首都的社科出版社，考虑到要扩大，也不过想扩大到首都的科技出版社，共200余家，当时还没有想让京外的出版社参加这个交易会。第三届方案设计的规模是120家左右出版社，200家书店，需要找一家有放置 120 个展台的订货会场,有 800 个床位的宾馆。考虑不给参会出版社和书店过重的费用负担,选三星级宾馆;选择宾馆时还要考虑北京站到宾馆的交通是否便利;交易会时间定在 1990 年 5 月。

当时沈炳麟老先生已经退休,找宾馆的任务就交给了他,他几乎每天背着个挎包满北京到处找。一周之后,他惊喜地告诉我,他找到了玉泉饭店,有大会场,按四张课桌拼一个展台计算,可以设置 130 个展台,有 800个床位,三星级,尤为方便的是北京站出站地铁可直通玉泉路站,玉泉饭店离出站口只有几十米距离,用不着派车接书店代表,接站的人只需买好地铁票,在北京站出站口举接待牌子发地铁票就可以。我立即与他带着廖大健一起去看了宾馆,非常理想,当场与宾馆老板敲定,签约付定金。

第三届首都图书交易会如期举行,劳动人民文化宫的书市同时举行。王久安、沈炳麟、常广厚在劳动人民文化宫负责组织书市;我带着廖大健负责首都图书交易会。一切从简,会务工作人员,是我和廖大健分别从本社找的几个人。

报到不到 3 个小时,800 个床位已经爆满, 还有许多书店的代表没到,怎么办?我找饭店经理商量,问附近有没有合适的宾馆。北京的 5 月已经有点热,我提出能不能住会议室。饭店经理是个实诚人,当即同意,他们负责买 200 张行军床。说干就干,我当即找出版社的同志们商量,说明情况,说咱出版社是交易会的主人,书店是咱们请的客人,把房间全部倒出来让书店的同志住,出版社的同志全部住会议室。那时出版社非常齐心,几乎是一呼百应,半个小时,出版社的同志把房间全部腾了出来,都毫无怨言地住会议室行军床,一个会议室住二三十人。

意外情况让大家忙乱得有点措手不及,条件虽然差一些,但大家心里很开心。能来这么多书店,代表大家都觉得是好事,只要订货好,住得差一点没问题。当时有两家京外的出版社不请自来,我的态度是,既来之,则安之，我们也给他们安排了展位。一共有128家出版社参会，仅书店代表就有800人，加上出版社有1000多人参加了交易会，当场成交码洋3200万元。

第十一届亚运会将于1990年9月22日～10月7日在中国北京举行，当时亚运村已经竣工。为了让参加订货会的书店代表先睹为快，我们请群众出版社出面联系北京市公安局，经公安局出面与亚运村联系，让全体代表参观。北京市公安局给予支持，我们租了大客车，让全体代表参观了亚运村，代表非常高兴。交易会闭幕那天晚上，还搞了一次集体聚餐，来自全国各地的书店代表非常高兴、满意。

这届交易会最大的收获是为图书交易会确定了办会模式，闯出了路子，为下一届规模扩大打好了基础。书市和交易会结束后，还专门召集参会的各出版社分管发行工作的社领导和发行部主任举行了总结会，通报了这届交易的情况，总结了经验，分析了图书市场，提出了选题建议。出版社的领导都带着一种感激的心情出席会议，为获得好的订货效果、获得市场信息而高兴。大家在总结会上对下一届交易会的改进提出了意见：

一、交易会与劳动人民文化宫的书市彻底分开，交易会举办的时间再提前到春节后的二三月份举行，更适宜书店订货，请各出版社尽早安排年度选题，争取有一大批新书投到交易会上。

二、扩大规模，计划出版社扩大到中央和北京地区的全部出版社，去掉副牌和个别专业出版社，按150家出版社准备展场，书店请300家左右。需要寻找更适合搞看样订货的展场，同时展场附近要有几个相近的宾馆，计划接待1200人左右。

于是第四届首都图书交易会移到工人体育场举行，时间提前到年初3月份，准备了总参第一招待所、中国青年报记者接待处、京东宾馆等4家住宿单位接待书店代表，参加出版社达到156家，书店达到350家，订货码洋达到8000万元。

　　书市办公室一直以努力提高出版社参会的实际效益,一切优惠、便利书店为基本出发点。出版社在这里感受到了他们是展会的主人,书店也感受到他们是被尊重的客人。主办者把参会者当作主人和客人,而把自己放在服务的位置上,这是一个理念,这个理念恰恰是展会灵魂的核心,有了它,主办者才永远不会满足于自己的工作,才会不断探索创新,才会不断自我完善、永不止步。要问北京图书订货会长盛不衰有什么奥秘,那就是这两个字:服务。有了这个定位,再加上"顺应市场,务实求新"八字方针,主办者才会与时俱进,不断更新活的灵魂。

　　事实证明,再新鲜的事物,也只有不断自我更新,补充其新鲜血液,才能跟上时代的步伐;反之,任何事物因循守旧,墨守成规,不思进取,必定与现实产生距离,终将被历史无情淘汰。北京图书订货会开始只有看样订货的单一功能,它正是在"顺应市场,务实求新"的方针指引下,在"服务"精神的要求下,才不断否定自己,不断地创新,不断地完善,逐步发展成具有看样订货、展示品牌、交流信息、业务洽谈、版权交易、现货采购、高层论坛等多功能的大型展会。于是它亮点迭出,常办常新,保持了旺盛的生命力,成为全国三大盛会(北京图书订货会、全国图书交易博览会、国际图书博览会)之一,而且它被誉为规模最大、历史最久、成效最好、影响最广的书业"广交会"。

外部矛盾是干扰，也是动力

做事总会产生矛盾。事物的矛盾不外乎来自外部客观和内部主观两个方面，举办北京图书订货会也是如此。天底下的事，再好的事情，也会有人反对；再坏的事情，也会有人同情支持。北京图书订货会也不可能例外，它所走过的历程充满着矛盾，是在矛盾中前进，在矛盾中发展。矛盾来自外部和内部自身两个方面，先说来自外部的矛盾。

北京图书订货会创办之后，因为它一改书目征订的盲目性，本身是一种改革与进步，是一种创新，出版社和基层销货店一片称赞，一致拥护支持。但是书业界并非都如此，中盘商，也可以说发行所、发货店、供应商、中间商却不这么看，不那么支持，甚至反对。

这倒不是有人为一己利益蓄意破坏行业建设与发展，也没有个人成见，只是单位系统的利益与传统观念的驱使，让发货店站到了这个订货会的对面，给订货会带来竞争、挑战和阻力。

这里面有面子的因素，也有利益的因素。树要皮，人要脸。我代理总发行，搞得库存巨大，消耗了全部周转资金，图书市场成了一潭死水，无法再经营下去；出版社收回发行代理权搞自办发行，却红火起来，有点丢面子。我搞订货会订货效果很好，但整体却亏损，一锤子买卖不敢再搞；你们出版社搞订货会却越搞规模越大，越搞越火，这么搞下去，产销都直接见面了，还要中盘干什么？你们产销两头吃肉，让我中盘喝汤，合适吗？你们产销直接见面,把大中城市店都拉走了,把征订难、发运难、订数小、分布散的农村基层店扔给我管,你们吃肥肉,让我啃骨头,这怎么行呢? 为此,有些发货店对首都图书交易会心有抵触、排斥,有意无意地采用多种方式进行抵制和干扰。

先是造舆论批评。舆论有两个方面:一是订货会应该由新华书店发货店牵头与出版社一起办;二是横挑鼻子竖挑眼,找出版社办订货会的毛病,或者借某些订货会的不足,以偏概全加以否定。

1991 年,以舒新署名的《看样订货会亟待改进》文章发表于 3 月 15 日的《新闻出版报》。文章开头就声称"除新华书店的几个主要发货店与出版社一起发布图书信息和货源组织之外",言外之意,新华书店组织的看样订货不叫订货会,是信息发布和货源组织,不在亟待改进之列。接着提到了中国出版工作者协会举办的首都图书交易会、大百科上海分社、上海辞书出版社、中央 36 家科技出版社、全国地方科技出版社等单位分别在 2 月至 4 月举办的 6 个看样订货会的名,说这些订货会时间密集、次数频繁,使基层书店疲于奔命、满天飞,在体力、财力上怎么受得了? 同时指出了这些订货会有 4 个问题:首先是这些订货会邀请的都是城市新华书店,县新华书店和边远地区书店的货源供应如何解决? 其次,出版社以优惠折扣把城市店订数收走了,这是造成新华书店发货店征订数萎缩的主要原因。再者,这类订货会表面给销货店优惠折扣,实际比给发货店供货还多赚 5 个折扣。最后,有些订货会搞专程旅游不正之风。结论是,看样订货有助于减少订货的盲目性,但应该由发货店与出版社共同组织。

我即以欣荣署名的文章《看样订货会需要改进,更需要支持》在《新闻出版报》上发表,明确与"舒新"同志商榷。我在文章中重申,订货会是新生事物,广受欢迎是因为一是对书目征订的改进与创新;二是体现了国家实行"多渠道""减少中间环节""直接让利给基层店""加强出版社横向联系"

等改革方针。但并非完美无缺,有四方面需要改进:一是举办看样订货会的资格需要明确规定,有资格的首先应该是拥有总发行权和货源的出版社,其次才是一级发货店,其他单位没资格办订货会;二是加强宏观控制,严格申报审批手续,全国性的订货会须经新闻出版署批准;三是端正看样订货会的会风,首都图书交易会就不搞开幕式闭幕式等形式主义,不请客,不送礼,不旅游;四是明确订货会宗旨,提高订货会实效。

文章接着指出,舒新同志的文章对"改进"并未表现出兴趣,除了疑问批评,没有任何改进意见,只是要求看样订货会应该由发货店与出版社合办。我的回应是,出版社主办和社店合办,仅是发货店参与不参与之异,而无本质区别,合办不合办解决不了时间密集、邀请对象局限和会风等问题。合办需要双方的诚意,把两种同类订货会人为地对立起来,既不利于社店团结,也不利于发行改革。至于出版社办订货会多赚折扣与发货店订数萎缩,与看样订货会改进完全风马牛不相及。

文章最后呼吁,社店是一家,不要只在合不合办订货会上做文章,而应该在推进改革、促进团结、繁荣出版、繁荣市场上多做文章。

反对者见舆论未能见效,接着直接下发通知抵制首都图书交易会。1992年举办第五届首都图书交易会时,参会出版社和书店代表大量增加,一般的场地与宾馆难以容纳。经考察,亚运村具备这个条件,国际会议中心有足够的面积做订货会场,另外公寓楼K楼一个楼就可以容纳1500人住宿。经过努力,终于与管理中心签订协约。正在积极准备时,招展办公室突然接到城市店和地区店许多电报与电话,说他们接到上级主管书店的通知,不允许他们参加首都图书交易会,已经报名的要求退会。当时统计有90余家大中城市和地区新华书店不能前来参加交易会,情况十分严重。

我们真没有想到会出现这样的情况,有些措手不及。当时,已经成立了中国出版工作者协会经营管理研究委员会,首都图书交易会已经由经营管理研究委员会主办。我们立即向中国版协王业康秘书长做了汇报,建议当即召集经营管理研究委员会的常务理事单位和中央出版社的社长开会,通报这件事,研究对策。王秘书长十分气愤,他积极支持并参加会议。参加这次紧急会议的有中央 60 余家出版社的社长。王业康在会上介绍了第五届交易会的筹备情况和前四届的成绩,同时如实地向社长们讲了面临发货店抵制的阻力。参会出版社除了气愤之外,建议版协如实向新闻出版署领导汇报,请求新闻出版署领导支持,使交易会顺利举办。我连夜向新闻出版署赶写了情况汇报,第二天王业康秘书长就直接向新闻出版署做了汇报。新闻出版署发行司过问了这件事,事态才有所缓解。

有一些城市店不顾那个通知,冲破阻力依然前来参加了交易会,但还是有 30 多家该来的城市新华书店没能前来参会。这届交易会书店代表来了 1090 人,比第四届只少了 15 个人,因为有新参加的书店,实际有近百名书店代表未能参加这届订货会。交易会于 2 月 15 日如期举行,成交码洋达到 1.1 亿元,比第四届增加了 3000 万元,"干扰"对交易会没有造成更大的影响。

1992 年参加香港书展

抵制不行,便公开对垒竞争。历史只能朝前走,不能倒退;行业改革也只能向前发展,不能开倒车。抵触方似乎意识到书业也已进入了市场经济,垄断经营、唯我一家别无分店的时代已一去不复返,再要公开唱反调抵制,只能自找难堪。它们这才开始考虑自己的工作与发展,重整旗鼓,走进市场,参与竞争。于是各地发货店采取多种形式与出版社合作,搞各种各样的订货会,这是好事一桩。影响最大的,要数 1992 年新华书店总店主办的全国六大地区订货会,全国分成六大片,分别办订货会。六片会可以说集合了全国新华书店的销货店,尽管要 5 个月之后才能供货,订的等于是期货,但对外公布成交码洋将近 2 个亿,主办者发布消息,1994 年将再度举行。作为同行,我认为这才是正道,完全支持。但是,货源毕竟不在发货店手里,据说后来实际供货不好,最后真正兑现的发货率没有对外公布,但 1994 年没有再接着办这种片会,想必实际效果不是太理想。

1994 年首都图书交易会办到第七届时,中国书刊发行业协会突然拿出新举措,抢在首都图书交易会开幕前在外地举办全国性图书订货会,同样

1993 年第六届订货会进了中央党校,开始重视广告宣传

邀请全国出版社再加各省发货店参会设摊展厅,邀请全国的新华书店参加订货,声势造得很大,而且时间抢在首都图书交易会之前举行,形成了中国出版工作者协会与中国书刊发行业协会两家对垒竞争的局面。

我们觉得两个协会这么竞争有失大雅,同样的出版社,同样的销货店,而且时间紧挨在一起。出版社是中国出版工作者协会的会员单位,新华书店销货店是中国书刊发行业协会的会员单位,这样同时举行两个订货会,不是让出版社和书店为难嘛!

他们在郑州办会时,我们经营管理研究委员会紧急开会统一意见。尽管首都图书交易会是我们出版社自发创办,得到中国版协的重视与支持,现在由中国版协直接主管,由中国版协经营管理研究委员会主办,而且有了成功举办多届的历史,形式、内容、规模与成效在全国已成品牌,深受出版社与基层新华书店的欢迎,但为了行业的发展,为了真正贯彻协会为会员单位服务的宗旨,我们不搞垄断,也不计名利,主动做出姿态,与他们协商联合举办。会议做出决定后,委派中国少年儿童出版社的杨永源社长、新华出版社的甘纯根副社长和沈炳麟老先生一行三人,主动赶到郑州去与他们协商两会合并联合办会的事。

没想到的是,他们居然拒绝,说他们中国书刊发行业协会是一级协会,中国版协经营管理研究委员会是版协的二级机构,不对等,不可能合作。另一种论调是,订货会本来就该发行协会来办。他们三位带着经营管理研究委员会全体同人的一片热忱赶去,却讨了个没趣。

他们三位回来后,经营管理研究委员会专门开了会。大家一致认为:我们已经有礼在先,人家不领这情也就算了;礼尽了,诚意也表达了,我们并非不愿与他们竞争,只是为出版社与书店着想;既然对方是这么一种态度,那就竞争吧,看究竟谁把订货会办得更好,看谁在真心诚意地为出版社和书店服务。

竞争实际是一种动力,一种促进。首都图书交易会移址中央党校后,订货会场、住宿完全能满足要求,已经固定场所、固定时间。不仅办会条件得到改善,我们又赋予交易会新的功能:一是增加了户外宣传广告,交易会期间,中央党校院子里图书宣传广告、企业形象广告、招贴、横标铺天盖地。二是增加了研讨会,交易会期间同时举办研讨会,探索出版发行体制改革,创新开拓市场的理念与理论,交流经验。三是举办各种活动,扩大出版社的形象和产品宣传,赵忠祥、姜昆等文化名人都到交易会的大礼堂向书店代表介绍他们的图书。

我在前面已经说了,一个新生事物、一项活动的生命力是否旺盛,取决于它的灵魂和基因。像首都图书交易会这样的交易平台,不是谁轻而易举地就能打造,也不是随便建一平台就一定能持久地发展壮大的。我们从来没有针对别人去做任何损害对方的宣传,也没有对别人的订货会说过一句不是,各地办会,我都是亲自带着业务人员、带着样书去支持、去参加。事实是最好的证明,也最有说服力,能像首都图书交易会一届比一届规模大、一届比一届成效好的订货会,全国没有第二个。

一个根本的原因是,货源在出版社手里,让产销直接交易,没有中间中转环节,不另收取费用,社店谁不欢迎?中间环节办会,有的要求订单交发货店统一发货;有的要求,假如出版社直接发货,要给主办者交中间服务折扣。

常言道,不怕不识货,就怕货比货。发行协会办了第二届订货会,再没接着办下去,不是不想办,而是参加的出版社越来越少。反观,首都图书交易会却越办规模越大,越办成效越好,越办影响越广。

第九届首都图书交易会出版社达到356家,书店保持在5000人左右,成交码洋1.12亿元。结束之后,媒体上再度出现了由谁主办全国性图书订货会的纷争。中国版协宋木文主席发现了这一状况后,先找我们了解情况。

他强调办订货会无非是为会员单位服务，为出版社与书店的合作架桥铺路，本来是好事，现在两家这么纷争不好。平台建好了，功能发挥作用了，谁来办不是问题，只要坚持服务宗旨，一家办两家办都可以。这样在媒体上公开论争，影响不好。我们向他反映，我们曾主动找他们谈过两家一起合作办会的事，但他们拒绝了，说经营管理研究委员会是中国版协的二级机构，不对等，不能合作。

木文主席做事务实细致，他认定的事，总是一抓到底，从不半途撒手。他和我们谈了之后，知道我们对合办没有意见，心里有了底。他直接找到了发行协会会长刘杲，提出两个协会没有必要为争办图书订货会引发纷争，影响不好，都是为会员单位服务。这个会虽然是我们出版社自发创办，后来中国版协给予支持，由经营管理研究委员会主办，但我们并没拒绝跟其他协会合作，反主动征求过合办的意见，是发行协会的同志不同意。快不要再争论，都是兄弟社团，还是两个协会一起来合办，一起为会员单位服务。刘杲同志完全赞同。

后来新闻出版署分管发行工作的杨牧之副署长亲自出面协调，书刊发行管理司具体参与协商。自1997年第十届开始，首都图书交易会便更名为北京图书订货会，之前冠以年号，第十届叫"97北京图书订货会"，由中国出版工作者协会与中国书刊发行业协会联合主办。从矛盾对立到竞争，再到联手合办，而且配合得十分默契，这也是顺应自然法则，叫九九归一，北京图书订货会开始了新的征程。

想办多久就办多久，
想火多久就火多久

　　北京图书订货会办到 2005 年，已经是第十八届，这在中国书业的历史上当之无愧可以被称为历史之最。随着书业改革的不断深入，图书交易市场化程度的不断强化，社店供销关系和图书入市流通形式的不断变化，业界对图书订货会的作用，智者见智，仁者见仁。北京图书订货会要不要继续办下去？图书订货会还能办多久？众说纷纭。有些人对订货会本身也是横挑鼻子竖挑眼，似乎总是当事者糊涂旁观者清。然而，无论业内人士如何看待、评价北京图书订货会，褒也好，贬也罢，它越办越红火，规模越办越大，影响越办越广，成效也越办越好，这是不争的事实。

　　北京图书订货会走过的历程，也是我从事出版事业的经历，我是看着它，而且是直接参与组织它，把它当作一项事业、一个作品一样做过来的。说句不谦虚的话，我应该是这个订货会最有发言权的人。一个事物的发展快慢、生命力长短取决于事物自身内在的本质，即事物内在的规律性。为什么有的订货会自生自灭、半途而废？为什么有的订货会半死不活、生存维艰？这都在于它自身的内在本质，在于它的宗旨、形式、服务。在这样的形势下，有几家媒体向我提问，北京图书订货会还要不要办？北京图书订货会究竟能办多久？北京图书订货会还能火多久？这些问题，涉及订货会本身的内在矛盾和主办组织者自身的内部矛盾。

　　这个问题，我早在 20 世纪 90 年代初，在宁波举行的全国城市新华书店联合体的年会上就说了,北京图书订货会是个短期行为,它解决不了全国图书常规征订和全国书店全年的供货问题,但是现在作为一种订货和供货环节渠道不畅通的弥补,有它存在的必要,出版社和书店都还离不开它。那么,假如有人问我北京图书订货会办到什么时候才是头,我可以这么回答,北京图书订货会办到全国各地发货店能随时组织本区域内销货店看书目订货与看样订添货处于常态化,或者出现新的更便捷、不受时空限制的订添货方式,比如网络订货,能满足全国销货店供货需求的时候,北京图书订货会的使命就结束了,用不着谁来督促,我们会自动停止办会。但是,在这两种新的订添货方式没有出现并成熟之前,北京图书订货会就有必要继续举办下去。

北京图书订货会自 1987 年在中国版协直接支持下,由出版社发行界几位有识之士自发创办,到第三届正式定名首都图书交易会,与社科书市分开独立举行,到 1992 年第五届首都图书交易会由中国版协经营管理委员会主办,到 1997 年第十届,在新闻出版总署协调下,改由中国版协和中国发协共同主办,名称改为北京图书订货会,一直至我 2012 年举办完第二十五届,整整走过了 26 年历程。

总署署长龙新民(前排右二)、副署长孙寿山(前排左二)、副署长邬书林(前排左一)视察订货会,前排右一为作者

北京图书订货会创建于民间,没有拨款补贴,没有常设办会机构,没有政府行为,成为中国书业界地地道道的一年一度业务交易盛会,它成功的奥妙何在呢?要说秘诀,就是8个字:顺应市场,务实求新。所谓顺应市场,就是顺应市场的规律。务实是北京图书订货会不搞形式主义,办实事、求实效,给参展单位以实惠的品格。求新是北京图书订货会与时俱进、不断创新、逐步完善、不断丰富内容的追求,这也是北京图书订货会常办常新、长盛不衰的根本原因。

回顾历史,它经历了这么几个阶段:

一、初创阶段(第一届至第三届)。北京图书订货会的前身叫首都图书交易会,它是改革的产物,是为颠覆"隔山买牛"的"书目征订"方式而产生。第一届、第二届与北京劳动人民文化宫的首都社科书市同时举行。第三届进行了改革,举办地与社科书市分开,正式有了首都图书交易会的名称,明确出版社是交易会主人,书店是客人,出版社增加到128家,书店代表增加到800人,订货码洋由290多万元激增到3200万元,当时的书只有0.13~0.15元一个印张,一本书只有一两元钱,订出图书达2000万册左右。但参加的出版社还是有限,一是没有外地出版社,二是在京的中央科技出版社只部分参加,社科出版社也还没有全部参加。当时还有相当一部分出版社的总发行仍委托新华书店代理。但是,订货会是新生事物,它以"产销直接见面"先进于"产、供、销层层中转"的多环节、多中转形式,因而受到出版社和销货店的广泛欢迎。这个新形式,符合市场商品流通规律,也满足社店需求,因此具有强大的生命力。

二、定型阶段(第四届至第九届)。从第四届开始,订货会在总结经验和不足的基础上,根据书业发展的形势和社店需求进行了重大改革。一是主办单位升级,由原来的社科书市办公室管理,正式变由中国版协经营管理研究委员会主办,中国版协主管。二是改变举办时间,与社科书市彻底分开,改为最适合订货的年初举行。三是场地扩大,第四届到工人体育场,第五届移到亚运村,第六届进入中央党校。四是邀请全国出版社参加,第四届有京外出版社主动前来参加,第五届正式向全国出版社发邀请招展。其间规模不断扩大,出版社由 156 家逐步增加到 356 家;接待住宿人数由 1 千多增加到 3200 人,加上住会外的代表,共计达 5000 人左右;订货码洋到第五届过了亿元,第九届突破 10 亿元大关。这个订货会的组织者中有一批热心人,还有几个有心人,热心人和有心人在不断研究、思考和发现市场的客观规律,不断改变办会的形式和内容,办会方针由原来的"顺应市场,务实求新"八字方针调整为"遵循规律,顺应市场,满足需求,开拓创新"十六字方针。北京图书订货会发展的过程,就是一个不断摸索、不断调整、不断更新的过程。不是人家干什么就干什么,人家怎么干就怎么干,而是引领创新,让别人跟着干。

三、发展阶段(第十届至第十八届)。从第十届开始,这个订货会又发生了重大变化:一是主办单位,改由中国版协和中国发协两个协会共同主办。二是订货会名称改为北京图书订货会。三是展馆提升档次,走出中央党校,第十一届到了丰台体育馆,但仍无法满足需求;第十二届进了国家级展馆农展馆,仍不能满足需求;第十三届进入了国际展览中心。四是扩展功能,由单纯的看样订货会逐步发展成为集看样订货、展示品牌、交流信息、联络感情于一体的业务交流大会,成为地地道道的中国书业界一年一度的业务交易会。

参展出版社继续增加,到第十一届已有 489 家参展,算上副牌则突破了 500 家,全国的图书出版社基本都参加了这个订货会。成交码洋继续一路飙升,第十一届过了 15 亿元,第十五届破 20 亿元大关,第十八届突破 30 亿元。

四、提升阶段(第十九届至第二十五届)。随着社店业务合作方式的改变,图书销售由原来的书店订货经销变为出版社主发寄销,这一变化致使订货会的订货功能失去现实意义。因此,第十九届订货码洋掉了近 7 个亿,订货会出现参会热情下降、展位减少的趋势。第十九届比第十八届减少 39 个展位;第二十届比第十九届又减少近 100 个展位。订货码洋报数也含水分,一直在 23 亿~25 亿元之间徘徊,订货会连续两年处于低迷状态。怎么办? 它迫使主办者总结探究,最终找到的办法是:不断更新展会内容,丰富订货会的多元功能。

经过反复论证和周密的准备,订货会不断进行改革,同时增设新的项目。首先在 2004 年,我带领一个小组用专门的时间研究北京图书订货会的规划,按国际化、规范化、现代化、市场化要求,做出了北京图书订货会的发展规划,同时建立完善北京图书订货会《总体构思》《组织机构职能》《财务管理规定》等七项管理制度。

改革的具体措施是:2003 年(第十六届)先扩大招展,邀请港澳台地区出版单位参展,享受大陆出版社同等待遇,同时邀请海外华文书店参会订货。此后每届都有 100 多个港澳台地区出版机构和海外华文书店前来参会。2007 年(第二十届)北京图书订货会更是有重大改革、突破创新的一年,这一届增设了三项新的活动内容:

一是举办高峰论坛。中国书业正处于体制改革的攻关阶段,书业改革的论坛虽频繁举行,但订货会的论坛备受业内关注。北京图书订货会的论坛,有其独到的思考,力争办出应有的特色,每次都请新闻出版署的署长、副署长演讲,同时请全国书业界各路领军人物"论剑",每届论坛均取得良好效果。

二是增设书稿版权交易会,建立版权交易市场。围绕"版权保护""中国出版走出去""数字出版"等专题举行业务讲座;336 部原创作品参加了交易活动,当场达成了 100 多个合作意向;第二次书稿版权交易当场签订意向合同 320 多项。

三是增设全国图书馆现货看样采购会。随着全民阅读活动的开展,图书馆的建设摆上了议事日程,全国图书馆每年的采购量近 50 亿。我国每年出书数十万种之多，而一般城市书店的中心门市陈列销售品种仅 3 万～5 万种，大型书城也不过 8 万～10 万种，而且新旧品种混杂，难以适应图书馆采购的需求。北京图书订货会给图书馆采购提供了机会，馆配供应商也应运而生。第一次举办图采会时，当场成交 4900 万元；第二次图书馆现场采购 6500 万元（增加了 1600 万元）；第三次图书馆现场采购达 8100 万元，又增长 1600 万元。

除了增设新项目外，在新项目的组织实施方式上也进行了改革，按国际化、专业化、规范化的要求，与专业业务机构合作，让他们直接参与订货会项目的组织实施，提高活动项目的专业水准，增强效果。一是请中国图书进出口公司承办港澳台地区出版机构和海外华文书店参展的业务，由他们统一组织港澳台地区出版机构和海外华文书店订货供货；二是请《中国图书商报》参与合作，与组委会一起策划筹办论坛；三是请中华版权代理公司承办书稿版权交易项目；四是分别请新华书店总店、四川新华文轩连锁公司承办全国图书馆现货看样采购会。这些专业企业机构的参与，对提升北京图书订货会的国际化、专业化、规范化程度，均起到了积极的作用。

作者（讲台上左一）在 2008 年第二十一届订货会招展会上介绍实施方案

　　通过多方努力,从第二十一届开始,参展出版社和订货码洋又有回升,再一次呈增长趋势。2009 年的第二十二届竟逆市而上,展位突破两千,达2011 个,比上届增加 100 个;图书馆采购展示架增加 230 个;订货码洋 25.1亿元,比上届增加两亿多元;图书馆采购 8100 万元,增加了 1600 万元。

　　诚然,不断变化发展的市场,将对所有展会不断提出新的要求,这对主办者来说,无疑是永远解决不完的难题。事物发展依靠本身内部的矛盾,旧的矛盾解决,新的矛盾又会产生,任何事情都是这样,无法一劳永逸,只有不知疲倦,不断开拓,永不止步,才会跟上时代的步伐,不断前进,永葆青春。

　　当时我对媒体的回答是,北京图书订货会想办多久就办多久,想火多久就火多久,理由是:

　　一、取决于主办者的目的,或者指导思想。办会的目的多种多样,有的出于一种事业心和责任感,忧行业所忧,想行业所想,急行业所急,帮行业所需,把图书订货当作业内的一项事业、当作个人的人生追求来做。从这个角度出发,主办者想的自然是为行业服务和如何做好服务的问题。有了这个出发点,主办者就会不停地考量,会时时刻刻想着走在行业的前面,考虑行业究竟需要什么,行业急需解决什么问题,展会可以帮助解决什么问题。这样展会便能随着行业发展而发展,形式不断地改进,内容不断地更新,服务不断地提升,办会者与参会者就会相辅相成、相得益彰。如果主办者仅仅把它当作一项工作来做,那就不过是一个任务而已,少不了应付,这便不可能投入更多的精力,也不会赋予它更多的思想,更不会去潜心研究它的创新和发展。那么,展会必然是王小二过年——一年不如一年。假如想借会生财,不排除在一定时期和一定条件下也会有某种成功,但可以断定,以赚钱为出发点的展会,寿命绝对长不了。

　　二、取决于展会准确的服务目标对象。就当时的情况而言,国家新闻出版总署确定了一年 3 次盛会,一是北京图书订货会,二是全国书博会(原叫全国书市),三是北京国际图书博览会。别的不说,就这 3 个会而论,它们之所以被确认为三大盛会，与它们各自明确的服务目标对象是分不开的。北京图书订货会的服务目标对象是产、供、销，即出版社、发货店与销货店，是为社店业务合作、交易提供平台，解决的核心问题是订货难和交易的盲目性；探索出版业改革之路，为产、供、销三方合作提供服务。全国书博会的服务目标对象是销货店与读者，为书店、出版社卖书和读者买书架起桥梁，解决的是卖书难和买书难的问题。北京国际图书博览会的服务目标对象是中外出版社，为出版商之间的国际文化交流和版权贸易铺路，解决的是中国书业版权输入和输出的问题。近些年来，这3个会的组织者似乎都在努力拓展本展会的内容。北京图书订货会增加了版权贸易的项目；全国书博会已经把订货摆到了比销售更重要的位置；国际图书博览会也在积极筹措现场销售。我以为，这些思考和举措都值得慎重地研究掂量，这是一种模糊服务目标对象的做法，是淡化、削弱展会自身特色的举措，到头来很可能把会议搞得四不像。这样搞下去，很可能造成3个会从内容到形式交叉重叠，3个会就会变成一个会，相同特色、相同功能的展会一年办3次的必要性就值得考虑。为此，北京图书订货会已经停止书稿版权交易的项目，更集中在北京图书订货会的初始功能上下功夫。

三、取决于会议的服务质量。北京图书订货会从劳动人民文化宫自带书架设摊，到大有庄的"骡马大市"，发展至今天，成为在国际展览中心可与国际书展相媲美的、全球最大的华文图书交易盛会，与它的服务宗旨是分不开的。尽管它还有许多值得研究改进的地方，但它务实的会风、低位的食宿收费标准、固定的接送班车服务、丰富的展会信息交流与反馈、多样的组织服务功能，均是十分独特的。办会者的服务意识与办会的目标是一致的。服务越好，展会就越红火，服务越差，展会就越萧条，这是一般的商业道理，谁都明白，只是看你有心无心、有意无意罢了。

综上所述，这个题的答案应该有了，无须赘述。简而言之，一切都取决于主办者自身,也就是毛主席教导的,会不会抓主要矛盾和矛盾的主要方面的处理。核心在主办者的思想有多新,为行业服务的诚意有多真,办会的能力有多大,办会的作风有多正,办会的方法有多活。这是谁也帮不了的事情,全凭主办者的道行。有了这个前提,你想办多久就能有多久,你想办多大就能有多大,你想办多火就能有多火。

探索中树起行业的风向标

出版社与媒体给了北京图书订货会一个美誉——中国书业的风向标。

这个美誉确实不是空穴来风,这是主办者把北京图书订货会办出来的一种功能,是外界对它的一个客观评价。

北京图书订货会创办的初衷,就是要为出版行业服务,为出版社自办发行拓展市场,扩充渠道,为扩大图书发行销量服务。但这仅是一个方面,探索改革,摸索、总结、交流出版发行体制改革思路、出版社经营管理的实践经验和社店合作的新形式、新模式是一个更重要的方面。订货会把全国的出版社和发货店、销货店聚集到一起,形成了一个巨大的信息市场,把展会的信息加以综合提炼,把有价值的信息、经验、实践方法反馈给所有参展单位,以引导行业深化改革。以成功经验指导社店新的实践,一直是北京图书订货会的一项重要任务。

从第三届接手订货会后,我一直负责订货会的整体策划与宣传。我认为,要让北京图书订货会发挥出版行业风向标的作用,单靠订货会组委会宣传组不行,要依靠媒体。订货会进入国际展览中心后,每届都会有上百家媒体参与报道。为了扎实有效地传播订货会信息,组委会每届特意免费接待京外20家媒体的记者驻会报道。众多的媒体,必须要有一个牵头的核心媒体,因为是出版行业,这个任务《新闻出版报》责无旁贷,它是新闻出版总署的机关报。

其实,《新闻出版报》与图书订货会组委会想的是一致的,他们很愿意牵这个头。从劳动人民文化宫办第一届订货会开始，《新闻出版报》就对它情有独钟。从郭毅青、薛冬、阎涛、郭晓虹、王连弟、马桂林，到王玉梅、章红雨、王坤宁……新老记者们一茬接一茬，对它热爱有加。

这些记者到订货会上，不是一般地采访报道订货会的盛况，他们都全身心地住在会上、泡在会上，关注、观察订货会上的一切活动。初创时期，以5～7期订货会简报发布消息，举行研讨会探讨交流。此外，每届从开幕的第一天起，每天晚上我们宣传组都要与郭毅青、薛冬、阎涛3位记者一起反复聊，寻找中国书业的年度"风向"，根据新闻出版署新年度工作的重点，结合订货会反映出来的现实情况，分析趋势，抓住一个主题，用《新闻出版报》一个整版的篇幅做一篇引起业内广泛关注的有指导意义的大文章，为书业确立"风向标"。

比如1992年第五届时，《新闻出版报》专版的专题是"面对市场，走向市场——搞活和加快图书流通"。市场，一端连接生产者，一端连接消费者，搞活和加快市场的流转成为市场繁荣的重要环节。如何搞活，如何加快？我们和记者一起请了出版社的社领导、出版社的发行部主任、新华书店的经理、学术书店的经理、民营书店的经理，还有订货会的组织者共8位人士，围绕市场流通问题进行了多方面的探讨与对话。话题从全国图书征订、流通、备货、促销、折扣、结算、体制改革等多个方面做了有益的思考与探讨，提出了大面积产销直接见面是加速流通的最佳途径、改革发货店职能减少中间梗阻是发行体制改革的关键、中间环节备货是加大流通的必要条件、完善承包基数灵活调剂折扣是搞活市场的重要措施、加强信息反馈注重促销手段是扩大销售的重要手段、放开进货渠道丰富图书货源是繁荣市场的根本保证、提高图书质量是加快流通的重要推动力、深化体制改革健全市场机制是打通产供销环节阻塞的决定因素，这8个方面的思考与建议，引起了业界广泛的关注与重视。

1994年推出的专题是围绕图书批发市场的研讨——"走向市场必然选

择"。研讨从第七届首都图书交易会成交码洋突破两个亿说起,订货会的火爆,书目征订萎缩,说明正常的图书批发体制建立的迫切性。大家认为,订货会再火爆,它是临时的,解决不了全年的正常进添货问题,只有各地批发市场火爆,才能真正满足基层书店的实际需要,才能加速整个图书市场的流转。但全国的批发市场缺乏宏观调控,布局不合理,市场管理差,不成体系。最后呼吁,建立图书批发市场,不是出版社到各地去租房设摊搞零售批发,而是与省级发货店书目征订同步进行看样订货,弥补书目征订的局限与不足,发挥现场看样订货和"开渠蓄水"的作用,为基层销货店尤其是农村基层店解决订货难添货难的问题,通过批发市场的辐射,真正解决产供销脱节的老大难问题,真正起到对中盘上下游连接的作用。

到 2007 年北京图书订货会举办二十届之际,组委会与《中华读书报》联合邀请 20 人畅谈北京图书订货会。其中有宋木文、于友先两位老署长、中国版协老主席,两位发行管理司领导,4 位订货会创始人,3 位出版社领导,两位新华书店总经理、两位民营书店经理,四位报道订货会的资深记者,1 位书评人,他们以自己的亲历见证了北京图书订货会所经历的艰难历程。

于友先署长(右一)到订货会视察

与总署副署长阎晓宏到订货会新浪直播间接受采访

隆重纪念订货会 20 周年

《中华读书报》总编庄建让以两个通栏整版,将这些原创意味的思考、经验与史实,奉献给了出版人与读书人。编者按是这么写的:

20 年,在一个国家的历史中,是短暂的一瞬,在一个人的一生中是漫长的岁月。对于北京图书订货会而言,1987~2007 年的 20 年又意味着什么?

20 年前,十几个在共和国历史上名不见经传的小人物,含辛茹苦办起了第一届首都社科图书交易会,背负起创业者的艰辛。从此,他们风雨兼程,一路走来。他们汇入中国改革开放洪流中的步伐,蹒跚中表达着坚定。他们在探索中倾心完成的构建,稚嫩中充满创新。

20 年间,偏居北京劳动人民文化宫一隅的小书市,出落成世界规模最大的华文图书订货会、每年 10 万人参与的展会,影响着几亿国人乃至世界范围华人的阅读生活,牵动着世界的版权贸易进程。人们说,北京图书订货会是中国出版业改革的试验场,是中国乃至世界出版物最新流行趋势的风向标。投向这里的目光,早已不再仅仅是来自北京,而是来自全国乃至世界。它的脉动所及,早已由纸介深入网络,进入更加广阔的时空。

我们不能确定北京图书订货会这种形式是否长命百岁,但我们坚信,这一事业永远年轻,分享着今天出版人、读书人狂欢的快乐;我们没有忘记回望前辈们艰难走过的路程,兴奋地去那里拾拣经过岁月涤荡仍烁烁发光的粒粒珍珠。

为了加大对订货会宣传的力度,更快、更广、更全面地传播北京图书订货会的信息,订货会组委会又做出新的决策,与《中国新闻出版报》合作,出版《中国新闻出版报》"北京图书订货会快报";加大记者和编辑力量,宣传组与报社联合成立快报编辑组,订货会期间共出 3 期,每期 8 个版,随《中国新闻出版报》一起向全国发行。这样不仅让参会的代表都能看到订货会的信息,还可以让没来参加订货会的全行业人员通过报纸看到订货会的全部信息,而且便于当作资料留存。

除了媒体宣传之外,还做到与时俱进,根据出版业发展的进程,不断调整创新订货会项目,让业界通过北京图书订货会直接观察到出版界发展的动态与趋势。2011 年北京图书订货会首设数字出版专馆,同时与百道网合作,围绕中国电子书产业举办"2011 中国电子书产业发展峰会",数十位专家和企业领导到现场演讲,来自传统出版、网络出版和电子书出版的 300 多位代表聚集一堂,这本身就是对行业发展的引导和帮助。

出版社体制转企后,出版物属性偏重有所转变,事业体制可能更看重图书的产品属性,改制后可能更看重它的商品属性。事业体制下,出版社生存靠政府补贴;转企后,出版社生存靠参与市场竞争。作为订货会,必须为转企后的出版社的需求服务。设置数字出版专馆,突出数字出版,这是基于

2002 年参加法兰克福书展

1998 年参加美国书展

对行业现实的思考。2009 年我国数字出版总产值首次超过传统纸质图书出版,数字出版被新闻出版总署确定为"十二五"规划的产业发展重点,传统出版面临着从观念到实务上的转型。

之所以这么加大力度宣传数字出版,设置数字出版专馆,并举行发展峰会,还有一个原因:现实告诉我们,数字出版既是未来的一个方向,同时自身又存在很多不确定的因素。我国的数字出版目前还处于一个起步阶段,它所面临的问题是思路不清晰、缺乏有效的商业模式,以及产业链不完整。比如我们的传统出版社对于数字出版只求参与,并没有建立一个有效的盈利模式;健全的产业链并没有形成,大家都忙着研发阅读器,有的还开始打价格战,刚入门就陷入了数字出版的误区。

为此,我专门写了一篇文章《突破电子书出版发展的瓶颈》,发表于《中国新闻出版报》2010 年 12 月 27 日, 即 2011 年北京图书订货会开幕前的10 天。文章中就确立产业思路、明确投资方向,理清商业模式、建立统一标准,合理分配利益、加强版权保护等方面谈了我的思考和意见。抛砖引玉,以期引起业内对电子书出版发展的思考及做出正确的决策。

为了给行业提供更多信息,以供他们参考,从第三届订货会开始,每一届我都用心写好订货会总结,总结实际是一份交给出版社这个订货会主人的答卷,起码我是这么想、这么做的。共 25 届订货会,我写了 23 篇总结(前两届我还不在书市办公室),交了 23 份答卷。这些总结除了发简报、在总结会上宣讲外,订货会结束后基本上都以文章方式在《新闻出版报》《中国出版》等报纸杂志上发表,有不少被人民报刊资料中心收录,有的还被新华社、新闻出版署编的书籍收录。无论这些文章在行业里产生了多大作用,能不能发挥风向标的效用,作为我——订货会的策划者与服务工作人员,是尽心、尽力、尽责的。

奉献可以尽心，
原则不能出卖

从第三届订货会开始，我兼任书市办公室副主任，主管交易会；到第十届两个协会合办之后，我担任组委会办公室主任，后改称组委会秘书长，一直到办完第二十五届，其间的付出业界同人都知道。我十分感谢媒体记者，他们不只关注订货会本身的观察、研究、分析，从中找到行业最需要的新闻点，不遗余力地宣传订货会，为行业发展尽心尽力；他们竟还关注到我个人在订货会的服务工作。2005年举办第十八届北京图书订货会时，《中华读书报》有位不记得姓名的记者竟"盯梢"我这位订货会的"大管家"，写了篇题为《黄国荣：20小时连轴转》的文章，署名：我有话说。文章在2005年1月19日《中华读书报》登载。在此摘录部分内容：

1月16日，订货会报到前一天晚上，黄国荣提前进入了"战斗"状态：检查各项工作，与各小组人员交换意见，对最后与会的出版社、新华书店人员进行盘点，对与各单位签订的各项合同挨条审查……一直忙到将近凌晨2点。

1月17日凌晨5点他就起床了，他知道5点有一班进京的火车，他要检查接站人员是否到位……

这天将要接待近3000名与会代表分别入住十个宾馆。接站、安排住宿、发放资料……

　　黄国荣顾不上吃早点就直奔总接待站——华都饭店一楼大厅,检查落实接待工作的各小组成员各就各位,叮嘱大家要认真、热情、周到、细致地为与会代表服务……

　　每届订货会接待组都会遇到一些棘手的难题:比如,各省经常存在报订房间的人数少实到代表人数多的问题,致使预定的房间短缺,再找酒店增加房间已没有,另找酒店各省又希望能住在一个酒店;再比如,有的省的代表住宿费用汇款晚,报到时款还没到账,需要详细核查……这些事看起来小,做起来却相当麻烦,尤其是复核数据,这么多单位,这么多人,需要有很强的责任心。十几年来,就是责任心支撑着黄国荣一届一届做下来。

　　安排好接待工作,黄国荣又匆匆赶往国展综合服务楼,8点要在这儿举办"北京图书订货会华文图书出口业务培训班",他要在培训班上讲话。到了国展门口,才想起来自己还没吃早点,还有十几分钟,他让司机往前开到皇家大饭店的门口,到二楼西餐厅,匆匆拿了几块面包、几片烤肠吃了起来。服务员过来问需要什么饮料,他顾不得喝,谢了就走。

　　华文图书出口业务培训班上,黄国荣做了一个简短而发人深思的发言,他说中国图书市场对外放开批销,搞活内地市场,推动发行机构改革的同时,应该积极寻找海外华文图书市场,让华文图书,特别是内地华文图书走向世界……

　　作为全球规模最大的华文图书订货会,除了内地书刊外,还应该积极吸纳港澳台书刊参与进来。他强调版权贸易不仅需要出版社及时更新观念,还需要出版社积极储备图书进出口的相关知识,熟悉国际图书市场的游戏规则,等到用的时候才去学习,机会就会错过了。

　　事后,他还告诉记者,让内地图书走出国门,一直是他的愿望。几年前,他到美国考察,在洛杉矶长青书局的门店里,发现95%的图书都是繁体字版,内地简体字版的书极少。他问书店经理个中原因,经理说,内地出版社经营意识跟不上,生产不出适销对路的产品;再一方面,进口内地图书环节太多,需要几个月,甚至半年才能到货,港台地区图书半个多月就到货。于是,批销全面放开的第一个春天,他就提出了要及时让港澳台地区出版机构参展。

在培训班发完言,黄国荣又匆匆赶回华都饭店,他知道,胸前挂着指挥证,必须亲临现场指挥。记者问为什么要亲自抓接待。他告诉记者:"大会要开好,首先要做好接待工作,要让各位与会代表高高兴兴地参加会议,在会场上表现出最佳状态","接待工作代表展会的形象,要为行业服务,先要全身心地投入接待服务"。

3000多人,从早晨5点到夜里1点,平均每小时要接待150人,每分钟要接待2.5个人。参加过订货会的代表熟悉程序速度很快,但初次参会的需要更多的介绍与指导,碰到问题的,他都要耐心地一一作答。他说:"这一天说的话,比我平时一个星期说的话都多。"所以每次订货会期间,他的嗓子总是沙哑的。

中午12点多了,工作了整整一个上午的各小组成员都饿了,但只能分三拨轮流吃饭,黄国荣将自己安排在最后一拨,已是下午1点……

吃完午饭,黄国荣才抽出时间接受记者采访,采访中记者深切地感受到了订货会日新月异的变化。

他说:"去年订货会结束之后,我们开了一个研讨会,成立了专门小组,制定了订货会规划与'四化'标准。今年的北京图书订货会就是按照国际化、规范化、现代化和市场化的'四化'标准办会,向国际会展质量迈进,与国际接轨,各项安排及整体管理,都应合理、规范,都在努力提高会议的科技含量,利用各种社会化服务使与会的出版社、各书店都从中受益……

只有把订货会当作一项事业来办,它才会随着中国书业的发展而发展,随着书业市场化的深化而深化……

订货会不是一项工作任务,更不能将其看作是生财之道,它是一项服务于整个出版行业的事业……"

采访几次被打断,等待他处理的问题实在太多。记者注意到,他对每一个问题都非常有耐心,都是直到问题切实解决之后才继续和记者谈话。后来,和记者谈到一半,他又说了声"稍等一下",这次是他自己需要暂停一下,他喝了口水,从口袋里掏出金嗓子含片放到嘴里。

将近18:00的时候,他起身返回宾馆。路上,他继续和记者谈订货会的情况:"没办法,闲不下来了,这些天,满脑子都是订货会。"

晚上20:00,在皇家大饭店一层会议厅,黄国荣在举行订货会开幕前的预备会。他首先向各省、市、自治区的联络员通报这次订货会的筹备和报到情况,介绍了大会各业务组织机构的职能,介绍了订货会日程安排,强调了会议的各项要求和注意事项,也讲述了他组织会议的思路。

然后,由各省、市、自治区提出需要解决的问题,会后他再一一帮助解决与会代表提出的种种要求,最后解决各组还没能解决的许多烦琐的事情。这一晚,黄国荣又不知道几点才能休息……

翻开从1986年调入解放军文艺出版社工作至今的工作笔记,我自己都感到有些吃惊。这30年中,我在解放军文艺出版社创建发行部,再创建总编室,再当社领导,主管社里两个图书编辑部、发行部和社里的生产经营协调;在中国出版协会兼职22年,还一直坚持业余文学影视创作,发表出版了600余万字的文学作品,还有两部电视剧在央视黄金时间播出。我是怎样生活过来的? 真是太超负荷了。《出版商务周报》和《出版营销》两本杂志采访我时,都曾提出过这个疑问。《出版商务周报》发表时题为《业余作家写专业作品》,《出版营销》刊登时题为《从军人到出版人的历练》。不妨摘录其中片段:

《出版商务周报》

《出版商务周报》：在写作的同时，您一直担任着各种职务，请问您怎样看自己的这种写作状态？

黄国荣：我在作战部队工作时就开始业余创作，到现在 30 多年了，仍是业余创作。我从 1978 年开始写小说，到解放军文艺出版社前就发表了十多篇小说。在出版社我先后担任发行部发行经理、总编室主任、副社长，职称也由编辑、副编审到编审。为了军事文学的繁荣，那时我只能暂时放弃写作。

到二十世纪九十年代初，发行部的筹建基本完成、经营基本上路，发行码洋由开始的 50 多万元达到 1200 万元（当时书价只有 0.15 元每印张）。我想成块的专门创作的时间是等不来了，于是我又重新拾起了写作。

1994 年中篇小说《尴尬人》在《昆仑》一发表，《小说月报》就头题转载。我的《信任》《平常岁月》《履带》《山泉》《走啊走》《福人》等中短篇小说分别被《小说月报》《中篇小说选刊》《小说选刊》转载。社内的同事也很吃惊：原来黄国荣还会写小说，而且写得还不错。那时风气很正，看作品不看人。无论在《萌芽》《上海文学》《收获》《十月》《芙蓉》《青年文学》等杂志发表作品，还是被《小说月报》《中篇小说选刊》转载，我都不认识他们任何人。《小说月报》转载了我好多篇中短篇小说，直到要转载《履带》时，刘书祺编辑从天津赶来找我，要我当晚写出一篇创作谈，第二天他要带走，我这才认识选刊第一位编辑，至今也只认识他一位。《福人》在《小说选刊》转载时，也是编辑直接与原载刊物《解放军文艺》联系，而没与我本人联系。

二十世纪九十年代后期是我创作状态最好的时期，中篇小说《走啊走》《苍天亦老》、长篇小说《兵谣》《乡谣》都是那时完成的。

业余写作是件很苦的事情……我有一个观点，业余作者要想写出好作品，首先要把本职工作做好；其次，业余作者必须坚持业余写作，否则单位不会要你；第三，写作可以业余，但作品水准必须专业，业余作者的作品停留在业余水准，一辈子都将站不住脚。

我在出版社当领导时，曾在全社的大会上宣布，出版社要培养全国一流编辑，不培养全国一流作家；但是鼓励业余创作。编辑只有自己能创作，并写出一流的作品，才更具备与作家对话的资格。业余写作必须是用业余时间写作，不得在办公室上班时间写作，请大家监督我，如果看到我用工作时间写作，扣我全年奖金。

我相信鲁迅那句话，时间就像海绵里的水，可以挤出来，只需要自己合理安排。当时我算了一下，单双休日和节假日，一年就有100多天，如果全年能再从半年的晚上每天抽3个小时写作，加起来就相当于有半年时间可以写作，真要想写作，什么作品写不出来呢？

30年来，我一个人实际干了三个人的事情：一是出版社的工作。二是协会工作，就北京图书订货会这一项目，我策划、运作已有20多年了，还有组织中央出版社参加全国书博会、海峡两岸图书交易会、评奖、研讨会、业务比赛、讲座等活动。三是文学创作。至今我已经发表出版了600余万字作品，除短篇、中篇、长篇小说外，还有几部电视连续剧编剧，专业作家也不过如此。我有一个观点：个人决定不了生命的长度，但可以决定生命的宽度、厚度。

《出版营销》

《出版营销》：能像您这样一边从事自己的工作，而且工作做得很好，一边又保持旺盛的写作激情和状态，确实不容易。您后来写了很多部长篇小说，你是怎么分身的？请谈谈您的体会。

黄国荣：人一辈子不能满足于忙忙碌碌做事，要努力做成几件事情，光忙碌做事不讲效果不行，做不成事等于白忙活。出版社的位置对我来说，那是本职工作；文学创作是我个人终生追求的事业。本职工作是第一位，个人事业是第二位，我必须先保证做好工作，然后再业余创作。做不好本职工作而搞创作的人,在任何单位都待不下去。

　　退休后,我仍是按这张作息时间表生活:6:30 左右起床,6:40 至 7:30 洗漱、上卫生间,7:30 至 8:00 早餐,8:00 至 8:20 送小孙女上幼儿园,然后开车到协会上班。18:30 至 19:30 晚餐,19:30 至 20:30 散步,20:30 至 21:00 洗漱,21:00 至 23:30 写作或写公务材料。

　　这些年除了出差、会客、聚会应酬、遇特殊情况之外,我都是按这个作息时间生活。从这个时间表上看,没有专门的读书时间,没办法,我把读书时间合并到了洗漱、上卫生间的 40 分钟之内了。一边上厕所,一边读书;身体排泄,精神吸入,形式很不雅,爱人已不知抗议多少次,我依然我行我素,虚心接受,坚决不改,也无法改。书我不能不读,不这样我没有时间读书。时间一久,她也只好睁一只眼闭一只眼。还别说,就这时间才能做到“雷打不动”。这些年就是这三四十分钟,我研读了《道德经》《论语》《孟子》《庄子》、荀子的《天论》、墨子的《兼爱》与《非攻》,还有《韩非子》《抱朴子》,还读了这些年有一定影响的最新长篇小说和新书《后悔录》《生死疲劳》《笨花》《湖光山色》《我是刘跃进》《灵魂,你等等》《推拿》《兄弟》《秦腔》《西决》《目送》《蛙》《秦腔》《我不是潘金莲》《回家》《繁花》等,还读了一些朋友拜托阅读的作品,当然其中有些小说没法读完。

　　这些阅读让我获得了信息,充实了生活,丰厚了知识,直接有益于我的写作。我相信,读者会在我的长篇小说新作中感受到这些。在读的基础上,我还专门研读了《老子》,去年重庆出版社出版了我的《道无道　花非花》,外界评价很不错。我的博客里有 10 个专栏,有 270 多篇博文,其中不少文章已被杂志和报纸转载。

　　生命是什么? 生命是活着。活着不是光吃饭,还要做事。为了自己追求的事业,我可以不计报酬,不争名利,做一切需要自己做的事情。

到了 2012 年,中国出版协会换届,于友先、刘波、谢明清等一些老领导老朋友都退了,他们想推荐我当新一届的副理事长。但新一届副理事长除了总署退休的司局长之外,其余都是出版集团的总裁,无法安排我这样的退休出版社领导。我也想同他们一起退。刘波和谢明清都劝我,为了协会的延续性和长远建设,还是再干一届。于是我就继续当副秘书长。

一个将军一个令,新主持工作的领导要"烧三把火",要改革北京图书订货会,还非正式地给我话,说,北京图书订货会每年利润 200 多万元太少了,你搞这么久,还不平安着陆?听话听声,锣鼓听音。我很坦荡地表明态度,君子爱财,取之有道。订货会有个传统是我坚持的,领导只有多干活的责任与义务,没有多拿钱的权利;组委会主任和秘书长拿的劳务补贴跟各组长一个标准。之前不用说,劳务补贴微乎其微。进入 21 世纪后,我作为秘书长,从筹备到结束,历时 5 个月左右,没开车之前,一届展会,我报销 400元左右出租车票;自己开车之后,与个人开车的组长一样,一届展会补助800 元油票;这么多年,我坚持不在订货会上报销一张餐票;从第三届到第二十五届的账本,分年度封存在那里,随时可以查。另外,自第三届接手开始,我只管整体策划与宣传,不管财务。发协徐家祥管财务,我签字只是代表中国版协监督,是事后签字,不经手财务开支与管理。就只有谢明清副主席换届前一届,他让我协助他管财务,好准备接他的班。

领导的改革意见出来:一是北京图书订货会展位费要涨价,并说要翻番;二是要请专业展览公司来承包订货会,说原来从出版社抽来的人都是土包子,不懂专业展会,财务总监也不能叫出版社的领导来干;三是订货会可以由中国版协与中国发协两协会名义主办,但中国书刊发行业协会只挂名分利,不参与。3 条意见完全改变了北京图书订货会的初衷,我无法接受。其一,这会本身是出版社自己创办的,出版社是主人,办会是为出版社自办发行服务;不涨价每年有 250 万元左右的盈余,两个协会一家可分 120 万元,还剩二三十万元周转资金,已经不少了,再要涨价多挣钱,订货会的性质就变了。其二,可以与展览公司合作,但只能是合作,不能承包,他们不了解出版,也不掌握出版行业发展的脉搏,不知如何创新,如何与时俱进,服务不到根本上;原来从出版社选来的工作人员,来自出版社,服务出版社,财务请出版社监督是对主人负责,是财务公开的好事;大家已经办了 20 多年会,展览公司的那些年轻的所谓专业人员绝不会比这些人办图书订货会更专业。其三,两个协会共同主办是原来在新闻出版署协调下确定的,这么改变得征求大家和总署的意见。

领导说,这是署长要改革的,假如我要当绊脚石那只能把我搬开。其实在这之前,我已经向秘书长递交了辞职书,秘书长不同意,出现这种情况,正给我辞职提供了机会。我说,不用谁搬,我已经递交了辞职报告,批准我辞职就行。

80 多岁的王久安听说我辞职不管订货会了,十分气愤,电话没找着我,给我写了封信,责问我,为什么要把自己的孩子抛弃? 我没给久安回信,给他打了电话。我说,为咱们追求的事业,我可以无条件地做一切,但原则不能丢弃。北京图书订货会,我们已经尽到了责任,是我们的努力让它成为我国书业界历史最久、规模最大、成效最好、影响最广的三大盛会之一(见附录)。现在别人要改变我们的初衷,展位要涨价,要让一家私营公司来承包,要让发行协会靠边,由中国版协独家来操作,这个订货会就不再是咱们原来的订货会了,我若还待在这个位置上敷衍,有辱我的人格,对不起创办这个会的老同志,对不起上百号为它做出努力和奉献的同人,对不起咱们追求的这份事业,也对不起我自己。我们的北京图书订货会到第二十五届画了句号,从第二十六届开始,就不再是我们的北京图书订货会了。久安听明白了,理解了我,说他们这么干,这个订货会早晚要被葬送的;要这么干,你是不能再在那里待了。

第六辑

做一生做不完的事业

新时期出版人改革亲历丛书

我与中国版协的不解之缘

第一次知道出版界有个出版工作者协会,是 1987 年在中国图书联合发行公司成立大会上,中国版协秘书长王业康代表中国版协致贺词,那时我从部队调解放军文艺出版社工作还不到一年。此后,王久安和沈炳麟二位邀我参加了社科书市办公室,一直在王业康秘书长的支持、关心、指导下举办社科书市、首都图书交易会和出版发行改革研讨会。1991 年 12 月,中国版协成立了经营管理研究委员会,我先被吸收为常务理事,后被聘为副秘书长,工作几年后被推选为副主任兼秘书长。2001 年,第四届中国版协又聘我为常务理事、副秘书长。2008 年 1 月退休后,第五届中国版协再聘我为常务副秘书长,第六届继续聘为副秘书长。我与中国版协结下了 22 年不解之缘。

其间先是组织文化宫社科书市和首都图书交易会,交易会后改名为北京图书订货会,一直办到第二十五届。协会工作成了我第三项兼职专业工作(出版社本职工作、业余文学创作、版协工作)。我这人要强,不想干的事不答应,答应干的事不干出名堂不罢休。一晃就 20 多年了,回头看,令人难忘的往事如潮涌,一朵朵浪花中有我的如火激情,一个个波澜里凝聚着我的执着与真诚。

参与中国版协工作这么些年,我的体会是,版协这个行业社团组织无权可言,也无利可图,纯粹是一个行业服务机构,说白一点,完全是行业的一个服务工具。服务机构也好,服务工具也罢,当你真把自己的心血和青春融入了其中，也就无怨无悔，因为没人逼你，完全是自己心甘情愿。当发现自己这个工具，在行业建设中发挥了一点作用，搞出一些成效，得到业内同人认同的时候，你同样会感到欣慰，甚至自豪。

与协会结缘，实际还是与人结缘。没有人，协会仅是个空名，说到底还是人缘。

第一个接触的是第二届版协秘书长王业康。王业康是老出版人，新中国成立前夕就在上海办《新少年报》，20世纪50年代初调北京团中央主办青年出版社（1954年3月改称中国青年出版社），后任青年出版社秘书长，后来又调到人民文学出版社当副社长，退休后到中国版协任秘书长。他是出版发行专家，做事有魄力，也有原则，与我又是江南同乡，非常合得来。除了办书市、交易会、研讨会时常见到他，一起交谈出版业的事情，平时有事他也会叫我参与。那时中国版协在位于北京东城区雍和宫大街戏楼胡同1号的柏林寺办公，有事他常叫我过去。

1993年年初，我国出版业改革开放进行了10年（自文化部出版局1982年提出"一主三多一少"算起），正是出版界风起云涌的时代。《中共中央关于建立社会主义市场经济体制若干问题的决定》在当年正式颁布，举国上下各行各业掀起了经济体制改革大潮。各出版发行单位也着手进行"事业单位企业化管理"的管理制度改革。那时，我不断在行业报刊上发表探讨发行改革的文章。王业康看到了我的这些文章，觉得很不错，给出版社改革支了招。他对我说，现在署里正考虑图书发行体制改革，要求各协会献计献策，能不能做些调查，搞一个图书发行体制改革的建议方案。我愉快地接受了任务，搜集资料，调查分析，拟出了《图书发行体制改革建议草案》。

这个方案的核心是改变总发行（即出版社）与中盘（即发货店）的供销体制，由现有的"一社由一店经销全国"改变为"一社多店区域经销全国"。具体是改中盘（发货店）"收当地出版社货供全国"为"收全国出版社货供本区域",真正实现多渠道、减中间环节。这个方案涉及总店解散发行所,除了业务指导外,主要发展储运公司,为中央 200 多家出版社服务。

王业康以中国版协的名义将这个方案上报给了新闻出版署,引起了发行司司长王俊国、办公厅主任石峰和分管发行工作的桂晓风副署长的重视。王俊国司长专门找到我,就新华书店总店发行所停止发货店功能,成立储运公司为中央 200 多家出版社服务,其人员去向、国家税收与地方税收等问题交换了意见。我建议北京发行所的人员一部分转入储运公司继续扩大储运公司的业务,一部分充实到署直十几家出版社的发行部充当业务骨干,中央各出版社同样需要发行业务骨干,人员去向不成问题。中央出版社由总店一家经销改为与全国各省、市、自治区新华书店结成业务,就中间环节而言,可能要减少一点国税收入,但只有 2% 的中转利润,税收微乎其微,扩大储运业务后,同样可以补充国家税收。

尽管后来此方案未见下文,我便将草案分别改写成了两篇文章,一篇为《解放思想　找准症结　调整机制》,一篇为《中间环节——图书发行体制改革的突破点》,均在《新闻出版报》"改革笔谈"专栏中发表,还加了编者按,文章也被人大报刊资料中心转载,产生了一些影响,而且后来新华书店改制成立发行集团的思路与做法,与这个草案是一致的,这是我为中国版协、为出版发行行业尽了心、尽了责。

原署长宋木文当了第三届中国版协主席,卢玉忆是常务副主席,范振江任秘书长。那时版协已经搬到东四南大街新闻出版署的旧楼办公,我去版协就更多了一些。几位老领导对经营管理研究委员会办的社科书市、首都图书交易会、京版订货会、研讨会依然全力支持,对经营管理研究委员会的工作也很满意。我与几位领导过去没有直接打过交道,但都是一见如故,卢玉忆副主席还曾两次与我商量,能不能转业到中国版协工作。当时我已经是副师职务,因中国版协没有编制,只好作罢。

1999 年，有一天沈建林给我打电话，说木文主席和卢玉忆副主席让我抽空到版协去一趟，说木文主席有事要同我说。

当天下午我就去了版协，木文主席和卢副主席都在。原来是马甸桥西北侧的苇子坑有一片闲房，原是汽车仓库，现空出来要出租，有人建议中国版协租下来建一个图书批发市场，而且已经有了具体方案，说是为会员单位服务，中国版协一些领导积极支持。为了把这个市场炒热，在出版界产生影响，还建议第十三届北京图书订货会就在那里举行。木文主席对我说："这是版协要做的一件大事，做对了是版协为出版社做件好事，搞活市场，扩大市场，有助于图书市场的繁荣；做错了则是一个错误，会遭到出版社的批评。别人的意见我听了，多数同志赞成。这件事我把握不准，现在我们想听听你的意见，特请你去现场看一看，那里能不能建图书批发市场，能不能搞北京图书订货会，给我们提供一个判断的依据。"

当天下午，木文主席就让他的司机开车送我去了苇子坑。我用差不多一个小时察看了那一片闲房，五六个大仓库，都是平房，面积有一万七八千平方米，紧挨八达岭高速公路。看完之后，我立即随车返回中国版协面见木文主席和卢副主席。

我当即谈了我的意见，我的意见是坚决否定。

第一，中国版协不适合出面办图书批发市场，苇子坑那里也办不起图书批发市场。理由是：一、北京已经有了几个图书批发市场，能满足书摊进货需求。东面，北京市新闻出版局与朝阳区已经在金台路甜水园办了一个图书批发市场，有了规模和影响。北面，已有一个海淀图书城，也经营了几年，有的是出版社直接投资买了产权，不搞也得搞下去。西面，首都发行所利用明光村储运库搞了图书批发市场。这 3 个图书批发市场已能够满足北京市图书市场批发的需求。不缺批发市场。二、让出版社直接参与批发市场设摊搞批发，不是帮出版社开拓市场，而是增加负担。出版社在批发市场设摊,只能批发本版图书,一个社每月没有几种可在市场产生影响的新书,一年没几本畅销书,靠这种现货批发难以维持批发门市的生计,连房租和人员工资都挣不出。无论是甜水园还是海淀图书城,出版社都已不直接设摊,有的转租给民营书店,有的让本社读者服务部或书店个人承包经营,不再是一个出版社的窗口,而是批发全国的新书。三、除这 3 个批发市场外,其余像公主坟科委办的图书批发市场和北京市新闻出版局在西直门办的图书批发市场,都已经失败关闭。

如果中国版协坚持要在苇子坑办图书批发市场,出版社碍于面子,或许应付支持,或许直接拒绝,但绝对坚持不下去,版协为出版社服务的愿望会变成不切实际的添为难。

第二,苇子坑那里的条件更不能办北京图书订货会。一是面积不够。第十二届已在农展馆举行,2 万平方米的展场都不够用,第十三届展场面积估计要 3 万平方米,必须进国际展览中心。二是档次要倒退。北京图书订货会的发展已经走出了中央党校大有庄的"骡马大市",第十二届已正式进入农展馆国家级展场,用了国际标准展位,辽宁等省已经出现了特装。苇子坑都是低矮平房,而且室内到处是柱子,无法搭国际标准展位,仍要倒退到中央党校那种用桌子拼展位的"骡马大市"状态。三是无法做现场宣传。北京图书订货会的功能不再是单纯看样订货,展示宣传已成为一个重要方面。苇子坑那里房屋低矮,室外既没空地,也没高建筑物,无法做广告宣传。四是道路狭窄,没有停车的地方。这么大的展会,布展、撤展、参展所需要的交通和停车道路场地,那里都无法解决。如果要在那里办北京图书订货会,只能失败,发行协会也不会同意。

木文主席和卢副主席听取了我的意见,不知木文主席是不是还征求了其他方面的意见,最后他还是重新做了调查分析,否决了那个方案。

第十三届北京图书订货会在北京国际展览中心成功举办之后,木文主席和刘杲会长两位领导到订货会总结会看望会务工作人员,他俩向全体工作人员鞠躬感谢。

木文主席很郑重地对我说:"小黄,感谢你,批发市场这件事,你让我避免了一次错误。"

第四届中国版协由于友先任主席,陈为江任常务副主席,谢明清任副主席兼秘书长。这三位老领导与我神交已久,也是一见如故,他们聘我当了第四届版协副秘书长。第五届时仍是于友先任主席,刘波任常务副主席兼秘书长,谢明清任副主席。刘波任新闻出版总署发行管理司司长时,已经参与了北京图书订货会的管理。他原来是《解放军报》的记者处处长,都是军人,又是总政一个系统,与我们八一出版社社长刘绳都是北京军区《战友报》社的社长,刘绳接了刘波的班,我们更是战友加上朋友。正好我55岁改文职退入二线,社里的工作减轻了一些,老谢和刘波就商量聘我当常务副秘书长,经版协主席办公会讨论,一致同意。

这一届版协上下非常和谐,刘波把大事小事都放手让我干,大家干得很火热。于主席根据中宣部和国务院的文件精神,适时地提出了向行业协会过渡的阶段性任务,在全国理事会上做了重要的报告,对向行业协会过渡提出了具体的任务与措施。他特别重视与各省版协和兄弟协会之间的关系,无论工作还是个人关系,相互间十分密切,工作配合得非常默契。

这一届版协班子是务实创业的一届班子。就是这一届版协,中国版协与厦门市政府创建了海峡两岸图书交易会平台,与新闻出版研究院创办了出版社网站年会平台,与游戏工委改革调整完善了游戏工作年会,与韬奋基金会合作规范固定了韬奋杯全国出版社青年编校大赛,使各项工作都取得了开创性的成功,而且让各个平台在运营中得以发展。用版协工作人员的话说,第五届中国版协是版协工作最辉煌的时期,他们说,到版协上班每天心情都非常舒畅愉快,双休日在家还不如到协会上班。

把服务做到根本上

从木文主席到友先主席,两位领导对版协的定位一脉相承,都强调服务,服务政府、服务大局、服务行业、服务会员单位。

但是有服务意识只是一个方面,还有一个服务什么、如何服务的问题。

友先主席常说一句话:帮忙不添乱,做事不越位,要想行业之所想,急行业之所急,帮行业之所需。不添乱,不越权,不只是版协对于新闻出版总署而言,同时也是对于行业的所有会员单位而言。一句话,既然是服务,那么就必须要服务到根本上。

什么是根本呢? 体制改革是根本,各种调研、各种研讨班我们在办;开发市场是根本,疏通渠道,扩大市场,北京图书订货会也一直在办;还有什么根本呢?

现代出版做到21世纪,我国每年出书几十万种,社会的评价与呼吁却是无错不成书。为提高编辑的编校技能和我国图书的编校质量,中国版协二级机构编校工作委员会提出组织全国编辑进行编校技能比赛的建议。当时有人觉得协会人手少,组织这种全国性的比赛太麻烦,设想了一个简单的方案,让编校工作委员会出一套编校技能比赛的试卷,在《新闻出版报》上登载,让全国出版社的编辑答卷,让各单位自己组织编辑测验,过一段时间公布参考答案,由各单位自行进行评判。

我在出版社当总编室主任时,为提高编辑编校技能和本社书刊编校质量,专门组织过编校质量检查,从组织这项工作时所受的阻力,体会到抓编辑编校技能和书刊编校质量是抓根本。我认为编校工作委员会的建议很好,2007 年正好是新闻出版总署提出的"出版物质量管理年",中国版协抓编辑编校技能比赛,正是为政府服务、为行业服务、为会员单位服务的极好时机。编辑工作是出版工作的基础与根本,编校技能又是编辑工作的基本功,中国版协协助总署抓编辑技能培训,通过比赛促进全国出版物编校质量提高,这才是服务到了根本上。

我认为,要抓就要像我在出版社抓编辑质量检查一样,要真抓,要抓实,起到推动全国、全行业重视编校技能和编校质量的作用;不能图省事,把试题登在报纸上让大家自由答题,或自行组织比赛或测验,这样做不是没有一点作用,但推动作用不大。应该由中国版协出面组织,请各省版协配合,由各省、区、市组队到北京参加全国统一的现场比赛,像高考一样组织现场笔试,比出名次与高低,这样才能切实推动全国出版社重视编校技能的培训,推动全国图书编校质量的提高。为此,我提出了现场笔试比赛的方案:

大赛宗旨:为提高出版物的编校质量,增强从业人员职业道德意识和业务素质,培养高层次、高技能青年编校人才,促进出版物编校质量水平的全面提高,给人民大众提供更多、更好的精神食粮。

组织机构:由新闻出版总署、中国版协等有关领导和专家组成大赛领导小组,负责大赛的组织领导和实施。领导小组下设办公室,成立竞赛组和会务组,分别负责竞赛事项和会务工作。

竞赛方式:每两年举办一次,设团体赛和个人赛。团体赛以代表队形式参赛,代表队每队 3 人,至少一名专职校对编辑;个人赛由编辑与校对个人参赛。每省可组 1～3 个队参赛;在京的中国版协常务理事单位,每单位可选派 1 个代表队参加团体赛。每省参加个人赛的不能超过 9 人;在京的中国

为提高出版物编校质量，作者直接参与策划设计了全国出版社青年编辑编校大赛这个平台，两年一次，全国以省为组队，300 余人参加比赛，已举行 5 届

版协理事单位参加个人赛的每单位不能超过 3 人。竞赛采用笔试形式，由大赛领导小组统一命题、印发试卷。

　　参赛资格：凡中国版协会员单位（限图书出版单位）从事编辑、校对工作，年龄在 35 岁（含 35 周岁）以下者，不受学历和从事编校工作时间的限制，均可参赛；大赛中获得个人赛第一名者，下一届不再参加大赛的个人赛；获得团体第一名的单位，下一届不得再以原组合人员直接组队参赛。

　　竞赛内容：竞赛内容力求体现编校工作的特点与要求，侧重于文稿加工和校对工作中应知应会的知识及其运用能力。试题类型以判断是非、纠谬改错为主。

　　奖项设置与奖励：团体赛和编辑个人赛各设一等奖 1 个、二等奖 3 个、三等奖 6 个、个人优秀奖 15 个；校对人员个人赛设一等奖 1 个、二等奖 2 个、三等奖 3 个、个人优秀奖 5 个，另设优秀组织奖 5 个。对获奖者分别颁发奖牌、证书和奖金。

　　主席办公会专题研究了这项工作，一致同意我提出的建议，起草实施方案，报新闻出版总署审批。大赛得到总署领导和主管业务部门的支持，各省版协接到通知后立即报告省局。省局与版协都非常重视，第一届7月17日发通知，9月1日比赛，不满一个半月的准备时间，各省都组织了选拔比赛与培训，对全国出版社的编辑的培养确实起到了促进作用。第一届比赛顺利在北京国谊宾馆举行，全国有300多名青年编校人员参加了比赛，安徽省获得了团体和个人第一名。

　　经与韬奋基金会商量，这项比赛得到韬奋基金会的支持，从第二届开始，比赛由中国版协主办，韬奋基金会协办，冠名"韬奋杯全国出版社青年编校技能竞赛"，后又改由中国版协与韬奋基金会共同主办，至今已经举办了5届，在控制规模的情况下，参赛人数仍在增加。各省文广新局和省版协对这项比赛越来越重视，各省之间竞争也越来越激烈。有的省在选拔的基础上进行培训，在培训的基础上再进行选拔比赛。各省借比赛这个平台，在本省进行选拔比赛与培训，切实推动了编校业务培训工作的开展，培养提高了大批编校人员的编校技能，是一件深受行业和出版社欢迎的赛事。

来自全国各出版社的青年编辑参加编校大赛的笔试现场

书业的事可小可大

纵观我国出版历史，一个很重要的传统是重视图书的教化功能。图书本身除了传播知识外，同时也从属于政治，尤其是历史、政治类读物，不可能离开政治，哪个国家都是如此。书业活动是商业文化活动，同时也能为政治服务，但这种服务不同于政治宣传，它是文化的交流。国际出版交流活动、大陆与港澳台地区之间的出版交流活动也是如此，通过出版文化的交流，增进相互间的了解与理解。所以说书业的事可小可大，说它小，它不过是各行各业的业务活动；说它大，它可以是影响国际、影响地区的社会活动。

大陆与台湾两岸出版界的交流，先于其他行业的交流，其活动在两岸产生的影响远超过其他行业受到的影响。中国版协国际合作促进会于1988年10月20日至25日在上海举办了"首届海峡两岸图书展览"，台湾出版事业协会陈恩泉先生率台湾出版界同人冲破重重阻力，绕道从日本来到大陆上海参加书展，被称之为"破冰之旅"，从此打开了两岸出版界交流的大门。之后，各种书展、合作出版洽谈会、合作出版经验交流会、版权贸易会层出不穷，两岸互访团接连不断。随着两岸关系的发展，中国版协因势利导，抓住各种契机创办活动，以活动造势并形成制度，适时地扩大交流合作的范围与规模，一步步深化发展，形成大势潮流。现在已经形成定式，在两岸造成影响的年度活动就有5项。

一是华文出版年会，自1995年开始，最初叫联谊会，先是两岸三地（大

作者与厦门对外图书交流公司策划设计了海峡两岸图书交易会,成为两岸文化交流的最大平台,已举办 11 届,这是第二届与台湾主办单位书刊发行协会秘书长张雪梅一起举行新闻发布会

陆、香港、台湾),继而扩大到澳门,成两岸四地,一直举行至今。到第十四届时,为了适应交流与合作的实际需要,将联谊会更名为"华文出版年会"。

二是大陆书展,自 1997 年开始,组织大陆出版社到台湾举办书展,每年一次。

三是两岸优秀中青年编辑研讨会,大陆与台湾轮流主办,每年客方派18 名中青年编辑,主办方组织中青年编辑50 人左右,一起研讨业务,交流信息与经验,共同探讨华文出版的未来发展。

四是北京图书订货会,自 2005 年开始,正式邀请台湾地区出版机构参加北京图书订货会。

这些会议和展会的举行,搭建起了一个个平台,为两岸出版界合作交流提供了机会和服务。

这里特别要说一说海峡两岸图书交易会。

2005 年春,厦门对外图书交流中心的总经理张叔言到版协找到谢明清副主席,想请中国出版工作者协会支持厦门市政府,共同举办海峡两岸图书交易会。谢副主席让他跟我谈。张总告诉我,为了利用厦门市地理条件,促进海峡两岸图书交流与合作,新闻出版总署和国台办已经批准厦门市政府与台湾方面共同举办海峡两岸图书交易会,批件已经下来两年,找过一些合作单位,但缺乏经验,至今没能办起来。问中国版协能不能给予支持,与厦门市政府和台湾方面一起举办海峡两岸图书交易会。

我当场表态,就凭"海峡两岸"这四个字,完全可以办起来。这是出版交流业务活动,也是商业活动,但两岸的业务交流、商业活动不同于国内其他活动,这里有大局、有政治意义。我们没有再说闲话,我直接针对如何举办的实施方案谈了我的建议,基本原则是:

一、两岸共同主办。主办单位有中国出版工作者协会、厦门市政府和台湾出版事业协会、台湾图书发行协会,两岸一边两家参与主办。

二、方式是两岸轮流承办。首届先在厦门举办,此后,单数届在大陆厦门举行,双数届在台湾台北举行。

三、两岸出版社的出版机构一视同仁,展位收费、宣传、接待、销售与活动安排,全部同样待遇,同一标准。

四、交易会项目:集交流、展示、销售、版权贸易、交流研讨、业务合作等多种功能于一会,成为名副其实的业务交易大会。

五、突出创新突破。已经通过新闻出版总署的同意支持,厦门交易会期间参展的台湾出版单位可以进行台版图书现场销售。要突出宣传,吸引更多的台湾出版机构前来大陆参加两岸交易会,也吸引更多的读者到交易现场购书。

首届交易会设定了 5 个项目:图书展示、订货、图书销售、图书版权贸易、两岸出版发行学术交流研讨。预设国际标准展位 500 个,其中台湾展区 150 个,大陆展区 350 个。现场图书销售区域面积 3500 平方米(其中台湾图书销售区 1000 多平方米），洽谈区 200 平方米。展示的图书有海峡两岸近几年 10 多万种出版物，其中台湾 3 万多种出版物，主要是学术、历史古籍、科技、社科、经管、文教、生活、美术、工具资料、文学、少儿类等适合于图书馆收藏和两岸经济建设、人们生活所需的图书。现场销售的台湾出版的图书由厦门对外图书交流中心按零售市场的规定要求进口图书。首届要突出台湾图书直接在现场销售这个亮点，这是新闻出版总署给予的突破性支持。

之后逐步扩大到产业合作洽谈、期刊展、图书馆采购、论坛峰会、两岸大学生演讲比赛、主宾城市馆活动、宗教图书展等专项图书展、数字出版展等。

海峡两岸出版交流的高潮是 20 年系列纪念活动，2008 年，由柳斌杰署长当团长，率近 600 人的大陆参展团赴台搞海峡两岸图书交易会。整个活动由四个主体活动组成：

（一）海峡两岸出版交流 20 年纪念主题活动

全面回顾两岸出版交流 20 年历程的成果图片展，分别在郑州第十八届

第四届在台南举行分会场开幕式

全国图书博览会和海峡两岸图书交易会台北世贸三馆展出。

海峡两岸交流 20 年座谈会,先在郑州第十八届书博会举行,柳斌杰署长做重要讲话,中国版协主席于友先、台湾出版事业协会理事长陈恩泉,以及大陆、香港、澳门出版界各方代表和老前辈发了言。赴台后又在台北圆山饭店再次举行 20 年座谈会,请大陆和台湾出版界人士 200 余人参加,回顾总结 20 年的成果,展望华文出版的未来。

(二)第四届海峡两岸图书交易会

第四届海峡两岸图书交易会活动项目有:1. 图书展销。展示现场销售图书 10 万余种,主会场、分会场以及投放台湾市场销售的大陆图书 2200 码洋(人民币),参展图书将由台湾四家图书销售公司全部包销。2.主宾城市文化产业产品展示,由北京市担任主宾城市,共 40 个展位,全面展示北京文化产业的风貌。3.大陆精品图书展,共 12 个展位,展示 1500 种精品图书。4. 版权贸易 12 个展位,进行版权交易洽谈。5. "魅力福建·海西风采"大型图片展。6. 出版相关产业展示。7. 重点图书推介会。8. 两岸知名作家签售。9. 出版及相关产业合作签约。10. 两岸大学生"阅读与财富"演讲比赛。

还分别在台中、台南设立分会场同时进行展览、销售以及向图书馆捐赠图书活动。

(三)第九届祖国大陆书展

台湾师范大学国际会议厅举办出版论坛,主题为"全民阅读与中华文化",邀请两岸四地出版界代表参加,组织近 50 家台湾书店设立大陆简体字图书销售专架专柜,组织版权贸易洽谈。

(四)第十三届华文出版联谊会议

2008 年 9 月 21 日全天在圆山饭店举行第十三届华文出版联谊会议,两岸四地出版界同人共商华文出版大业,共谋华文出版发展,本届联谊会的主题是"华文出版在全球化发展下应扮演的角色"。

在第四届海峡两岸图书交易会的第二届两岸大学生读书演讲比赛后与两岸获奖的大学生合影留念

　　海峡两岸图书交易会至今仍每年都在举行，成为两岸文化交流的重要平台,受到了全国政协领导的关心和称赞。通过这些活动,有效地推动了两岸出版合作交流的发展。现在两岸出版已经进入两岸互开书店、互销简繁体字图书、版权贸易与合作出版相结合、联合成立股份制企业公司的深层合作阶段,已经全面走上了"统合之路"。

《图书公平交易规则》的难产过程

我国经济体制由计划经济转入市场经济之后，出版业也随之按市场体制进行了深层次的体制改革，除少数人民出版社、民族及宗教出版社之外，出版社与新华书店均由事业单位转为企业，图书市场也全面放开，中国出版业出现了一派新的景象，出版集团、发行集团、上市公司以新的书业形象出现在市场，市场调节的作用逐渐显示出优胜劣汰的威力，书业界的竞争日趋激烈。

窗户打开了，进来了新鲜空气，自然也会钻进来一些苍蝇蚊子。市场竞争给书业带来的一个严重问题是开放不统一，竞争而无序。图书作为明码标价的特殊商品进入市场销售，"折扣仗"把它折损成同变质的烂白菜一样论堆卖；网上书店自相残杀做亏本生意，导致地面实体书店难以维持生计，大面积关门转产。

行业发展需要良好环境，企业竞争需要公平规则。从总署领导、协会到出版社、书店，都急切盼望立法立规，而在立法立规一时难以实现的情况下，急需建立一个行业交易规则。《图书公平交易规则》(以下简称《规则》)就是在这种情况下应运产生的。我有幸直接参与了《规则》的起草、修改到发布的全过程。

一、《规则》制定的背景

《规则》是 2007 年下半年，在新闻出版总署副署长阎晓宏的指挥下，由

新闻出版总署发行司牵头,组织业内人士起草的。当时制定这个《规则》有四方面的因素:

1. 行业建设诚信体系的需要。新闻出版总署在 2007 年组织了 3 个调研组,3 个调研组分别到山西、陕西、山东、河南、江苏和安徽 6 个省,对出版业的诚信建设问题进行了专题调研,获取了大量的第一手信息和资料。调研发现,出版业诚信缺失问题严重,已经影响到出版业的深化改革和发展。总署提出在出版行业建设诚信体系的任务,并召开了电话会议。制定《规则》是加强诚信体系建设的一个举措。

2. 规范图书交易行为,维护市场秩序的需要。交易不规范、诚信缺失问题突出表现在:

(1)高定价低折扣图书,三令五申,屡禁不止。有的图书定价 1000 多元,100 元就卖。这种欺诈性经营行为,让消费者误以为图书成本都只要一两折。有的教辅图书供货商两三折就出手,40% 左右的折扣空间没有到学生手里,而进了采购者和经办人腰包。这种虚高定价,扰乱了市场秩序,直接损害了消费者利益,败坏了社会风气,给滋生腐败提供了土壤。消费者对此非常不满,从而引起中央领导的重视,并专门做过批示,这直接影响了出版行业的威信。

(2)打折扣战,以排除对手、争夺消费者为目的。折扣战不只在北京发生,外地也有。有的新书一上架就打折,有的书城全场打折;卓越网和当当网分别推出畅销书 5 折和 4.9 折的恶性竞争促销活动, 在业内和社会产生很大影响。这些行为本质上都是不正当竞争。

(3)欠款现象普遍。书店拖欠出版社的书款,出版社拖欠纸厂的纸款、拖欠印刷厂的印刷费,甚至拖欠作者的稿酬,已给我们的行业蒙上了非常不光彩的阴影。

(4)出版社出伪书,不法分子则以盗印、假冒等非法手段印制畅销书,剽窃、抄袭纠纷时有发生,欺世盗名,欺骗消费者,消费者难辨真伪。跟风出版造成选题撞车、重复出版,变相地侵害了消费者的利益。

3. 建设社会主义核心价值体系的需要。党的十七大报告中强调:"大力弘扬爱国主义、集体主义、社会主义思想,以增强诚信意识为重点,加强社会公德、职业道德、家庭美德、个人品德建设。"培养良好的职业道德是建设和谐文化的前提。

4. 协会由行业社团向行业协会过渡的需要。中宣部领导专门召见过中国文学艺术界联合会、中国作家协会和中国出版工作者协会的负责人,听取了各协会的工作汇报,明确提出,要学习外国行业协会的经验,各协会要逐步由社团组织向行业协会过渡,充分发挥协会在行业建设中的监管自律功能,协助党和政府做好工作。总署领导也多次在各种会议上强调,要转变政府职能,把一部分监管工作让协会来做,让协会逐步向行业协会过渡。这个《规则》的发布,正是协会由社团组织向行业过渡的一个标志。

二、《规则》制定的目的

制定这个《规则》有三个目的:一是规范图书交易行为;二是维护图书市场秩序;三是保障消费者、供货商(出版社、总发行企业)、经销商(批发和零售企业)三者的合法权益。《规则》共 9 章 30 条,除了总则、监督和附则外,其余 6 章的条款都是针对图书交易行为 6 个步骤中存在的不公平、不规范、不守信等诚信缺失现象来拟定的。规范图书交易行为,维护图书市场秩序,不只是保障出版者和书店的合法权益,其最终是保障消费者的合法权益。

三、《规则》制定的过程

《图书公平交易规则》草稿形成后,总署责成我们中国版协牵头,联合中国发协、新华书店协会组织修改。2007 年 11 月,我们组织了 60 多家出版社和发行集团的老总，集合在北京神舟国际酒店，人民教育出版社提供了会议室，用 3 天时间，分成供货单位和经销单位两个组，也就是出版社代表组和书店代表组，分别对《规则》草案进行逐条、逐句、逐字的讨论和修改。在分组讨论修改的基础上，再进行大组交流，统一认识、统一意见。草案经过广泛征求意见，形成了初稿。2009 年下半年，根据阎晓宏副署长的指示，总署印刷发行管理司又重新组织了《规则》的第二轮修改，分别请一些发行、出版单位再度讨论，提出修改方案，然后再汇集各方意见，完成修改稿。发行司召集中国版协、中国发协和新华书店协会以及总署相关业务司，针对修改稿召开了专题研讨会，最后形成送审稿。送审稿经新闻出版总署审定批准后，再报国家发改委价格司征求意见，最后形成了对外发布的《图书公平交易规则》。

可以说，这个《规则》集中了政府主管部门、行业社团和出版发行单位的各方意见，是一个较成熟的《规则》，也是行业盼望已久的《规则》。

《图书公平交易规则》是我国第一个以几个协会名义联合发布的行规行约。既然是行规行约，它代表的就是全行业的共同意志，维护的就是全行业的共同利益。它由行业共同来制定，也由行业共同来遵守执行。为了使这个《规则》在规范市场、促进行业诚信体系建设中发挥应有的作用，我们 3 个协会将成立咨询核查办公室，中国版协、中国发协和新华书店协会将分别负责接受出版社、社会发行企业、新华书店的咨询和举报，建立出版发行企业诚信档案，对执行维护《规则》的诚信行为和违规行为进行查核，将核查情况记录档案，有必要的请行业媒体曝光监督，问题严重的交总署主管业务司备案，作为年检、评级、评优的参考依据。

中国出版工作者协会、中国书刊发行业协会、中国新华书店协会于 2010 年 1 月 8 日联合发布了《图书公平交易规则》。业界和社会对《规则》反响强烈，业外各媒体表现出少见的热心。中央电视台、东方电视台、中央各大报纸都做了专题报道。业内普遍反映,这是在总署组织指导下,行业协会为我国出版行业做的一件事关行业健康发展的大事。出版业市场化程度越来越高,竞争越来越激烈,行业监管除了现有法律制约之外,道德层面的诚信缺失问题很需要行规行约来自律。

但是没有想到的事情发生了,北京市消费者协会和律师协会先后给发改委写信,告《规则》涉嫌违反《反垄断法》,侵害消费者利益。也有部分读者和一些业外人士,因对出版行业不熟悉,对图书这个明码定价商品经营机制不了解,对《规则》一些条款产生疑问。发改委给中国版协发函,称《规则》违反《反垄断法》,侵害消费者利益,要求《规则》停止实施,并要处以50万元罚款。

我们一方面向新闻出版总署汇报,一面与发协和新华书店协会碰头,商量这事如何应对。经过总署与发改委价格司沟通,发行司的吕晓青处长带我和发协的吴修书秘书长、新华书店协会的张雅山秘书长于1月26日下午到发改委价格监督检查司做了汇报,请求他们全面理解《规则》内容,保障消费者、出版者、经营者三方利益。

消协、律师协会的意见集中在《规则》的第22条、第23条,即"新书一年内不得打折销售"和"优惠促销不得低于定价的85%"。为了让他们了解图书这个商品的定价原则、经营方式和图书价格涉及的不同系统的利益关系,真正理解"新书不打折"和"促销限折"是要扼制高定价、低折扣行为,确保图书如实定价,保护消费者利益的道理,我当面向他们做了解释与说明。

其一,图书是我国至今保留的仅有的几种明码标价的定价商品,定价权在生产者,而不在经营者。一般商品,比如服装、家电,厂家只定出厂价,由经营者随行就市自由预设打折空间而顺向确定零售价格。图书定价权不在经营者,而由出版者按一本书的稿酬、纸张、印刷工价、物流、批发零售、出版者、税收等十个基本构成要素确定,其方式是反向核算各个环节的费用和预期利润,化解到每个印张上,按印张定价,直接印在图书封面上,谁也不能更改。图书之所以要明码标价,就是为了保护消费者的利益。全世界的图书一般都这样,图书定价就是全国市场的统一销售价格。按定价销售是图书经营的基本原则,这与其他商品不一样,不能因运输远近、地区差异、畅销,或名牌出版社、名作家而随意涨价,也不能随意降价。

其二,"新书不打折"和"优惠促销限折"是确保出版社如实定价的有效手段,旨在扼制定价虚高,给消费者真实的价格,直接保护消费者的利益。新书不打折,其真实含义就是新出版的图书应按出版者自己标明的定价销售。有些消费者和业外人士非常不理解,"不打折"和"限折"怎么还会保护消费者利益?因为现时图书销售主要是寄销制,而不是包销制、经销制。图书不像其他商品,经营者订货交钱拿货后,卖高卖低赔赚与厂家无关;图书是先供货销售,后结算,卖了的算钱,没卖出的全部退货。现时零售店(包括网上书店)新书打折销售,并不是拿自己的利润让利读者,而是结算时除了退货,还要求出版社降低供货折扣。如果降到出版社亏本,出版社只有两个办法:一、提高图书定价;二、少出书,甚至不出书(去卖书号)。消费者追求打折购物,只是满足个人省钱心理,而并不顾实际受没受损害。如果出版社定价时抬高图书定价,预留下打折空间,即使零售店打折销售,消费者心理上是满足了,实际却受了侵害。所以,《规则》在第 11 条就强调"供货商应本着公平、合法、诚实守信的原则合理定价,并建立合理的供货折扣体系"。

其三,图书定价的构成基本要素公开而且稳定。1.作者稿酬,一般在 10%左右;2.造纸厂纸款、排版费、印刷费、装订费,纸款与排印装工价四项占 30%左右;3.物流运输费用,约占 1.5%~2%;4.批发商费用和利润,占 8%左右;5.零售商费用和利润,占 20%左右;6.出版社间接成本和利润,占 20%左右;7.国家税收(增值税、营业税、所得税),占 10%左右。这十个环节涉及国家和几个不同系统的企业和个人的利益,都要通过确定的书价来实现。

如果销售这个环节随意打折,因为先销售后结款,倒过来要损害其他众多不同行业环节的成本回收和利益,拖欠款"三角债"大多都是因此而形成。

其四,图书虽是商品,但它同时又是精神产品,这种特殊性不能忽略。我国图书定价,有国家对教材规定的定价标准做参照,有历史定价的传统依据,有精神产品的责任意识等诸多因素制约。当时正规出版社图书定价相对合理,以那时几本畅销的新书为例:《秦腔》(作家出版社),定价39元,16开,32.5个印张,每印张1.20元;《蛙》(上海文艺出版社),定价27元,16开,22个印张,每印张1.23元;《九号干休所》(解放军文艺出版社),定价30元,16开,19个印张,每印张1.58元;《目送》(三联书店),定价39元,16开,18.5个印张,每印张2.10元,但该书用的是80克胶版纸,有70多幅彩色照片插图。所以新书出售时采取打折方式,我们认为这属不正当竞争行为。

其五,新书不打折销售这点可世界通行。德国2002年10月1日生效的《图书统一定价法》规定,图书出版之日起18个月以后新书不打折方可以被撤销,撤销统一定价是印刷品得以廉价销售的前提。法国《雅克·朗法案》规定:图书价格由出版商制定;图书在出版后的两年内不允许随意打折,零售商可以在规定价格的5%以内的折扣范围内调整书价。2008年10月,瑞士国家经济咨询委员会通过了图书定价制法律预案,图书在出版后的18个月内不允许随意打折,零售商可在建议零售价的5%以内的活动范围内打折。日本、韩国和其他许多国家都是由行业协会制定新书不打折规则。

但是,在我们解释后,价格监督检查司的同志并不接受我们的意见。那位副司长认为,尽管我们解释的情况都有道理,但国家没有这方面保护的法律依据,没有法律依据的事,只能按现有的法律办。《规律》中对不准打折销售和限制优惠折扣销售的规定,直接违反了《反垄断法》,必须执行《反垄断法》的相关条款。

　　我十分悲哀地感慨,那些资本主义国家尚且能以国家法律来保护图书定价的严肃性,保护图书市场的秩序与稳定,我们是最重视意识领域思想建设的国家,却没有任何法律来保护图书这个特殊商品的市场稳定性。现时民营实体书店不堪图书销售价格战的打击,从业人员上年度已经有17%退出书业。假如没有法规和制度来维护市场秩序,其结果只能有两个:一是图书市场秩序更加混乱,价格战必然导致更多的民营实体书店关门退出书业;二是图书定价继续攀高,图书市场造成网络销售垄断,出版社经营与生存更加困难。

　　在新闻出版总署领导出面协调之后,发改委对《规则》的处理意见有所缓和。不久,国家发改委价格监督检查司副司长陈志江给印刷发行管理司副巡视员闫国庆同志打了电话,要求对《规则》与《反垄断法》相抵触的条款进行修改,报发改委同意后重新再发布。

　　2010年2月3日下午,新闻出版总署印刷发行管理司召集我们3个协会有关负责人开会,传达了陈志江副司长的电话精神,要求向3个协会主要负责人汇报,并做认真研究,对《规则》进行修改,然后报总署审定后再向发改委送审。

　　于是,我们对《规则》进行了修改,将第22条"新书一年内不能打折销售"改为"新版图书(出版一年内,以版权页出版时间为准)进入零售市场时,原则上按图书版权页标定的价格销售"。将第23条"优惠销售不能低于定价的85%"改为"在下列特殊情况下,经销商销售新版图书可进行优惠促销,但优惠价格不得低于成本价(批发商批发进货折扣价为批发成本价,零售商零售进货折扣价为零售成本价)"。对其他条款的文字也做了一些调整。经发改委审批后,《规则》重新发布,它的执行力可想而知。

　　时隔两年之后,图书市场的状态不出我们所料,价格战愈演愈烈,当当网与京东商城价格战打得没了底线, 激起24家少年儿童出版社联合起来集体维权,抵制京东商城低价倾销少儿图书;全国大批民营书店关门退出书业,北京著名的风入松书店、第三极书局关门引起社会强烈关注。

2012 年 5 月一天，我突然接到发改委价格监督检查司一位处长的电话,她说:"你们搞的《图书交易规则》实施两年来,你们当时反映的情况现在看值得研究,大量实体书店退出书业是个需要研究的问题。我们想对图书行业搞一个《反垄断法》豁免,提交领导研究决策。"我非常高兴,称赞他们工作作风实事求是。她让我帮助起草一个《关于豁免新版图书出版发行纵向协议的规定(试行)》文件,我非常愉快地接受了这个任务。我将这事报告了新闻出版总署,同时也报告了 3 个协会的领导,大家都感到这是一件好事。我起草文件后,去了一趟发改委,将文件草稿交给了那位处长。处长表明两点,文件草案将请人民大学的有关专家帮助研究修改, 这个豁免还只是司里的一个想法,能不能施行,还要征求有关方面的意见,还要经领导集体研究决定。

我也告诉她,我即将要辞职离开中国出版协会,但这件事,有需要我做的,我一定会尽力尽责到底。

不知后来在哪个环节上出了障碍,此事至今未能如愿,是一件遗憾的事。

为行业留下有永久价值的财富

事业的不朽依赖于人物的不朽。提起现代文学，人们必然要想到鲁迅、茅盾、郭沫若、巴金，还有周作人、郁达夫、张爱玲、丁玲这一代人；说起现代出版，人们当然会想到邹韬奋、叶圣陶、张元济、陈原、汪原放、冯雪峰、胡愈之、陈翰伯、徐伯昕等出版家。是鲁迅这一代作家，创造了中国现代文学；是邹韬奋、叶圣陶这一代出版家，创造了中国现代出版。那么新中国成立后的当代社会主义出版留给了历史什么呢？又有哪些人是这一历史阶段的代表人物？他们又为中国当代出版做了什么呢？

2009 年中华人民共和国成立 60 周年前夕，为推动群众性爱国主义教育活动深入开展，迎接新中国成立 60 周年，经中央批准，中央宣传部、中央组织部、中央统战部、中央文献研究室、中央党史研究室、民政部、人力资源社会保障部、全国总工会、共青团中央、全国妇联、解放军原总政治部 11 个部门联合组织开展评选"100 位为新中国成立做出突出贡献的英雄模范人物和 100 位新中国成立以来感动中国人物"活动。活动自 5 月中旬启动以来，广大干部群众积极响应、广泛参与，纷纷通过各种形式提名推荐候选人。7 月 20 日至 8 月 10 日，根据提名情况，确定了 150 位为新中国成立做出突出贡献的英雄模范人物候选人和 150 位新中国成立以来感动中国人物候选人，向社会公布并接受群众投票。在投票评选的基础上，经过有关部门审核、组委会评审组专家投票等程序，最终评选出 100 位为新中国成立做出突出贡献的英雄模范人物和 100 位新中国成立以来感动中国人物。

受这一评选活动的启发，为大力宣传我国出版工作者在新中国政治建设、经济建设、文化建设、社会建设中发挥的重要作用和做出的重大贡献，进一步弘扬出版工作者身上体现出的中华民族的优秀品德、崇高精神，让全社会充分认识、深入了解这个传承文明、记载历史、发展文化的神圣职业，进一步扩大出版业在全社会的影响，在迎接新中国成立 60 周年之际，受新闻出版总署委托，中国出版工作者协会和韬奋基金会联合中国出版科学研究所、《光明日报》社、《中国新闻出版报》社、《中国图书商报》社、《中华读书报》社、《人物》杂志社、新浪网等单位，共同举办"新中国 60 年百名优秀出版人物"评选活动。评选活动工作方案如下：

一、评选名称为"新中国 60 年百名优秀出版人物"

二、评选组织机构

1. 评选活动组织工作委员会

组委会主任：于友先　中国出版工作者协会主席

副　主　任：邬书林　新闻出版总署副署长、中国版协副主席

　　　　　　孙寿山　新闻出版总署副署长

　　　　　　张小影　中宣部出版局局长、中国版协副主席

成　　　员：桂晓风　中国版协副主席、中国编辑学会会长

　　　　　　杨牧之　中国版协副主席、中国发协会会长

　　　　　　高明光　中国版协副主席、中国图书评论学会会长

　　　　　　孙文科　新闻出版总署人事司司长

　　　　　　吴尚之　新闻出版总署出版管理司司长、中国版协副主席

　　　　　　王晓平　新闻出版总署人事司副巡视员

刘　波　　中国出版工作者协会常务副主席兼秘书长

谢明清　　中国出版工作者协会常务副主席

杨德炎　　中国出版工作者协会常务副主席

宋晓宏　　中国出版集团副总裁

郝振省　　中国出版科研所所长

陈有和　　人民出版社副社长

李春林　　《光明日报》社副总编辑

姜　军　　《中国新闻出版报》社社长

王　玮　　《中华读书报》社总编辑

孙月沐　　《中国图书商报》社社长

钟修身　　韬奋基金会理事长

邹嘉骊　　韬奋基金会副理事长

孟　波　　新浪网副总裁

黄国荣　　中国出版工作者协会常务副秘书长

张振启　　中国出版工作者协会副秘书长

办公室主任： 黄国荣（兼）

王晓平（兼）

办公室设在中国版协。

2.评选专家组（由组委会提名组成），负责征询各界意见，推荐150位新中国60年百名优秀出版人物候选人名单，整理候选人事迹材料，交有关媒体发布。投票初评新中国60年百名优秀出版人物。

3.评选终评委员会（由组委会提名组成），负责在媒体、专家组和各地出版协会评选的基础上进行综合评审，最终确定评选结果。

三、评选范围

新中国成立以来，在出版（含图书、期刊、音像、电子出版）、印刷和发行岗位工作或工作过的从业人员,为行业发展做出重大贡献者。在党政机关出版、印刷、发行管理部门司、局级以上(含司、局级)现职公务员不参加评选。评选已离任的司、局级以上(含司、局级)公务员不超过评选总名额的20%。

四、评选人数

评选名额100人,推荐候选人150人,其中包括为我国出版业做出巨大贡献、新中国成立后已去世的老一辈著名出版家,其比例不超过评选总名额的50%。

五、评选条件

1.在出版、印刷、发行某一领域,有独创性发明或开拓性改革,其成果为业界所公认;

2.在业界德高望重的领军人物,其工作和业绩有较强的示范性、典型性、代表性;

3.以自己独到的理论、独特的实践创造,对我国出版业的发展、改革与繁荣做出贡献的。

六、评选程序

1.2009年8月10日~8月25日,组织专家组推荐出150名候选人,各地版协也在征询业界意见的基础上推荐150名候选人,最后由组委会确定名单。确定的候选人事迹材料由专家组负责整理,上报新闻出版总署人事司审定。

2.9月1日~9月30日,在举办单位的报纸、网站发布"新中国60年百名优秀出版人物"候选人事迹和评选活动公众投票规则,接受社会公众投票评选。评选均采取网上投票方式,即在举办单位的网络媒体和各报纸网站上直接投票,评选出 100 人。各媒体将投票统计结果报组委会办公室。在此期间,专家组在认真评议的基础上,以无记名投票方式,从 150 名候选人中评选出 100 名"新中国 60 年百名优秀出版人物",各地版协也从 150 名候选人中评选出 100 名"优秀出版人物",分别报组委会办公室。

3.10 月 9 日,召开评选终评委员会会议,根据报纸、网络投票结果,以及专家组、各地版协评选结果,进行综合评审,最终评出 100 名"新中国 60 年百名优秀出版人物"。

4.10 月 12 日~10 月 22 日,将评出的"新中国 60 年百名优秀出版人物"名单在《光明日报》《中国新闻出版报》《中国图书商报》《中华读书报》以及新浪网、光明网、中国出版网、中国新闻出版网、人物传记资源网站上公示,征询各界意见。

5.10 月 22 日,组委会办公室将评出的"新中国 60 年百名优秀出版人物"公示结果报组委会审定。

七、组织颁奖

10 月中下旬,举行"新中国 60 年百名优秀出版人物"颁奖仪式。颁奖活动由中国版协牵头组织,其余 5 家主办单位共同承办。举行颁奖仪式时,请相关媒体出席并组织宣传。

这次评选规模空前,新闻出版总署高度重视,组委会几次开会进行专题研究,确定了评选活动公开、公正、公平的基本原则,对候选人名单推荐把握 3 个方面:一是既要重视新中国成立初期出版事业奠基型人物,也要关注到在今天改革开放中做出突出贡献的人物;二是既要看到在领导岗位上的风云人物,又要发现从事专业工作的专家型一般从业人员;三是既要突出出版(含图书、期刊、音像、电子出版),又要注意到印刷和发行岗位的平衡,全面评出各个门类、各个专业的优秀人物。

将各省、各协会推荐名单汇总,再经专家反复研究讨论,报新闻出版总署人事司审核,最后形成候选名单,报组委会领导小组审核批准。在整个讨论研究过程中,领导小组做出两项重要决定:一是考虑到像叶圣陶、冯雪峰、张元济、陈原等新中国成立初期的出版奠基人与现在的企业领导和一般从业人员没有可比性,因此决定另设一项"杰出出版人物",最后确定22名;二是注意到人民出版社的校对科原科长白以坦、人民出版社国际政治编辑室原主任林穗芳、中国青年出版社发行处原处长王久安、厦门对外图书交流中心总经理张叔言、山东世纪天鸿书业有限公司总经理任志鸿、湖南天宇文化有限公司董事长肖志鸿、加入中国籍的中国外文局《今日中国》杂志社的外国人爱泼斯坦这样一些有代表性的人物,如实地写好他们的公示材料。新中国60年百名优秀出版人物150名候选人事迹及评选活动公众投票规则,于2009年9月18日在《光明日报》《中国新闻出版报》《中国图书商报》《中华读书报》及光明网、新浪网、中国新闻出版网、人物网等媒体公布(《中华读书报》因报期,于9月23日发布),开始接受全社会的网上和报纸投票,评选100名优秀出版人物。

与此同时,中国版协于2009年9月21日向各省、自治区、直辖市版协及总政新闻出版局、中央各部委出版社发出《关于组织投票评选"新中国60年百名优秀出版人物"的通知》,请各省(区、市)版协及总政组织本地区、本系统出版、印刷、发行单位所属员工投票。社会各界和业内反响热烈,广泛参与,积极投票,取得了让全社会了解、关注出版业的预期效果,进一步扩大了出版业在全社会的影响。如此规模,并让群众直接投票的评选活动出版界之前还没搞过,公众投票的积极性有点出乎意料。截至10月15日,组委会办公室共收到社会各界及出版界有效选票81万张,120大邮袋,只好请20多家出版社帮助统计,统计单位在每张统计表上签名盖章,每一邮袋给1000元劳务费。中国新闻出版网共接收网民投票581 828张。两者相加,共计1 391 828张。在统计选票过程中,检查出未按投票规则要求填写投票者重要信息的无效废票共2113张。得票最高者为416 204票,最低者为19 751票。进入前100名的,第100名得票为27 524票。

在投票的基础,专家组再进行讨论研究,再次投票选出杰出出版家和优秀出版人物,报组委会领导小组研究确定。总的看来,无论是公众投票还是专家组投票,选票都相对集中,出版界的企业领军人物、普通编辑、装帧专业人员、校对专业人员以及音像出版、期刊出版,网络出版,发行界的新华书店、合资企业、民营企业,印刷界、少数民族、外国人加入中国籍的方方面面的代表人物都榜上有名,真正做到了公开、公正、公平。这说明我国出版业60年来改革发展的成就受到了全社会关注,为出版业繁荣发展做出了贡献的优秀人物得到了社会的认可。

最终评选出胡愈之、周建人、胡绳、叶圣陶等21位"新中国60年杰出出版家"和"新中国60年百名优秀出版人物",于2009年11月16日在参与评选活动的媒体上公示。这项评选活动在社会与业界产生了深远的影响,为出版行业增强事业心,加强职业道德建设和人才队伍建设树立了标杆与榜样,留下了不可多得的财富,对行业的建设与发展必将产生久远的影响。

离开出版协会时我领略了无奈

从接触中国出版工作者协会，到参与版协的工作并成为版协的成员，我从来没有想过要离开它。

喜欢一个组织或单位，并愿意为它工作，愿意把自己的智慧和能力奉献给它，为它的声誉、影响、发展、壮大尽自己的一切所能，这本身就是一件如同确立信仰一样严肃与庄重的事。我从参加工作到当兵，从战士干到师政治部副主任，再从部队调到解放军文艺出版社工作，没有一次是因我不喜爱自己原来的单位而请求调动，也没有一次是因我不热爱自己担负的工作而要求换一个工作岗位，我这一生一直信守组织让我干啥我就干好啥的原则。

记得我还在解放军文艺出版社筹建发行部的时候，大概是1992年春，中国书刊发行业协会的常务副会长郑士德先生派一位姓张的副秘书长来出版社找我，表达郑副会长真诚的邀请，想请我到中国书刊发行业协会兼任秘书长。我非常明确地婉拒，并让他转达我对郑副会长的由衷感谢。我婉拒的理由有两个：一是我在出版社担任着一个部门的负责人，秘书长是需要全职工作的，我绝对不合适，我觉得社里也不会同意；二是我在出版社工作，已经兼任了中国出版工作者协会经营管理研究委员会的副秘书长，一心不能二用。同时我建议，中国书刊发行业协会的会员主要是书店系统的单位，秘书长最好从新华书店发行系统中选，出版社应该属于出版协会系统，出版社的人去担任这个职务，专业不对口，书店系统员工心理上会难以接受，工作上也不会心服，不利于工作。

第五届版协换届，我在第六届版协工作10多个月之后，感觉新班子、新领导、新思路对中国出版协会的定位、工作思路和工作目标与上一届班子有很大不同，用人、处事方面和对已建立的平台与开展的各项活动，在改革创新的口号下，似乎一切都在改变，甚至在被潜移默化地否定。每个人都有自己的做人处事原则，对此，我从心理到工作上很不适应。每个人有各自不同的思维方式，有各自不同的工作习惯，有各自不同的工作作风，也有各自不同的追求，任何人都无法要求别人适应自己，当然也无法勉强自己适应别人。人家也在千方百计地努力创造新的业绩，也在一心打造中国出版协会的新局面，只是我不适应别人的工作思路与工作方法，或许别人更觉得我是障碍。在这种境况之下，怎么办？我想到了孔子的名言：道不同，不相为谋。我无法改变别人，那么我只能改变自己。我于是向新到任数月的秘书长递交了辞职报告。

辞职报告的内容大体是这样写的：版协的《章程》规定，版协副秘书长由秘书长聘任，经理事会通过。版协换届后，感谢你继续聘我为第六届版协副秘书长。为新一届版协工作10个多月之后，我感觉自己已不适合再在版协工作，决意辞去常务理事兼副秘书长职务，离开版协。主要有这几方面考虑：

一、遵循自然规律

我这个年龄，版协不可能再委以重任，我对于版协已可有可无。这么待在协会混日子，不只我自己有失体面，对别人也会碍手碍脚。人都有尊严，假若个人的价值在工作单位得不到尊重，等于得不到信任，再待下去毫无意义。本来换届之后就打算离开，考虑到换届后工作的衔接，留了下来。现几个平台、几项重要活动都已运行一遍，该起草的重要文本（《图书出版发行业〈反垄断法〉豁免实施细则》《中国出版协会分支机构管理办法》）也起草了,我已经尽职。

二、现在协会对于我已不是最重要

英国女作家珍妮特·温特森有一句话说得好,人该经常问问自己,什么对我最重要。到了这个年龄,对我来说最重要的是文学和身体。我这一生一直坚持业余写作,几百万字的作品都是用业余时间创作的,身体长期透支,确实太累。我决定给自己安排专业写作。

三、我对版协、对行业已问心无愧

我是1992年组建版协经营管理研究委员会时参与协会工作的,先兼经管会的副秘书长,后兼副主任及秘书长。2001年后兼任第四届版协副秘书长,第五届版协常务副秘书长,已经20年整,几个平台的建设我都毫无保留地倾注了自己的全部心血。1. 北京图书订货会。我从第三届开始负责主持策划与实施,已办了25届。与大家一起不断调整功能,适应市场和业内需求,订货会从几十个社参加,发展成全国最大的书业盛会,也给协会创了丰厚的利润。这是我尽心为协会、为行业做成的一件事,业内有目共睹。2. 海峡两岸图书交易会。总署和国台办批准厦门办展后,他们两年没能办起来。我与他们一起策划创办了这个交易会,已办7届,是两岸最大的文化交流活动,得到了国台办和政协领导的称赞。每届也为协会创收十几万元收益。3. 编校大赛。项目是编校工作委员会提出的,但比赛的具体实施方案和组织是我直接策划设计起草的,现也成为品牌活动。4. 业务讲座。我示范性地搞了一次"畅销书策划与运作",全国来了300多人,出现了占座位听课的热烈场面,同时也有盈利。5. "新中国60年百名优秀出版人物"评选,评选实施方案与多家合办单位协调都由我协助原秘书长刘波具体操作,收到139万多张选票,是我国出版历史上绝无仅有的事。6. 网站年会、游戏年会。我直接参与协调改进,已见成效。在所有有偿服务经营中,我没多拿一分昧心钱。君子爱财,取之有道,正直、清廉是我的人格追求,我对协会与行业问心无愧。

　　我辞去常务理事与副秘书长职务是适时的,工作无尽头,而心力有了时。

　　我就这样离开了中国出版协会,离开了我热爱并为此工作了20年的老单位,只带走了自己的几箱子书,一书柜的资料图书都留给了后面来工作的同志。临走时,一起工作多年的同事流了眼泪,但他们也明白,我是真的无奈。

　　至于别人的工作、思想、行为,不是我该管的事。相信每一个人,相信组织,用不着我操心。荣辱因果,顺其自然,一切都由个人自己选择,也由个人自己担当。

　　在家里休息了两个月,突然接到中国出版集团原总裁聂震宁的电话,他退位后到韬奋基金会当理事长。他知道我在中国出版协会辞职后,邀我到基金会工作。我说不想再出去工作了,想在家写作。他说写作耽误不了,在行业服务这么多年,这么有影响,应该继续为行业建设做贡献;另外身体这么好,出来一边工作一边写作不是更好嘛!聂理事长自己也是作家,秘书长是王晓平,我与她在人事司时一起搞过"新中国60年百名优秀出版人物"评选,合作得非常愉快。副秘书长张增顺在高教社当总编时就兼中国出版协会的编校工作委员会主任,我与他一起搞全国出版社青年编校技能大赛,都是很熟悉的老朋友。

　　就这样,我到韬奋基金会担任副秘书长。

制定发展规划，建立规章制度

1986年，胡愈之、陆定一、周扬、夏衍、巴金、叶圣陶等12位文化界的领导、名人联名倡议成立中国韬奋基金会，经民政部批准，中国韬奋基金会于1987年6月成立，由国家新闻出版总署主管，是我国新闻出版界唯一的非公募基金会。基金会的宗旨是：立足行业，面向社会，继承和弘扬韬奋精神，深入开展韬奋思想和文化遗产的研究，组织开展新闻出版科研学术活动，评选新闻出版先进人物，扶植新闻出版院校的优秀学生和重点专业，为培养和造就新闻出版业领军人才、高端人才服务，为我国新闻出版事业的繁荣发展贡献力量。

因邹韬奋先生的成长工作地在上海，因此，韬奋基金会第一、二、三届理事会的办公地址一直在上海。根据民政部国家一级社团组织的办公地应设在首都北京的要求和实际工作的需要，为了更好地发挥韬奋基金会在行业建设中的作用，经新闻出版总署批准，韬奋基金会于第三届理事会换届之际，于2011年12月迁京并换届产生第四届理事会。这不仅仅是会址的迁移，它意味着基金会的组织建设和业务发展将进入一个新的阶段。

我于2012年7月到韬奋基金会担任副秘书长，接手的工作又是创建机构和建章立制。原基金会在上海的工作人员成立基金会上海办事处，继续办好杂志和韬奋广告公司与国外公司的合作。基金会在北京的机构全部重新创建，工作人员全部重新招聘。我到基金会时除了理事长、副理事长兼

举行理事会讨论通过五年规划等规划、制度

秘书长、两位副秘书长、一位财务室主任和三个志愿者外，没有其他机构与工作人员。

我接受的第一项任务是制定韬奋基金会2012～2016年发展战略规划，设计组织专项基金。

在了解、熟悉韬奋基金会的宗旨、历史、任务和以往工作之后，我考虑到这个规划是基金会建设纲领，它必须从基金会的位置与历史使命出发，围绕新闻出版事业繁荣发展大局和新闻出版人才培养的总体目标，指明如何继续秉承基金会的优良传统，更好地弘扬韬奋精神、宣传韬奋思想，让韬奋基金会这个新闻出版界唯一的基金会，在培养造就人才，让出版行业服务大局、服务社会，促进新闻出版事业的繁荣与发展，把我国建成世界出版强国的奋斗目标中，发挥其他社团组织不可替代的重要作用。经过学习、思考之后，我起草了这个规划。规划分四个部分。

第一部分是分析我会面临的形势与挑战。我会要应对四方面的挑战：行业转企后，一切活动都要面对市场体制下的竞争；公益活动中也出现腐败和欺诈的不良行为,业界和社会对基金会工作的透明度、公信力、执行力提出了更新、更高的要求;本会一直在上海办公,在全局的影响受到一定局限,其他业外基金会早已将工作渗透进新闻出版行业,对我们的工作和能力是一个很大的挑战;新班子、新人员面对新形势赋予我们的新使命、新任务、新要求,要接受业内和社会的检验。

第二部分是发展目标与任务。紧紧围绕基金会宗旨,把目标定为:到2016年将基金会建设成"募资渠道宽、资助范围广、扶植效果好、社会信誉高、发展后劲足的国家一流基金会"。基金总额力争达到6000万元;每年的资助金额也争取以30%的幅度递增。提出了资助新闻出版业、文化公益性事业以及其他相关社会公益事业;资助新闻、出版和传媒高端人才的培养,扶持新闻出版专业和相关专业的优秀学生;继续联合中国出版协会举办韬奋出版奖,联合中国记者协会举办长江韬奋新闻奖;加强韬奋精神、韬奋思想及其文化遗产的研究与宣传;资助新闻出版科研学术活动等八项任务。

第三部分是可行性分析。有利因素有:以邹韬奋的名字命名,具有较高的公信力和品牌优势;总署"十二五"加强人才队伍建设的规划和扶贫政策为我们的工作与发展提供了机会;新闻出版总署的大力支持;全国新闻出版单位的真诚帮助和支持;"韬奋出版奖""长江韬奋新闻奖"已成为我国出版界、新闻界的最高奖项;第四届理事会领导班子成员在业内知名度高、影响力大,具有号召力,有利于工作的开展等六个方面。存在五个不利因素:基金会基金偏少,机构配置有待调整,管理条例需要完善,优秀的专业人才不足;本基金会是非公募性基金会,募集资金的范围有较大的局限性;基金会在业内虽有一定的知名度,但在社会上的影响还很有限,开展公益活动有一定的局限性;基金会26年来一直在上海发展,存在宣传力度不够、活动影响力小、竞争力较弱、投资经营不善等。

第四部分是保障措施。一是拓宽募资渠道,下大力气扩大资金的来源和实现基金的保值增值。加大宣传力度,加强对港澳台地区和海外的联系,设立专项基金,确立各种公益活动项目,发动新闻出版业内和社会各界、个人捐赠,募集资金。二是完善组织机构、提高专业素质。设置办公室(行政管理、人力资源、法律事务)、项目部(项目管理、活动管理)、募资部(募集资金、公关外联)、财务部等部门,发挥机构职能作用;提高人员专业素质;调动各理事的积极性,发挥其工作能量;发挥业内老同志和专家的作用,让他们为基金会的发展贡献余热。三是科学设置活动项目。积极扩大基金会资助项目的覆盖面,增强社会效益;进一步深入调研,更多地了解服务对象的需求,根据需求和自身能力新增公益资助项目,逐渐提高专业化水准,不断提高运作水平。力争使资金资助支出更加科学、合理、有效。四是提高公益活动的透明度。基金会公益活动信息公开,以实际工作和业绩打造"募资渠道宽、资助范围广、扶植效果好、社会信誉高、发展后劲足的国家一流基金会"的品牌形象。

作者任韬奋基金会副秘书长,策划设计了推动全民阅读图书捐赠工程,解决老少边穷地区基层图书馆缺书少书的问题

　　为使发展规划顺利实现,基金会将以继承发扬韬奋精神为己任,以服务我国新闻出版事业为宗旨,以最好的项目设计、最大限度地服务于新闻出版事业的繁荣发展和新闻出版人才的培养,最大限度提高基金会善款的使用效率,努力促进资金保值增值,以最良好的信誉、最快的速度、最好的效率、最高的质量实现基金会制定的发展规划目标。

　　发展规划经理事会讨论修改,形成决议,作为基金会五年的发展计划。在制定规划的同时,还与分管办公室的副秘书长一起起草制定了会议议程、各部门职责规定、人事管理办法、印章使用管理、文秘工作管理办法、出勤考勤、因公出差、财务管理办法、财务报销规定、资产管理规定、专项基金管理办法、安全管理办法等十二项制度。

　　为把发展规划落到实处,设计了四个专项基金:

　　一是中小学"韬奋图书馆"建设基金。

　　在各地中小学建"韬奋图书馆"(以中学为主),推动课外阅读活动,辅

在地震灾区建卫星韬奋书屋

助学校提高学生素质，为培养优秀人才服务。采取冠名捐建方法建设，单位、企业或个人捐资均欢迎，冠名的名称为捐资单位、企业或个人名称加"韬奋图书馆"（"XXXX韬奋图书馆"）。各个韬奋图书馆一次性捐10万元（人民币），购买5000册以上新版图书、10个书架、20人的阅览桌椅。每10万元冠名一所学校韬奋图书馆。

捐赠回报：中学韬奋图书馆冠捐赠单位（或捐赠人）名称挂牌；企业捐建学校韬奋图书馆，所捐款项一律开具国家统一的公益捐赠发票，企业可享受所得税税前扣除优惠待遇；捐建中学韬奋图书馆公益活动将在媒体广泛宣传，以扩大企业影响。

基金管理：捐建学校韬奋图书馆所捐资金为本会专项基金，将成立由捐赠单位（或个人）参与的专项基金管理委员会，由管理委员会按照民政部专项基金的管理规定进行管理使用。目前本基金会已经在江西余江县，即韬奋先生故乡的15所学校建了韬奋图书馆。

二是韬奋出版奖获奖者公益基金。

韬奋出版奖是我国出版界最高的权威奖项，已经举办11届，全国有148位出版界的优秀人才获此殊荣，这些获奖者是我国出版界的宝贵财富。获奖者中的相当一部分同志已进入老年，为了更好地让获奖者对我国出版业的政策、建设与发展发挥建言献策的智囊团作用，同时也体现业界和基金会对这些人物的关爱，本基金决定建立专项公益基金，给韬奋出版奖获奖者在生活、身心健康方面一些关照。

本基金主要用于韬奋出版奖获奖者联谊交流，伤残、疾病期间慰问等公益性活动。

成立由捐赠单位参与的专项基金管理委员会，由管理委员会按照民政部专项基金的管理规定进行管理使用。本基金的公益活动将依托韬奋出版奖获奖者俱乐部来组织实施。

有捐赠意向的单位或个人,都可向韬奋基金会提出捐赠申报;韬奋基金会与捐赠单位或个人签署捐赠协议;该专项基金管委会按捐赠协议确定的事项和有关规定监督实施。

韬奋出版奖获奖者俱乐部已经成立。

三是韬奋出版人才培养基金。

为培养和造就新闻出版业领军人才、高端人才服务是本基金会的一项重要任务,在新闻出版总署人事司的指导下,配合总署"十二五"人才建设规划,与总署培训中心合作,进行人事劳资工作人员培训;配合总署"走出去"计划,进行国际化人才培训。为使人才培训工作形成制度,长期开展下去,本会决定建立韬奋出版人才培训基金。捐赠单位回报与资金管理与以上专项基金相同。

四是韬奋励志成才助学基金。

资助新闻出版院校的优秀学生和重点专业,为培养和造就新闻出版专业人才服务,是本基金会的一项重要任务,为使这一工作卓有成效地开展,形成制度,长期坚持下去,本会决定建立韬奋励志成才助学基金。捐赠方式与管理和其他专项基金相同。

本会已经连续两年为原新闻出版总署扶贫点山西壶关、平顺两县40名贫困大学生提供资助。

有了发展规划、规章制度和专项基金的模式,基金会的工作便有序地开展了起来。实践证明,规章制度是管理单位的有效措施;按章办事,任何工作与活动实施起来都有章有法,单位的工作就井然有序,工作效率与成果也变得明显。

工作是临时的，事业是永久的

　　一个单位搞得好与差，取决于单位决策领导想做什么事，如何做事。各人有各人的做事方式，各人有各人的做事目的。有的人做事是凭个人兴趣，感兴趣的事愿意做，做起来也卖力，事情做得也好；不合他兴趣的事，他就不愿意做，做也只是敷衍。有的人做事是因领导对他赏识，领导提携，或领导用他一技之长，或领导委他以重任，或领导把他培养成心腹，他做事完全以领导的态度为唯一依据，只要是领导要他做的事，他会不遗余力，甚至拼命，只要领导满意，别的什么都不顾。有的人做事是为单位、为事业，他在其位必谋其政，不管条件基础好与差，所做事情的难度有多大，只要有利于单位建设和事业发展，他就会尽自己的一切所能，尽心尽力去做。

　　说来说去，事在人为，单位建设与事业发展都离不开人，一个人的人生态度与事业追求是决定因素。其实，人做事的态度就两种，一种是为工作而做事，一种是为事业而做事。为工作而做事的，单位任务是什么就干什么，上级要求做什么就做什么，给什么任务就完成什么任务，这也该算是一种不错的姿态。为事业而做事的，就不只想自己这个单位该做什么，还会想行业需要单位做什么？大局需要单位做什么？自己所做的事于单位的长远建设与发展、于行业的长远建设与发展、于大局的建设与发展有什么作用？自己所做的事有没有生命力，有没有持续拓展的空间？自己离开之后这事还能不能做下去，能不能在单位、行业、大局建设中持久地发挥作用？在他的观念中,工作都是临时的,事业才是永久的,做事就要做永久的事业。

做工作,只需努力完成规定的任务;做事业,需要开拓创新而且没有止境。前者也需要知识、能力与智慧,后者更需要思想、才智与毅力。

几十年来,无论在战斗部队连队、团机关、师机关、军机关还是在解放军文艺出版社、中国出版协会,无论是当普通干部还是单位领导,我的着眼点一直是单位的长远建设、事业开拓与创建平台。

在部队做文化工作,我在实践中制定了连队文化工作标准,简称叫"两室三场"即图书阅览室、乒乓球室、篮球场、排球场、体育锻炼场。总政文化部把这写进了文化工作简报。创办了一年一度的"长岛杯篮球比赛和乒乓球比赛"(由团级单位参加);一年一度的团级宣传队和连队演唱组文艺会演。通过这几项制度的坚持与平台的建立,全要塞区部队的文体活动就活跃了起来,而且保持了经常性与持久性。

在解放军文艺出版社建立了军内外发行渠道, 让军队出版社走进市场,起草制定了一套以《综合目标管理责任制》为核心的规章制度,确立了出版社军事题材长篇小说、军事题材纪实文学和军事文化三个品牌,解放军文艺出版社在市场中树立了良好的形象。

在中国出版协会,策划完善了北京图书订货会,创建完善了京版秋季图书交易会、海峡两岸图书交易会、韬奋杯全国出版社青年编校大赛、出版社网络年会等多种平台。这些平台,即使我离开了,仍在继续运营,继续在为行业服务,也继续在为协会创收。

到了韬奋基金会后,聂理事长交代,要我想办法把图书捐赠的项目搞起来。我到韬奋基金会前,基金会已经接受新闻出版总署的委托,组织全国出版界向全国图书交易博览会驻办省捐赠图书的任务。2012 年 6 月在宁夏举办第二十二届全国图书交易博览会时,我会组织了 1200 万码洋的捐赠,这个捐赠规模在书博会的历史上是没有的。但是,这仅仅是临时的一次性捐赠,而且有新闻出版总署的通知要求。作为公益性基金会,不是只做一次性公益活动,而是要长期做公益事业。怎么做才能做长久,才能让捐赠单位与受赠单位都欢迎,这需要做深入的调查研究,需要寻求一种方法、创建一个平台。

"立足行业,面向社会"是我们韬奋基金会公益活动宗旨的出发点。立足行业,就是要发挥出版行业的优势。出版行业的优势就是有书,我们能为社会服务的也就是图书。基本思路就是取出版社的图书服务于社会。

我到基金会时正赶上一个好时机,不久后党的十八大召开,"开展全民阅读活动"被写进了党的十八大工作报告,而且要为它立法的呼声不断。中宣部、中央文明办、新闻出版总署、财政部、教育部、民政部、文化部、国家新闻出版广电总局、国务院法制办、全国总工会、共青团中央、全国妇联、总政宣传部等有关部门联合成立了全民阅读指导委员会。

历史的经验是,凡是中央号召、凡是领导特别重视的事情,现实中恰恰是问题最严重的事情。中央和政府大力号召要开展全民阅读活动,是要全民重视读书、参与读书,这正说明我国的民众读书存在问题,而且问题普遍而严重,已经到了不得不号召与疾呼的程度。从全民阅读调查公布的数字看,我国国民图书阅读率从 2001 年到 2012 年 11 年间,一直在 50% 左右徘徊(2001 年 54.2%,2003 年 51.7%,2005 年 48.7%,2007 年 48.8%,2008 年 49.3%,2009 年 50.1%,2010 年 52.3%,2011 年 53.9%,2012 年 54.9%,比2011 年上升了 1 个百分点,国民人均纸质图书阅读量为 4.39 本),也就是说,中国有近 50% 的人不读书,或者没有读书史。

为此,我写过《拯救阅读》《阅读与人生》《读书与生命》《阅读快乐》《渴望阅读》《中华民族是最爱读书的民族吗?》《文学与阅读靠大众拯救》《苹果、iPad 要把中国青年引到哪里去?》等数篇文章,呼吁民众尤其是年轻人都重视阅读,都养成爱读书的良好习惯。一个值得引起重视和关注的问题是,现在更多的人在以浏览替代阅读。中央与政府如此重视全民阅读,是抓对了,抓到了根本上。全民阅读成了社会的主流文化生活,是大局,我们必须为这个主流,为这个大局服务。

　　更令人高兴的是,全民阅读指导委员会的协调办公室就设在新闻出版总署的出版管理司。假如我们图书捐赠这项公益事业能得到他们的支持与指导,我们以图书服务社会,就不是单纯做一项公益活动,而是推动全民阅读活动的一个组成部分。

　　找到了工作的定位,就找到了工作的位置。因此,我建议把这项公益捐赠活动定名为"推动全民阅读图书捐赠工程",它不是一项简单的公益活动,而是一项工程,是一个平台,是一个长久可以使用的服务平台。

向北京空军部队捐赠图书(左一为作者)

　　但是,不是什么事有了位置就能做得好,做任何事情都要追求动机与实际效果的统一,动机正确,不等于效果好,好的动机要变成好的效果,还需要有一个科学的实施办法。所谓科学,就是要把事情做得合规律、合情理、合实际情况。

　　就图书捐赠而言，这不是件新鲜事，哪个出版社都做过；也不是现在才做，过去老一辈都做过。现在我们出书方与图书馆用书方的现实是：出版社转企后，一方面库存图书不能随意处理，必须经税务部门确认批准才可处理；另一方面，近几年来，图书品种不断增加，市场销售持续疲软，退货率越来越高，出版社的库存图书量年年在惊人地增加，而各种图书馆的藏书，不只是老少边穷地区和学校图书馆存书少、购书经费少、新书增添少，各地的公共基层图书馆都缺书少书。一边是有书卖不出，一边是想买书缺经费，这就给我们的工作提供了可观的空间。

　　出版社需要减库存，图书馆需要增加藏书，双方的需求便决定我们的工作大有可为。但是，如何帮出版社减库存，如何满足基层图书馆藏书愿望？这值得研究、探讨。假如一味地让出版社做无偿的纯公益捐赠，很难持久，时间长了，可能人家害怕见基金会的人。假如全部无偿地向全国各地图书馆捐赠图书，光仓储和发货运费，基金会的资金用不了几年就得消耗殆尽，就得解散关门。

　　从以往的公益捐赠情况看，也还存在许多不尽如人意的地方。因为是公益无偿捐赠，图书馆接受捐赠就不能提条件与要求，人家捐什么就接受什么。这导致一是图书过于陈旧，甚至破烂；二是图书质量差，不是过于专业，就是缺少阅读价值与使用价值，借阅率很低；三是复本量过大，有的一种书几十本，甚至上百本，到了图书馆也只是库存移转。

　　根据这些问题，我们设计了一个捐赠平台，宗旨是为推动全民阅读活动深入、广泛、持久地开展，为提高我国的国民素质服务。

　　具体做法是：接受捐助的基层图书馆，可以请当地企业或自身出少量的保障资金，给出版社一点经费补偿，同时保障基金会在组织捐赠活动中所用仓储费用、人工费用和发运费用的周转。经认真测算，保障资金的标准可以按接受捐赠码洋的10%计算，以捐赠赞助"推动全民阅读图书捐赠工程"保障资金的方式捐给本会,本会开具全国统一的捐赠发票,发给捐赠证书。这10%的保障资金,其中4%给捐赠出版社作为费用补贴,3%用于租库房租金,3%用于配书人工费用、包装材料费和发货运费。

一个简单明晰的概念是:推动全民阅读图书捐赠工程捐赠图书是无偿的公益捐赠,受赠单位以赞助捐赠的形式出10%的保障资金。

具体实施方法:

出版单位报捐赠方案,所捐书目确定后,基金会与出版社签署捐赠协议,然后出版社直接向本会捐赠图书,由本会统一规划确定受赠地区和单位;所捐赠图书以公允价值开具全国统一的公益捐赠发票。因给予一定的费用补贴,所捐图书要求是出版5年之内的库存图书,一次捐赠每个品种复本量不超过500册;残旧图书,教材、教辅类图书和高定价的大套书、礼品珍藏书不要捐赠。

基金会给捐赠单位的回报:一是给予费用补贴。出版社在给本会捐赠图书过程中,组织人力整理包装图书,并运送至本会库房,需要花费人力与运输费用,本会从推动全民阅读图书捐赠工程保障资金中给予捐赠图书码洋的4%费用补贴。按民政部有关部门要求,补贴不直接用现金支付,仍以采购的形式全价购买捐赠单位的库存图书。采购图书结算一般在捐赠后3个月。二是免税。开具国家统一的公益捐赠免税发票,出版社可因此削减库存,并享受所得税税前扣除的优惠待遇。三是捐赠业绩作为出版单位评级、评奖条件之一。国家新闻出版广电总局出版管理司已将出版社参与公益活动列入出版社评级的评估条件,本会将及时把出版社公益捐赠的情况提供给评级、评奖部门。四是媒体宣传。凡参与本会组织的全民阅读图书捐赠活动的,都将在媒体上开展广泛宣传,以扩大其影响。

受赠方接受捐助方式:

受赠单位向基金会提出接受捐赠的需求,确定接受捐赠数量(按图书码洋计算),与基金会签订接受捐赠协议;同时,按所接受捐赠图书码洋的10%金额,与基金会签订捐赠赞助保障资金协议;将保障资金汇入基金会账户;图书馆可根据自己的需要,对所赠图书的类别、复本量提出要求;基金会项目部根据协议确定的捐赠数量和图书馆提出的类别、复本量要求,配备好捐赠图书目录,发至接受捐赠的图书馆征求意见;双方确定后,交由储运公司按确定书目配书、包装、发运至图书馆接收地点。

图书馆对接受捐赠的图书有两个愿望,一是图书尽量新,二是复本量尽量少。我们做出承诺,所赠图书必须是在 5 年之内出版的图书,复本量每次捐赠每个品种 1~4 册(一次受赠 5 万元以内的图书馆每种书 1 册,5 万元以上的图书馆每种书 2~4 册,最多不超过 5 册)。

设计这个平台时,我手下还没有一个人,没有人做不了事。等方案确定通过之后,先从北京印刷学院中请来两位学生实习当志愿者,小王和谢萌萌就成了这个平台的第一批工作人员;我再把华文出版社的发行部主任黄河调进基金会当项目部主任;库房与包装、发运,则找到了原来熟悉的吉达利达储运公司的老孙,请他与我们合作。这样,这个平台就开始运作起来了。

没有客户,从零做起。我起草了给全国各省、区、市文广新局的一个征询函,宣传我会推动全民阅读图书捐赠工程实施方案。头一个响应的就是首届出版界图书馆界全民阅读年会的承办单位——黑龙江省图书馆。接着云南省文广新局局长指示,这是解决基层图书馆缺书少书的好办法,先从楚雄地区做起。

为此,我们要求业务人员与仓储公司的工人严格地按照这个平台设计的标准配书、包装、发运,一旦出现差错,哪怕是一册书,也要及时给予纠正补偿,保质保量、细心地做好服务工作,这是我们的信誉,也是所有工作人员的责任。

为确保这个平台正常运转,本会拿出 100 万元启动资金租建库房,接受各受赠地区或单位为全民阅读图书捐赠工程所赞助捐赠的保障资金,并建立专项保障资金。

经过几年的实践,这个平台越来越多地受到出版社与全国各地图书馆的欢迎。自 2013 年启动以来,当年捐赠图书 71 万余册,码洋2150 万元,主要方向是黑龙江省、青海省、云南楚雄地区共 100 余家地、县级公共图书馆和学校图书馆。

2014 年有了较大的发展,捐赠图书 165.9 万余册(套),码洋5040 万元,主要方向是贵州、云南、湖南、广西、广东、湖北、江西等省 300 余家地、县级图书馆和国家开放大学系统 100 余所院校图书馆。

2015 年进展稳定,捐赠图书144.9 万余册,码洋4627 万元,主要方向是广东、广西、湖南、云南、黑龙江、西藏、贵州、河北、江西、湖北、内蒙古、江苏、浙江、新疆、陕西、山东、湖北、甘肃、北京 19 个省、市、自治区的地、县级公共图书馆和学校图书馆。

全民阅读正在深入广泛地展开,推动全民阅读的图书捐赠工程这个平台已进入常态运营,库存周转图书常年保持 7000 万元码洋左右、15 000 个品种,以满足各地图书馆需求。

近年来,黑龙江省图书馆、贵州黔东南文广新局、云南楚雄等地公共图书馆都自发地给我们写来感谢信,称赞我们的工作与服务精神。我坚信这个平台会持续发展下去,因为出版社的库存图书年年会有新的增加,图书馆年年都要添加新书,这是我们服务两极的基本需求,有这种需求,这个平台就有存在的必要,双方的需求量越大,这个平台就会越火。尽管有别的兄弟基金会也在做这件事,但我相信,他们的出发点说起来似乎与我们一样,但做事不能仅看说,要看实际,他们不可能像我们这样为行业着想,他们也不可能像我们这样细心地为图书馆着想与服务。往往利益目的会影响服务精神与服务质量,图书馆的口碑可以证明一切。

为"全民阅读"推波助澜

另一个平台是与中国图书馆学会、新华书店协会、中国出版集团共同举办"出版界图书馆界全民阅读年会"。具体承办单位是《图书馆报》和图书馆学会推广委员会,也是他们在做具体策划工作和会务筹备。

韬奋基金会迁京之前,《图书馆报》与中国图书馆学会推广委员会已经举办了"全国阅读年会"。2013年年初,《图书馆报》的姜火明、李漓找到我,想邀请韬奋基金会作为这个年会的主办单位。我觉得这个会的主题很好,与我们推动全民阅读图书捐赠工程的主题是一致的,全民阅读活动需要各行各业、各条战线来宣传、组织、推动,各行各业、各条战线也有义务与责任为全民阅读活动深入、广泛开展推波助澜。我当时就表态,我个人认为,我们韬奋基金会可以作为主办单位参与这个年会,但年会的内容需要进一步研究调整。

首先在名称上,韬奋基金会参与就是代表出版界,以往出版界没有参与其中,如今参与了就要在年会的名称上得以体现。经过协商,最后征得新闻出版总署出版管理司同意(他们同时又是国家全民阅读指导委员会协调办公室,既是行业主管部门领导,又是全民阅读指导机构,是管这类事情最权威的政府机构),为了突出与会双方的对象特色和会议的内容特色,年会最后定名为"出版界图书馆界全民阅读年会"。

原年会已经有论文征集、全国图书馆年度好书推选、全民阅读案例征集与评选、分论坛研讨、推选书目发布、案例评优等多项活动。在此基础上，我对年会活动内容做了调整补充：

1. 在原年会《全国图书馆年度推荐书目》(推荐 300 种受读者欢迎的好书)基础上，再评选出《全国图书馆 50 种年度重点推荐书目》。在全国图书馆评选推荐的基础上，年会主办方再邀请中宣部出版局、新闻出版总署出版管理司的领导，图书馆界、出版界、学界的专家组成终评委员会，从 300 种在全国有影响的好书中评选出 50 种推荐好书。届时在年会上发布，请入选的出版社的代表领取证书。

2. 增设专家主旨报告会，请学界、出版界、图书馆界的专家学者围绕一个主题发表演讲，以引导、指导出版界与图书馆界全民阅读活动的组织与实施。

3. 引进韬奋基金会推动全民阅读图书捐赠工程平台，给年会主办地区组织图书捐赠活动。

通过丰富的活动，办活年会，切实推动全民阅读活动深入开展，助力社会主义文化大发展、大繁荣。

2013 年出版界图书馆界全民阅读年会在黑龙江省哈尔滨市举行，由黑龙江省图书馆协办。

在年会上，请中国民主促进会中央委员会副主席、全国政协副秘书长、中国教育学会副会长、新教育实验发起人朱永新，政协委员、韬奋基金会理事长、原中国出版集团总裁聂震宁，北京大学王余光教授做了主旨报告，著名作家梁晓声做主题报告。

会上举行了韬奋基金会向黑龙江省图书馆捐赠图书仪式，向基层 47 家公共图书馆捐赠 560 万元码洋的图书。

为获得论文奖的获奖作者、"好书推选"入选出版社以及优秀案例颁发奖牌和证书。

每年举行出版人才高端论坛

　　分经典阅读、馆社合作、数字阅读、未成年人阅读4个分会场分别举行分论坛交流。

　　举行了《全国图书馆推荐书目（2013年度）》和《全国图书馆50种重点推荐书目（2013年度）》发布。同时，举办《全国图书馆推荐书目（2013年度）》书展和全民阅读优秀案例视频展播。

　　年会活动内容丰富、信息量大，与会者切身感受、学习和了解到许多经验与知识，对推动各地全民阅读活动的展开起到了积极的引导与指导作用。

　　2014年年会在湖南长沙由湖南图书馆协办，2015年在苏州由新开发区独墅湖图书馆协办，内容在进一步更新，活动一年比一年精彩。

学习韬奋精神，
做一生做不完的事业

2015 年 11 月 5 日是伟大的爱国者、杰出的新闻记者、政论家、出版家邹韬奋同志 120 周年诞辰，我们韬奋基金会隆重地举行了纪念座谈会，刘延东同志出席会议并做了重要讲话，100 余位各界领导、新闻出版界代表及邹韬奋同志的家人一起缅怀了他光辉的人生，追忆他为中华民族团结御侮、建立民族统一战线、抗击日本侵略者、弘扬民族精神、繁荣发展民族出版事业所创造的辉煌业绩。

人无法决定自己生命的长短，但生命的价值是可以创造的。韬奋同志的一生是短暂的，他 49 岁英年早逝，终止了自己一辈子追求的事业与理想，但他一生坚持"生性不做事则已，要做事就要做得像样"的信条，为民族、为人民、为新闻出版事业不怕吃苦、不怕受累、不怕挨穷、不怕遭埋怨，甚至不怕流亡、不怕坐牢、不怕杀头，坚忍不拔，坚贞不屈，奋斗不息，战斗不止，用自己的生命与智慧创造了让国人敬仰的不朽业绩，是我国公布的新闻出版界唯一的一位公祭烈士。

我们韬奋基金会自 2012 年就开始着手筹备拍摄反映韬奋同志一生光辉业绩的电影。先是由东生同志提供了电影剧本《邹韬奋》，但这个剧本与拍摄要求距离太大，基本上只能作为素材线索使用。因为这个项目是我们基金会自己在操作，所以我们只是组织，不直接参与创作。此事得到基金会理事凤凰出版集团陈海燕董事长的支持，我们与他们下属的凤凰传奇影业

韬奋基金会隆重举行邹韬奋诞辰 120 周年纪念大会

公司签署了合作拍摄协议,请电影学院两位老师改编,并与国家新闻出版广电总局剧本中心合作,由他们召集专家帮助审定剧本。两位改编老师改了四稿,开了两次专家座谈会,但剧本仍不理想,推进比较艰难,要害还是剧本达不到拍摄要求。

到了这一步,凤凰传奇方有意让我直接上手,聂理事长也同意。为了这些多重意义,我介入了剧本创作,把邹韬奋同志一生留下的资料重新了解梳理了一遍,觉得一部电影不可能写出他的一生,而他的一生最辉煌的是"七君子事件"前后为中国抗击日寇所做的一切,国家给他的荣誉是新闻出版界的国家公祭英模烈士。聂理事长也提出以"七君子事件"为核心将故事展开。研读韬奋同志的一生,我深深地感到,说韬奋同志是中国知识分子走向光明、走向进步、走向革命的楷模非常贴切。年少青春时,他曾主张放弃武装,实业救国,和平协商解决中国的问题。外侮的灾难与反动派的迫害,迫使他流亡海外,他在大英博物馆里接触了马克思主义,在迷茫中觉醒,找到了光明的道路,于是投身革命的洪流。

大学毕业后,他先在上海纱布交易所做英文秘书,接着到中学做英语教师。他完全有条件过安逸舒适的生活,但他生性有知识分子忧国忧民的情怀,有对世事敏感的文化眼光,所以他热爱新闻,不久他便到黄炎培主持的中华职业教育社做了编辑股主任,接手主编《生活》周刊。

1931年"九·一八"事变和1932年"一·二八"事变的接连发生,让他深感国难之痛,他迅速将刊物的内容从城市中产阶级的趣味转向宣传抗日救国,由原来的"在谈笑风生的空气中欣欣然愉快一番"转变为"就民众的立场对政府对社会,都以其客观的、无所偏私的态度,做诚恳的批评或建议,论事论人,以正义为依归"。《生活》周刊这个职业教育刊物瞬即变脸为新闻评述周刊,"渐渐变为主持正义的舆论机关",变为全国救亡运动的舆论阵地。这正契合了全国人民抗日的愿望,刊物发行量猛增到15.5万份,创下我国杂志发行在当时的最高纪录。

1933年,他不顾反动派的恫吓,积极参加宋庆龄、蔡元培、鲁迅、杨杏佛发起成立的中国民权保障同盟,并当选为执行委员。秘书长杨杏佛遭暗杀后,他被迫流亡海外。当他在美国芝加哥《论坛报》上看到杜重远接替他创办的《新生》因发表《闲话皇帝》得罪日本后杜重远被逮捕入狱和杂志被当局查禁的消息时,立即回国。

1935年,中国共产党发表了《为抗日救国告全国同胞书》,呼吁停止内战,一致抗日,建立全民族抗日统一战线。他积极响应,与马相伯、沈钧儒等成立了上海文化界救国会,同时参加了宋庆龄、蔡元培等组织的全国各界救国联合会,并被选为执行委员。为呼应中国共产党的《八一宣言》,他与胡愈之、潘汉年策划,最后由他和陶行知、沈钧儒、章乃器四人署名发表了《团结御侮的基本条件和最低要求》,影响到全国。他的所作所为触犯了日本侵略者,在日本侵略者的施压下,当局于1936年11月将他与沈钧儒等七人逮捕,"七君子"在狱中团结一致,坚持斗争,表现了强烈的革命热情和战斗精神。

在斗争中他始终坚持:"我的立场即是大众的立场,不管任何党派,只要它真能站在大众的立场,真能实行有益大众的改革,那就无异于我已加入了这个党了,因为我在实际上所努力的也就是这个党所要努力的。"

皖南事变后,国民党当局加剧了对进步知识分子的迫害。为保护国家人才,周恩来同志出面,把一大批文化名人转移到香港。邹韬奋同志在香港创办了《生活日报》与《生活星期刊》往内地发行,继续宣传抗日。后又辗转到苏北解放区。在苏北,他目睹了敌后军民高涨的抗日爱国热情,亲历了抗击日寇侵略者的伟大斗争,被深深打动。他看到了自己一直憧憬的民主自由的理想社会,在中国共产党领导下的敌后根据地实现了。他几次向党的领导表达要加入中国共产党的愿望,直到病中口授遗嘱时仍真切地说:"此次在敌后根据地视察研究,目击人民的伟大斗争,使我更看到新中国光明的未来。请中国共产党中央严格审查我一生奋斗历史,如其合格,请追认入党。"他一生的奋斗与实践,正如周恩来同志给他的题词:"邹韬奋同志经历的道路是中国知识分子走向进步、走向革命的道路。"

我为韬奋先生的革命精神所感动,写出了文学剧本《患难余生》。我将

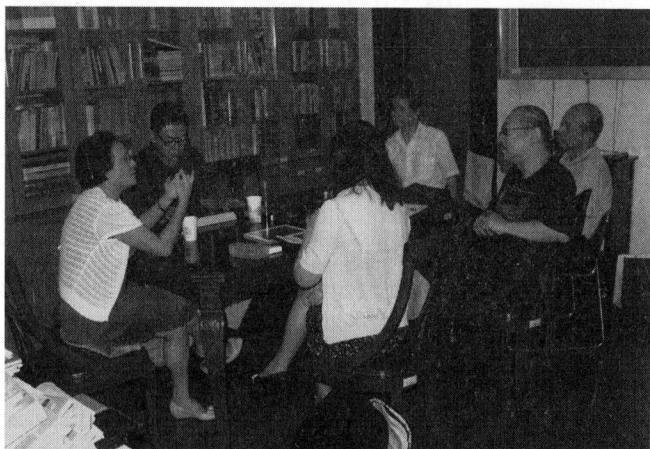

为筹拍邹韬奋电影,到上海韬奋纪念馆采访

据此写成纪实小说,让更多的人认识邹韬奋先生与韬奋精神。

为拍摄好韬奋先生的电影,力争既要塑造韬奋先生的光辉形象,为新闻出版界树立楷模,又要好看、赢得市场,凤凰传奇请到著名导演尹力,重新创作修改剧本。初稿已出,但我读后很不尽如人意,基金会领导与我意见十分一致,认为需要重新调整导演的思路,重写剧本。这部电影一定要拍好,拍不好不如不拍,要不对不起韬奋先生,也对不起新闻出版界。

邹韬奋先生有句名言:"我们做事,要做一生投入都做不完的事业。"

韬奋基金会还有许多事要做,如对于全国出版社青年编校大赛,新闻出版广电总局人事司要把这个平台升级,由总局来主办,由中国出版协会、韬奋基金会和编辑学会来承办。这是抓出版从业人员的内功训练,是保证出版质量的关键,我们要继续创新,发挥这个平台的作用。

三年一届的韬奋奖要继续评下去,由韬奋基金会与中国出版协会共同举办。作为基金会,保证评选的公开、公平、公正是重要责任,要把这个荣誉授予真正符合条件的优秀出版人,不让不良风气滋长有一席之地。

一年一届的人才高端论坛是韬奋基金会的重要任务,这个论坛是传承、发扬韬奋精神的重要平台,我们每年都要作为重点工作全力以赴。

韬奋基金会的基金还需要壮大。因为是非公募基金会,资金的积累与增加要靠基金会自身的投资与服务来创收,要做大事必须有雄厚的资金,基金的建设任重而道远。

我认定的一生做不完的事业就是出版与文学,我将为其倾毕生精力……

附录
历届北京图书订货会基本情况

第一届,1987 年 5 月在北京市劳动人民文化宫举行, 由首都社科书市办公室主办,当时临时定名为社科图书交易会,作为首都社科书市的一项新增设的活动内容,与第三届首都社科书市同时举行。订货场地设在劳动人民文化宫的东配殿,由出版社自带书架与桌椅设摊展示,接受书店订货。有 44 家中央社科出版社参加,订货码洋达 676 万元,出版社和书店 290 人参加了订货活动。

第二届,1988 年 8 月在北京市劳动人民文化宫举行, 仍由首都社科书市办公室主办,与第四届首都社科书市同时举行,这届定名为全国图书交易会,规模有所扩大,订货场地设在劳动人民文化宫东配殿和大殿。有 94 家中央社科出版社参加,订货码洋达 2000 万元,出版社和书店 400 人参加了订货活动。

第三届,1990 年 5 月在北京玉泉饭店举行, 正式定名为首都图书交易会,仍由首都社科书市办公室主办,举办地与首都社科书市正式分开举行,设有订货会场,设置了 130 个展位。明确出版社是交易会的主人,书店是交易会邀请的客人,主客同在一个宾馆吃住,进行广泛交流。128 家出版社参加设摊订货,以中央社科出版社为主,吸收北京地区的出版社和少量的科技出版社。书店到了 200 家 800 人,订货码洋达 3200 万元,加上出版社人员共 1000 人参加订货会活动。

第四届,1991 年 3 月在北京工人体育馆举行,首都图书交易会仍由首都社科书市办公室主办,举办地与举办时间完全与首都社科书市分开。自本届开始,确定每年春季独立举办图书订货活动。有 156 家(不含副牌)出版社参加,中央和北京地区的出版社绝大部分都已参加,另有少数外地出版社不请自来,也接受他们参加了交易会。参加书店有 350 家,订货码洋 8000 万元,交易会接待驻会的代表 1100 人。

第五届,1992 年 2 月,首都图书交易会正式由中国出版工作者协会经营管理委员会主办,在北京亚运村国际会议中心举行,住宿宾馆为北辰集团的公寓楼 K 楼。有 183 家中央与地方的出版社参加,参会书店在一些发货店下发通知抵制、不参加的情况下,仍达 400 家,订货码洋达 1.1 亿元,交易会接待驻会的代表 1090 人。

第六届,1993 年 2 月,首都图书交易会由中国出版工作者协会经营管理委员会主办,在中共中央党校举行,正式向全国出版社发邀请参加,有 232 家出版社参加了本届交易会,书店有 400 家,大会接待住宿的驻会代表 1200 人,订货码洋达 1.3 亿元。

第七届,1994 年 2 月,首都图书交易会由中国出版工作者协会经营管理委员会主办,在中共中央党校举行,交易会增设了研讨会,开展户外广告宣传活动。有 272 家出版社参加了本届交易会,书店达 500 家,大会接待驻会代表 3000 人,订货码洋达 2 亿元。

第八届,1995 年 2 月,首都图书交易会由中国出版协会经营管理委员会主办,在中央党校举行,交易会除举行研讨会之外,增设多种形式的新书推荐活动,赵忠祥、姜昆等到现场举行与书店、读者的见面会;组织文艺演出,梅葆玖、马玉涛等明星登台演出。全国有 300 家出版社参加了本届交易会,书店有 500 家,大会接待住宿代表 3500 人,订货码洋达 4 亿元。

第九届,1996 年 2 月,首都图书交易会由中国出版工作者协会经营管理委员会主办,在中央党校举行。交易会活动越来越丰富,参展单位除户外广告外,还以军乐队表演、作者见面会等形式宣传本社图书。参加交易会的出版社达 356 家,书店有 500 家,大会接待驻会代表 4000 人,订货码洋突破 10 亿元大关,达 11.2 亿元。

第十届,1997 年 1 月, 交易会主办单位在新闻出版总署的协调下做了调整,改由中国出版工作者协会与中国书刊发行业协会共同主办,正式更名为北京图书订货会,每届前加上当年年号。97 北京图书订货会仍在中央党校举行。参加出版社增加到 430 家,书店增加到 610 家,因住宿床位有限,提倡各省组团自理住宿。大会接待驻会代表 3200 人,订货码洋达 12.6 亿元。

第十一届,98 北京图书订货会由中国出版工作者协会与中国书刊发行业协会共同主办,因规模扩大,中央党校展场与住宿都难以承受,1998 年 2 月,移至丰台体育馆举行。参会出版社有 478 家,书店达 800 家,鼓励各省组团自行安排住宿,大会保障接送站与到会场班车。参加订货活动的人员近 1 万人,订货码洋达 17.38 亿元。

第十二届,99 北京图书订货会由中国出版工作者协会与中国书刊发行业协会共同主办,规模再次扩大,1999 年 1 月移至全国农业展览馆举行。参加的出版社有 489 家,书店达 1000 家,参加订货活动的人员突破 1 万人,订货码洋达 15.05 亿元。

第十三届,2000 北京图书订货会由中国出版工作者协会与中国书刊发行业协会共同主办,因规模继续扩大,2000 年 1 月 8 日至 12 日移至国际展览中心举行。各省、市、自治区都以组团形式参加,大会只接待中央和各地集团之外的出版社、偏远地区的出版社、书店和民营书店的住宿。各省、市、自治区都以集团集体特装展示形象。数据统计改为展位数、参会人数与订货码洋。本届国际标准展位 754 个,参会人数突破 2 万人,订货码洋 15.7 亿元。

第十四届,2001北京图书订货会由中国出版工作者协会与中国书刊发行业协会共同主办,于1月8日至12日在北京国际展览中心举行。全国500余家图书出版社,20余家电子读物出版社和图书电子商务网络公司以及全国近800家新华书店、外文书店、古旧书店等专业书店、民营书店共3500名正式代表参加了本届订货会。加上会外的非驻会代表,近万人参加了这次活动。展会以图书分类设馆与省统一组团设馆相结合的办法,设置了京版和京外综合馆以及美术、少儿、古籍、文艺、科技、经济等专业馆。分5个展厅,共设置920个展位,其规模再次超过历史水平,成交码洋达16.9亿元。会议期间举行了两次新闻发布会,各参展单位以各种形式举办了20次新书发布会、作者见面会、业务座谈会等活动。大会再一次显示了它展示品牌、交流信息、联络感情、看样订货的多元功能,圆满地达到了预期的目的。

第十五届,2002北京图书订货会由中国出版工作者协会与中国书刊发行业协会共同主办,于1月9日至13日在北京国际展览中心举行,恰恰是中国加入WTO刚满一个月。北京国际展览中心6个展厅为展场,展厅面积为2万平方米,设置标准展位1036个,成交码洋达20.8亿元,创历史新高(比上届增加近5个亿);订货2000万元以上的出版社,上届13家,这届扩大到20家;订货1000万元以上的出版社,上届32家,这届41家;订货500万元以上的出版社,上届58家,这届94家;订货100万元以上的出版社,上届224家,这届264家。这表明市场的占有份额较均衡,没有过热的热点图书,没有过热的热点现象,没有选题重复成风的争抢,恰恰证明出版社已经走向成熟。

第十六届,2003北京图书订货会由中国出版工作者协会与中国书刊发行业协会共同主办,于1月7日至12日在北京国际展览中心举行,参展单位扩大到520家,展位1370个,展厅面积由去年的2万平方米增加到3万平方米,除原有的 1 号展厅外,又增加一个 8 号展厅,订货总码洋达到 23.6 亿元,创历史新高。这届订货会具有新理念、新景观、新创意 3 个特点,突显了明确定位、与时俱进,接受挑战、积极竞争,投入市场、认识市场,展位豪华、内涵丰富,人气两旺、心态平和,选题丰富、印装精美,强化订货功能、扩展多元效应,平台开放、合纵连横,扩大宣传、造势引导 9 个方面的特色。

第十七届,2004 北京图书订货会由中国出版工作者协会与中国书刊发行业协会共同主办,于 1 月 8 日至 12 日在北京国际展览中心举行,北京国际展览中心用 7 个展厅设置展场, 展场面积达 34 000 平方米, 展位 1647 个,比去年增加 272 个,其中参展的图书出版社达到 554 家,展位 1447 个。本届订货会实施了 4 个新的举措:一、邀请海外华文书店参加北京图书订货会,接待海外华文书店代表 69 家 89 名代表;二、邀请出版社分支机构和二级批发单位参加会议,进行货源调剂,接待了 52 家,展位 78 个;三、邀请期刊社参加订货会,期刊参展近 100 种,展位 36 个;四、建立北京图书订货会网站交易平台,增添了新内容、新景观,为下一步的北京图书订货会与国际书展接轨做了有益的尝试和准备。本届订货会成交码洋达 25.9 亿元。首次被邀参会的海外华文书店订货额仅以 14 家书店统计,达 236 万元。

第十八届,2005 北京图书订货会由中国出版工作者协会与中国书刊发行业协会共同主办,于 1 月 17 日至 21 日在北京国际展览中心举行,北京国际展览中心增加了 2 号馆和 3 号馆,用 8 个展厅设置展场,展场面积达 38 000 平方米,645 家出版单位参展,展位也增加到 1939 个,其中民营企业 101 家,展位 205 个,是民营企业参加北京图书订货会最多的一年;95 家海外华文书店前来订货,展会成交码洋达 30.09 亿元,突破了 30 亿元大关。本届订货会使用了电子刷卡门票,进场人数统计为 91 848 人次。

本届订货会有一个崭新的特点:订货会更加现代化。组委会在上届订货会结束后,专门成立了小组,就订货会如何发展的课题进行探讨。会议定下了北京图书订货会的发展目标为国际化、规范化、现代化和市场化,并在人员聘用、安全保卫、财务管理等各个方面制定了一整套严格的规章制度,以全面提高会议档次和服务质量,为实现"四化"目标提供有力保证。

决定邀请港澳台地区出版机构参加北京图书订货会,但未能到位,不过港澳台的代表可以在会上进行版权贸易和业务洽谈。组委会举办两岸出版业务研讨会,并请主管部门的有关领导参加,与港澳台地区的代表就发展两岸合作等方面进行探讨和对话。

第十九届,2006北京图书订货会由中国出版工作者协会与中国书刊发行业协会共同主办,于1月7日至11日在北京国际展览中心成功举行。本届订货会举办之时,恰逢"十一五"规划开局之春,我国出版发行体制改革正步入一个关键时期,其特殊意义从展会各个侧面得到了展现。

本届订货会参展单位多达821家,比上届增加了近250家。其中大陆图书出版社521家(不含副牌),全国的图书出版社几乎都参加了订货会;港台地区出版机构145家;音像和期刊社95家;民营出版物批发单位58家;版权代理公司12家;相关产业50家。除民营出版物批发单位比上届少49家外,其余都有增加。订货单位仍以新华书店为主,全国新华书店均以省、市店组团的形式参会,参会人数不减往年。

本届订货会展位共1909个,各参展单位上报的图书成交码洋为23.9亿元,比上届公布的数字减少了6个多亿。这表明主发寄销开始后,订货功能在下降。

第二十届,2007北京图书订货会由中国出版工作者协会与中国书刊发行业协会共同主办,于1月9日至13日在北京国际展览中心成功举行。这届北京图书订货会载着20届的历史辉煌圆满落幕,738家图书出版社、音像期刊社、一二级批发单位、版权交易机构及港台地区出版机构参展商参加了展会,参展的出版社达620家(在京出版社211家,京外出版社276

家,港台地区出版机构 133 家);展场面积近 4 万平方米,设展位 1843 个。据现场计算机不完全统计,本届订货会订货总码洋达 25.4 亿元。新增设了"首届全国图书馆新书现货看样采购会",全国 420 余家出版社参加了首届"图采会",设展架 910 个,全国 800 余家大中专院校和专业图书馆参会采购,现场采购码洋达 4900 万元,可谓开门大吉。

第二十一届,2008 北京图书订货会由中国出版工作者协会与中国书刊发行业协会共同主办,北京图书订货会借十七大的强劲东风,以我国开年第一展的面貌,于 1 月 8 日至 11 日在北京国际展览中心隆重举行。已有 20 届光荣历史的北京图书订货会, 以其自身不断创新扩展内涵的强盛生命力、不断提高的服务质量和不断增强的实际成效,再一次向出版界、社会乃至海外展现了全球最大的华文图书订货会的新姿。参展大陆出版社达到 524 家,港澳台地区出版机构 136 家,海外华文书店 100 余家;展位 1923 个(比上届增加近百个);"图采会"参展社突破 400 家,展架 951 个;参加展会的人流量达 64 200 余人次。在主发寄销的购销形式下,就闭幕当天现场粗略统计,订货码洋仍达 21.3 亿元(其中辽宁出版集团、上海世纪出版集团、外研社订数都过亿); 图书馆现场采购 6500 万元 (比去年增加了 1600 万元);书稿版权交易当场签订意向合同 320 多项。

这个订货会经过前两年的徘徊相持后,第二十一届又出现了新的火爆。出版社、书店参展踊跃,各展厅内人流如潮,展位爆满(因展场容纳不下,只能将招展结束后报名的 50 个展位退款),活动爆满(包下的饭店和国展中心的所有会议室安排爆满)。无论参展商还是书店代表,无论业内专业人员还是参观群众,一致感觉今年订货会又出现了新的局面,再一次名副其实地成为历史最久、规模最大、影响最广、成效最好的全球最大的华文图书订货会。

第二十二届,2009 北京图书订货会由中国出版工作者协会与中国书刊发行业协会共同主办,于 1 月 6 日至 10 日在北京国际展览中心成功举行。

参展出版社达 533 家，民营书企 74 家，都比上届有所增加，展位总数达 1992 个，图采展架 1080 个。本届订货会图书成交码洋达 25.1 亿元，比去年 23.1 亿元增长 2 亿元，图书馆现货采购当场电脑显示 8100 万元，比去年 6500 万元增长 1600 万元，这一业绩显示出中国书业抵御全球金融危机的强劲实力。

2009 年是纪念改革开放 30 周年和新中国成立 60 周年，在以"学习实践科学发展观，加快出版发行体制改革"为主题的高层论坛上，新闻总署副署长阎晓宏做了主题发言；版权交易会，以民营书业、网络出版为核心主题的 7 个专场活动，探讨开拓了民营书业介入民族出版事业的新思路和新举措；不断延伸扩展订货会功能，举办丰富多彩的信息交流活动，中央和各地的出版发行单位举行活动上百项。在金融危机席卷全球的影响下，2009 北京图书订货会显示出新活力。

第二十三届，2010 北京图书订货会由中国出版工作者协会与中国书刊发行业协会共同主办，于 1 月 8 日至 11 日在北京国际展览中心成功举行。与往届相比，本届图书订货会呈现出出版社转企后参展规模加大、民营参展踊跃、信息交流功能增强、数字出版高速发展的景象。

"展位抢手"是本届订货会的一大特点。作家出版集团、星球地图出版社等多家出版单位的展位数都增加一倍，"部委联"展位数更从以往的 80 个一跃至 130 多个。本届订货会展位总数达 2283 个（上届 2011 个），内地设展单位共计 663 家，其中出版社 513 家（不含副牌）、民营批发单位 96 家、出版相关产业 54 家。港澳台展区面积达 400 平方米，展位 34 个，161 家出版机构参展。图采会书架总数达 1260 个（上届 1080 个），近千家图书馆到现场采购。展馆总面积达 46000 多平方米。

据现场电脑不完全统计，本次订货会成交订货码洋 28.5 亿元，比去年增加 3.4 亿元。图书馆现货看样采购码洋 9200 万元，比去年增加 1100 万元。呈现参展规模大、营销手段多、信息功能强、综合效应好的特点,反映了我国出版业经历了3次转型之后的新状态。

第二十四届,2011北京图书订货会由中国出版工作者协会与中国书刊发行业协会共同主办,于1月8日至11日在北京国际展览中心成功举行。总展位达2420个,比上届2283个增加了137个;展场面积达49 000平方米,国展中心展馆全部启用,又临时增加了6号简易展馆;649家各类出版发行单位和相关机构参展。首次设置了数字出版专区,46家数字出版单位参展;港澳台展区32个展位,展出了150余家出版机构的图书。图书馆现场采购预置1200个书架,被抢订一空,展出全国出版社15万种各类新书,1000余家图书馆人员参与现场看样采购。至临开幕前一天,还有单位要求参展。

据组委会现场电脑统计,图书订货成交码洋达32.508亿元,比上届28.5亿元增加了4亿多元。图书馆现场采购1.22亿元,比上届9200万元增加了3000万元。全国300余家出版社2010年有约25万条图书出版信息,1月8日至10日访问量飙升到4万人次。

组委会自身组织和各参展单位在展馆内举办的各种业务宣传活动就有50多个,在订货会展场外的专业论坛、新书推介、作者见面会、业务研讨会、评选活动有100余个。7场书稿交易沙龙吸引了业界近1000人参加。

第二十五届,2012北京图书订货会由中国出版工作者协会与中国书刊发行业协会共同主办,于1月8日至11日在北京国际展览中心成功举办。作为党的十七届六中全会后的首个书业盛会,本届订货会再次为我国书业创下了"开门红"的新局面。订货会把数字出版定为本届订货会主题,首次专门设置专区,搭建数字出版交流平台。同时以"数字出版下一个五年竞合策略"为主题举行高层论坛,请海外剑桥大学出版社、企鹅出版集团和新加坡大众集团的企业高管与中国传统出版、网络出版和数字出版的专家、企业领导一起探讨数字出版的未来发展之路。

本届订货会旨在追求实效,给参展单位带来了实惠的办会方针,使订货功能得以显露。据现场统计,本届订货会展位总数 2280 个,比上届减少 137 个(按国展中心所提供的面积计算要减少 250 个展位,采取了减少消防通道、充分利用场地的措施,比规定增设了 100 多个展位);762 家出版发行及相关产业单位参展,比去年增加 113 家,其中民营书业 122 个单位、324 个展位参展成为一个新的亮点;图采展架 1300 个。订货码洋达 33.16 亿元,比上届订货码洋 32.5 亿元增长了 6600 万元;图书馆现场采购达 1.23 亿元,比上届也有所增长。可以说,本届订货会实现了规模效益双项丰收。这对处于发展中的中国出版业来说,是一次有力、有效的推动和促进,是一届成功圆满的展会。

历届北京图书订货会数据统计

届数	时间	地点	名称	订货码洋（元）	参展出版社数	书店数	人数
1	1987.5	劳动人民文化宫	社科图书交易会	676 万	44		290
2	1988.8	劳动人民文化宫	全国图书交易会	2000 万	94		400
3	1990.5	北京玉泉饭店	首都图书交易会	3200 万	128	200	1000
4	1991.3	工人体育馆	首都图书交易会	8000 万	156	350	1100
5	1992.2	亚运村	首都图书交易会	1.1 亿	183	400	1090
6	1993.2	中共中央党校	首都图书交易会	1.3 亿	232	400	1200
7	1994.2	中共中央党校	首都图书交易会	2 亿	272	500	3000
8	1995.2	中共中央党校	首都图书交易会	4 亿	300	500	5000
9	1996.2	中共中央党校	首都图书交易会	11.2 亿	356	500	4000
10	1997.1	中共中央党校	北京图书订货会	12.6 亿	430	610	3200
11	1998.2	丰台体育馆	北京图书订货会	17.38 亿	478	800	10 000
12	1999.1	全国农业展览馆	北京图书订货会	15.05 亿	489	1000	10 600

续表

届数	时间	地点	名称	订货码洋（元）		参展出版社数	书店数	人数
13	2000.1	国际展览中心	北京图书订货会	15.7亿		展位数		20 000
						754		
14	2001.1	国际展览中心	北京图书订货会	16.9亿		920		13 500
15	2002.1	国际展览中心	北京图书订货会	20.8亿		1036		20 000
16	2003.1	国际展览中心	北京图书订货会	23.6亿		1370		13 000
17	2004.1	国际展览中心	北京图书订货会	25.9亿		1642		20 000
18	2005.1	国际展览中心	北京图书订货会	30.09亿		1339		20 000
19	2006.1	国际展览中心	北京图书订货会	23.90亿		1909		30 000
20	2007.1	国际展览中心	北京图书订货会	图采码洋（元）	订货码洋（元）	图采展架	订货展位	人数
				4900万	25.4亿	910	1843	30 000
21	2008.1	国际展览中心	北京图书订货会	6500万	21.3亿	951	1923	30 000
22	2009.1	国际展览中心	北京图书订货会	8100万	25.1亿	1180	1991	30 000
23	2010.1	国际展览中心	北京图书订货会	9200万	28.5亿	1260	2283	30 000
24	2011.1	国际展览中心	北京图书订货会	1.22亿	32.5亿	1200	2420	30 000
25	2012.1	国际展览中心	北京图书订货会	1.23亿	33.16亿	1300	2280	30 000

注：从第十三届（2000年1月）开始不再分别统计出版社数和书店数，统一以展位数代替。从2007年的第二十届开始，增设图书馆现货采购项目，统计数据分别为订货展位、订货码洋和图采展架、图采码洋。

跋
一生该做成几件事

　　若不是江西高校出版社策划这一套"出版人自述丛书",并且把我选列其中,我是不会写这部自述作品的。

　　自述、自传是一种不太好写的文体。说不好写,并不是因为这种体裁本身有什么格外的难度,而是因为自述、自传是写自己,把握不好,容易出现文人两种应忌讳的毛病:

　　一是言过其实,自卖自夸。写自述、自传,通常有两种情况:一种是自己想写。到了一定年龄,有了一定阅历和一些值得说道的人生收获,想给自己做一次人生总结,把自己一生的奋斗、一生的追求、一生的努力、一生的跋涉、一生的成功、一生的失败记录下来,给自己做纪念,给后人以启迪。另一种是别人要你写。像这套"出版人自述丛书",是江西高校出版社从行业发展着眼、为记录30年出版改革历程着想,通过众多的人,从各个不同的领域、不同的视角、不同的实践,以自己的亲身经历来记录这一段历史,给行业发展做记录,给后人以借鉴。

　　无论是前一种还是后一种动因,无论是自述的主体或传主还是主持策划丛书的出版者,都是认为自己或这个人在人生旅途和行业建设中有所作为、有所发现、有所建树、有所贡献,值得一写,才促成自述、自传作品的写作出版。

　　为读者也好,为市场也好,为出版者也好,为自己也好,写这种文体者,诸多是写其所作所为，"过五关斩六将"的创举及业绩，少有人专门去写一部自己的忏悔书。这样不免就会出现报喜不报忧，说功不厌其烦、写过轻描淡写之现象。

二是抬高自己，贬低别人。为人在世，做人做事，不可能自己一人独来独往，总是要与其他人一起共事，总是要与人交往。因为要写自己的作为、写自己的发现、写自己的建树、写自己的贡献，便免不了带出别人来。时间久远，经历的事、交往的人很多，个人记忆总会有误差与局限，即便是有写日记习惯的人，也不可能事无巨细地记录齐全，稍有不慎，就会出现误差，无意中贬损伤害了别人。假如为人再马虎一点，做事不那么精细较真，往往可能凭个人记忆想当然下笔，更难免伤害别人。这种笔墨官司时有发生，而且有的还发生在知名度很高的大名人身上。

鉴于此，平时我除了写创作谈和一些散文随笔时会带上自己，其余几乎不写个人的文字，连所谓的报告文学、纪实文学都不大感兴趣，只专注写小说。写小说之余，偶尔琢磨一下理论，或应约写一点评介别人作品的文字。

江西高校出版社策划这个丛书，选题是有眼光的，意义也是深远的。新中国建立后，关于在民族出版事业和新中国出版事业初创时期做出贡献的出版人，我们的一些专门研究机构和研究人员对他们都做过专门的研究，出版过相当数量的他们的著作、传记、评传和研究文章，像邹韬奋（生活书店）、叶圣陶（开明书店）、李公朴（读书出版社）、徐伯昕（生活书店）、张元济、张静庐、陈翰伯、周建人（商务印书馆）、冯雪峰（人民文学出版社）、汪原放（上海亚东图书馆）、胡愈之（三联书店）、胡绳（人民出版社）等前辈，他们都为出版界所熟知，他们的业绩和精神对后人都产生了相当的影响。

出版业改革开放30年，除一些历史文献资料之外，对出版界的实践与探索少有总结与研究。30年间，出版改革始发于其他行业之前，1982年国家文化部出版局就提出了"一主三多一少"的发行体制改革方针,其他行业还没有这么早就把改革关注点放在体制改革上的。出版社进行的"单纯生产型向生产经营型的转变"和"事业单位转为企业单位"这两大改革,是前所未有的,也是本质性的改革;图书由"产品"彻底转变为"商品",由新华书店独家包销转变到多种发行渠道、多种经营形式、多种发行折扣、多种经济成分并存的局面,也是史无前例的。这些改革与国家的经济体制变革是同步的。出版业真正由事业单位的计划经济模式经营转变为企业单位施行市场经济模式的经营,全部在这30年间完成。这些改革是给行业彻底换血,是关系到出版业发展与世界书业接轨的百年大计,值得我们好好总结与书写。鉴于此,我停下了手头的长篇小说创作,写了这一部"出版人自述丛书"之《一生相许》。

自述与自传,都是写个人的人生,这是一件非常严肃的事情。人来到世间,一辈子如何为人、如何做事,都受个人的人生信念支配。各人有各人的人生信念,各人有各人的人生理想,所以各人走出了各不相同的人生之路。

为拍邹韬奋先生的电影、写邹韬奋先生的传记小说,我搜集、研究了有关他的许多史料。我发现,邹韬奋先生终身不愿当官,只愿做编辑、做记者、开书店。1937年他曾写道:"时光过得真快,我这后生小子,不自觉地干了15年的编辑。为着做了编辑,曾经亡命过;为着做了编辑,曾经坐过牢;为着做了编辑,始终不外是个穷光蛋,被靠我过活的家族埋怨得要命。但是我至今'乐此不疲',自愿'老死此乡'。"这就是他的人生理想与信念。

我曾数次在公众场合说过这样的话,人生一辈子其实就三件事:认认真真做成几件事情,实实在在交几个朋友,潇潇洒洒过一段日子。

何为认认真真做成几件事?人一辈子仅认认真真做事是不够的,必须做成几件事。认认真真做事,这仅是做事的态度;仅有做事的态度还很不够,还要做成事,做不成事,再认真也不过是瞎忙活。做成事情须有做事的能力,须有做事的思维,须讲究做事的方法。有了好的做事态度,又有做事的能力、思维与方法,才能做成事情。何谓做成事情? 即在你到一定年龄的时候,回忆自己的人生,记忆中有几件自己不能忘怀的成功的事,而且这些事于你的人生、于行业、于社会,乃至于全国具有一定的影响,是一项自己、别人、行业与社会都认可,对单位、行业的发展发挥了积极作用,成为被历史记忆的业绩。比如,我创建解放军文艺出版社发行部,借70万元起步,5年后积累上千万元存款,让军队出版社走进了市场;我创建解放军文艺出版社总编室,制定管理全体人员的《综合目标管理责任制》,让军队出版单位实行企业化责任制管理,创立军队出版社品牌;我从第三届接手组织北京图书订货会,从只有几十家出版社参加,一步一步不断创新,一直办到第二十五届有2200多个展位的全国三大盛会之历史最久、规模最大、成效最好、影响最广的图书订货会;我与厦门对外图书贸易集团公司一起策划创办的海峡两岸图书交易会已经举办了12届,成为两岸最大的文化交流平台;我参与策划设计的全国出版社青年编校大赛已经举办4届,现升格为新闻出版广电总局主办,对全国出版社编校人才的技能培养发挥了积极的推动作用;还有我参与起草、修改和发布的《图书公平交易规则》和创建的推动全民阅读的图书捐赠工程平台等。再如,我个人创作出版了19部书,写了《兵谣》《乡谣》《街谣》《英雄碑》《极地天使》等600余万字的小说和《兵谣》《沙场点兵》等3部电视剧,作品多次获全军和国家级奖。这些可以算是我做成的几件事情。

何为实实在在交几个朋友? 俗话说,一个篱笆三个桩,一个好汉三个帮。人是群居的高级动物,人靠群居相互滋养才构成社会、民族与国家。个体对于自然界,如同大海中的一滴水,离开了大海便无法生存。这里说的朋友,不是酒肉哥们,我认同的朋友,不在乎时时相聚,哪怕是遥隔万里,也会时常在心里惦念;也不是他成功的时候、他升官的时候、他发财的时候、他获得荣誉的时候一起与他分享,而是在他失败的时候、他有困难的时候、他忧郁的时候一起与他分担、分解。真正的朋友,不在于平时有多热络,而在友谊长久。我常对朋友们说:"背后帮人者,收获威望;背后夸人者,收获友情;背后贬人者,收获是非;背后损人者,收获仇恨。"

何为潇潇洒洒过一段日子?这在于个人的理解。有人认为有权就潇洒,有人认为有钱就潇洒,有人认为事业成功、名满天下才潇洒,有人认为做自己喜爱的事、劳而有获就潇洒,有人认为轰轰烈烈,敢想敢干才潇洒,有人认为平平淡淡、无所追求就潇洒,有人认为得人奉承、得美女追捧才潇洒,有人认为夫妻恩爱、家庭和睦就潇洒。这都无妨,可由个人理解,只要你认为潇洒就行。我在长篇小说《兵谣》结尾时,写主人公古义宝重新找回自我之后在现场经验交流会上,他没念政委给他写的事迹报告,却说了这样一番话:"只要丢开官本位,人会活得非常潇洒。我并不是说每个人都不要有上进心,大家都不要去当官,我是说不要官迷。一位令我尊敬的首长早就告诫我,一个人只要他不官迷,不整天争名逐利,他会活得非常轻松、非常潇洒。当时我不完全理解,后来当我受到挫折以后,想想他的话,真是至理名言。大家可以想一想,一个整天想着当官、想着名和利的人,新板凳还没坐热屁股就眼巴巴地瞅着上面有没有空位置好钻,他怎么会有心思去想工作,他怎么会想到别人,他怎么会想到集体利益、想到民族利益、想到国家利益、想到党的利益……"要想潇洒,"你必须做到,面对组织问心无愧,面对部下问心无愧,面对老婆孩子问心无愧,面对自己问心无愧!"这就是我理解的潇洒。

我有句勉励自己的话:"人生是一部书,要读好这部书,必须读好当下的每一页,因为这一页翻过去就不能再重读。"人的一生是短暂的,如何度过才让它更富有意义、更有价值,那得由每个人自己去选择。名和利都是身外之物,所有人都在说,但一涉及个人实际利益却就理不清了。与我同时期做出版业务的社领导,都拿了知识分子特殊津贴,唯独我没有,别人无愧,我更无愧。我是本社至今唯一由上级主管部门同意报专业技术三级的人选,报上去后,小品演员、歌唱演员、新闻部门的人都被批准了,唯独我没被批准。名和利给与不给,给多给少,与本人的为人做事其实没多大关系。我没得到知识分子特殊津贴,我没进专业技术三级,照样可以为行业服务,照样可以创建为行业服务的平台,照样写小说,不断出版新著,还一个一个获奖,我比那些拉关系谋私利的人潇洒得多。关键在自己能不能想明白,一生价值,不在于得什么待遇、得什么荣誉,而在于是否真正能做到4个问心无愧。

我在这里送朋友们一句话:"无志者常立志,有志者立长志。"人无法决定自己生命的长度,但可以决定自己生命的宽度与厚度。邹韬奋先生是个立长志的人,他曾说:"我们做事,要做一生投入都做不完的事业。"他为出版事业奋斗了终生,他是我们出版人的楷模。

感谢江西高校出版社策划了这套丛书,同时也要感谢读这部作品的每一位读者,让我们共同为中国出版事业的繁荣与发展尽一分力。

黄国荣

2017 年 3 月 4 日北京大慧寺清虚斋改毕